优质课程资源整合利用的实践探索

主　编　李　俊
副主编　任丽娟　李　蕊　洪　阳
　　　　秦建国　安　博

江西科学技术出版社
江西·南昌

图书在版编目（CIP）数据

优质课程资源整合利用的实践探索 / 李俊主编. -- 南昌：江西科学技术出版社，2024.10
ISBN 978-7-5390-9031-3

Ⅰ．①优… Ⅱ．①李… Ⅲ．①中学－课程建设－研究－房山区 Ⅳ．①G632.3

中国国家版本馆 CIP 数据核字（2024）第 086404 号

优质课程资源整合利用的实践探索

李 俊 主编

YOUZHI KECHENG ZIYUAN ZHENGHE LIYONG DE SHIJIAN TANSUO

出版发行	江西科学技术出版社
社址	南昌市蓼洲街 2 号附 1 号
	邮编：330009　电话：（0791）86623491　86639342（传真）
印刷	武汉鑫佳捷印务有限公司
经销	各地新华书店
开本	787 mm×1092 mm　1/16
字数	320 千字
印张	13.75
版次	2024 年 10 月第 1 版
印次	2025 年 1 月第 1 次印刷
书号	ISBN 978-7-5390-9031-3
定价	88.00 元

国际互联网（Internet）地址：http://www.jxkjcbs.com　选题序号：ZK2024027　赣版权登字：-03-2024-224
责任编辑：范春龙　装帧设计：新梦渡
版权所有，侵权必究

（赣科版图书凡属印装错误，可向承印厂调换）

大兴区教师团队入校考察

房山区教师进修学校副校长王徜祥点评教育教学工作现场

房山区教工委原书记杜成喜讲话

房山区课程领导力项目组专家入校指导

房山区课程领导力项目组专家评审

良乡第四中学原副校长汇报项目

上海市黄浦区教育学院原课程研究中心韩立芬主任点评教育教学工作现场

良乡第四中学教师集中研讨

良乡第四中学学生作品展示

房山区课程领导力提升工程秘书处秘书长
魏淑珍点评教育教学工作现场

"齐鲁名校校长"汤文江点评教育教学工作现场

房山区教师进修学校原中教研周长凤
主任点评教育教学工作现场

良乡第四中学李宏柏副校长调研课堂

良乡第四中学车靖雯老师上研讨课

良乡第四中学高东星老师授课

上海市黄浦区教育学院原课程研究中心
韩立芬主任课堂指导（一）

上海市黄浦区教育学院原课程研究中心韩
立芬主任课堂指导（二）

良乡第四中学李俊校长课堂指导

上海市黄浦区教育学院原课程研究中心
韩立芬主任课堂指导（三）

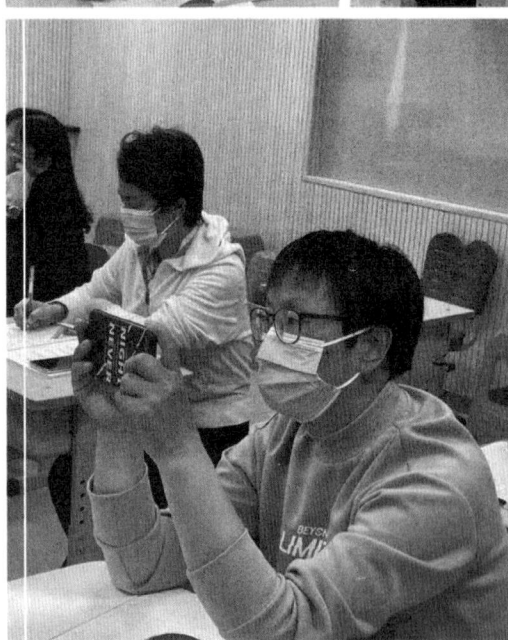

教师们认真倾听专家讲座

序

  2019年北京市房山区开启了"提升中小学（幼儿园）课程领导力工程"，我受聘担任该工程中学组的指导专家，有幸结识了北京市房山区良乡第四中学课程领导力项目团队，对其学校提升课程领导力项目的实施有了较多了解。我十分感谢良乡第四中学李俊校长的真诚邀约，在学校课程领导力提升项目成果《优质课程资源整合利用的实践探索》一书出版之际，让我参与其中并谈一点体会。

  当前，中小学教育教学改革进入了崭新阶段，随着《义务教育课程方案和课程标准（2022年版）》等政策文件的颁布，中小学课程建设与教学研究面临新的挑战，教师专业精进任务十分明确。落实立德树人根本任务，提高学生核心素养，已经成为教育工作者共同的使命与奋斗目标。北京市房山区"提升中小学（幼儿园）课程领导力工程"以其三年来的扎实行动，坚持目标导向、问题导向和创新导向的行动原则，撬动了全区学校课程领导力工程的整体推进和创新实践，多角度、多层面折射出区域化课程改革的坚定意志和扎实成效，进一步筑高了区域性教育发展平台。

  "我思故我在，我在故我行"——这是一个小规模初级中学课程团队的行动宣言。学校能从纷繁的课程教学中找到课程领导力突破口，实属不易。李校长访谈教师，调研学生和家长，深入研究与综合评估，最终确定在房山区提升课程领导力工程推进之中，以"礼·责"课程体系构建为核心，以"优质课程资源整合与利用"为创新点，带领全体教师展开一场课程引领的旅程，主动接受来自课程环境变化的时代挑战，借助课程开发与实施，探索新型的教师课程领导力发展机制，实现从无到有、从有到优、从嫩到熟、从薄到厚的跨越式发展。在优质课程资源整合利用领域走出了新的样态，为区域性提升课程领导力提供了实践范本，为"双减""双新"环境下义务教育阶段教学质量提升提供了典型经验。

  当前，课程资源丰富多彩，分布广泛，关于课程资源概念也是纷繁复杂。从广义上通常认为课程资源指有利于实现课程目标的各种因素，从狭义上认为课程资源仅指形成课程的直接因素来源。划分的主要依据并不相同。按照课程资源的功能特点，可把课程资源划分为素材性资源和条件性资源两大类；按照课程资源的物理特性及其呈现方式，可将课程资源划分为文字资源、视频资源、活动资源和信息化资源；根据课程资源的存在方式，可将其划分为显性课程资源和隐性课程资源；根据课程资源的来源，可将其划分为校内资源与校外资源等。

课程资源无处不在，教学对课程资源的依赖十分突出，教师对课程资源的开发与利用更是贯穿教学始终。在丰富多彩的课程资源中，哪些是优质的课程资源，哪些是有效整合利用的课程资源，哪些是适合初中学段的优质课程资源，教师开发与利用资源的有效路径是什么，教师跨学科团队研制课程资源的方式方法有哪些，教师在课程资源整合与利用中怎样从经验走向科学，怎样处理"静态"课程资源与"动态"课程资源之间的关系，怎样在教育教学实践之中充分发挥"动态"生成与创新课程资源的教育价值，教师在开发与利用课程资源过程的"量变"与"质变"的关系，这一系列问题及其解决的过程与方法、创新实践与研究成果都值得关注。

今天，看到李校长发来的良乡第四中学《优质课程资源整合利用的实践探索》一书的初稿，我的眼前一亮：一是从书中能够找到——初级中学课程建设的现实问题的理想应答；二是从书中能够看到——一所小规模初级中学教师课程领导力发展的"脉络"；三是从书中能够读出——教师教学创新与专业发展的无限可能……

在追寻"风景"的路上，不觉之中自己变成了"风景"！

韩立芬

2022年8月26日

（上海市黄浦区教育学院课程研究中心原主任、北京市房山区"提升课程领导力工程"中学组首席指导专家）

前 言

一直以来，笔者心目中的理想学校应该是充满朝气、尽显活力、丰盈生命的学习乐园和成长家园。2019年7月24日，笔者带着组织任命，第一次走进房山区良乡第四中学。一进校门，满眼的绿色扑面而来，不知为何，似曾相识的感觉一下涌上心头；景观石上镌刻的一句"眼中有生命，心中有阳光"，又让人心头一热。就这样"一见钟情"，爱上了这个静谧的校园，希冀与她共同成长。随后，我见到了老师们，以每天与两三人沟通的频率，了解到老师们基本上都是十八九年前同期调入学校的骨干教师，感受到老师们对学校的认同和深沉的爱，还感受到老师们对自身专业成长的无奈，听到最多的话大致概括起来就是：学校的优势就是稳定，劣势就是老师年龄大了。我微笑着倾听老师们的叙述，心里追问："年龄大就一定是劣势吗？稳定就一定是优势吗？""如何实现老师的二次成长呢？"

8月26日，在房山区教育工委组织的党政正职培训会上，我第一次了解到区里要系统推进"课程领导力提升工程"，也第一次聆听了区教育工委韩立芬主任的报告。在韩主任抽丝剥茧般逐层展开的讲解中，我心中暗喜：终于找到了回答我心中问题的良方，我必须抓住这个契机，也必须近距离与韩主任交流，获得她的针对性指导。于是，还在培训过程中，我就冒昧地打听到韩主任的微信，希望能添加为好友。当日17时24分，韩主任通过了验证请求。29日，韩主任就如约来到了良乡四中现场指导。我带着韩主任一边参观校园，一边介绍我个人及学校的基本情况。韩主任似乎和我一样，一下就被校园门口的花园所吸引，更让我没想到的是，韩主任非常爽快地接受了指导良乡四中课程建设的邀请。

很快就迎来了开学的日子，我站在校门口，迎接孩子们入校。孩子们有的远远地挥着手打招呼："老师好！"有的发现我冲他们微笑，他们也回报以羞涩的笑容，有的刻意避开我的视线，快步走进校门，顺着墙根默默地走着，更多的是小声地、礼节性地问候一句"老师好"后就快速走向自己的教室。教室里，课堂上，也总感觉孩子们少了些这个年龄孩子应该有的活力，缺了些精气神。如何让人均年龄48岁沉稳老练的老师们和一群十来岁循规蹈矩的孩子们产生"磁场"，互相吸引，互相碰撞？如何唤醒沉睡在老师心灵深处的教育情怀、师者仁心、教育智慧，唤醒压抑在孩子们内心深处的好奇心、上进心、创造力？如何带领老师们共同走上"唤醒"之旅呢？课程，也只有课程，能让老师们"活"起来，学生"活"起来，学校"活"起来，让学校成为她本该有的那个样子。

就这样，在第一次全体教职工会上，我提出办一所"小而精、小而美、小而活"的学校愿景，并寄语师生：用课程唤醒——"唤醒，让智慧泉涌；唤醒，让仁爱闪光；唤醒，让活力跃动；唤醒，化七彩成虹；唤醒，用汗水铸梦……"

目 录

第一部分	研究缘起	1
第二部分	项目策划	19
第三部分	概念理解	30
第四部分	资源整合	50

  缘起 ... 50

  思路 ... 51

  实施 ... 51

  一、教材资源的整合利用 ... 52

  鉴词析句悟事理，赏景明情说体验——中考古诗词复习（付兰华）... 61

  《读懂古代诗歌》——任丽娟老师对于古代诗词单元教学的分析（节选）... 67

  二、教材以外"素材性资源"的整合利用 ... 69

  三、"环境"资源的整合利用 ... 73

  四、"社会资源"的整合利用 ... 74

  走进良乡——传统文化主题项目式学习 ... 76

  五、"人力资源"的整合利用 ... 94

  六、教师专业发展资源的整合利用 ... 99

  七、课程资源的一体化设计、应用 ... 110

  八、干部成长课程资源 ... 120

第五部分	师生发展		121
我的新角色		任丽娟	129
学习·困惑·思考		安 博	132
同学生一起成长		许 鑫	133
一起奔跑，一起向未来！		王立新	134
"双减"背景下的课后服务		魏晓平	136

篇名	作者	页码
积极参与，努力提高	赵红霞	139
换个方式　教学相长	付兰华	141
沟通，让教学更加美好	刘　菊	143
自制教具，提升物理学习获得感	李　松	145
打破学科界限，上有意思的地理课	尤秋燕	147
丝路文化　滋润成长	洪　阳	149
与时俱进丰富信息技术课程内容	刘劲松	151
更新自身观念，增强教育实效	吴凤兰	152
一个"差生"的探索之路	赵淑静	153
一次国旗下讲话	苗丽娜	155
"数学思维"怎么教	朱春梅	157
兴趣是最好的老师	郭小伟	159
作业，如何让孩子爱上你	高　利	161
"猜成语"趣味活动课	卢爱红	164
放　手	殷玉霞	166
学生都是"宝"	鲁玉荣	167
学会和"沉默"沟通	车靓雯	168
小付的故事	解建卿	171
创造着　学习着　成长着　快乐着	侯珊珊	172
线上教学·破解困惑·共研成长	任丽娟	174
团结协作，共同进步	范政红	176
疫情中的温暖	朱春梅	178
平平淡淡才是真的了不起	杨慧聪	179
校园里的春夏秋冬	刘昕琦	181
我爱学校的一草一木	张　祎	181
归见海棠	吴雨萱	182
学校里的海棠花	杨添壹	183
任老师二三事	刘　禹	184
翻过那座山	任　悦	185
不一样地成长	韩　昊	186
来自恩师的鼓励	张　睿	187
丰富多彩的校园生活	朱　超	188
一节课带给我的思考	绳思远	189
"跳蚤书市"，我喜欢！	陈文凯	189
成长的经历	韩　宇	191

我的第二课堂	李悦铭	192
我挑战，我快乐！	刘青源	193
这样的作业，我真喜欢	李芳墨	193
这样的作业，我真喜欢	郭佳涵	194
这样的作业，我真喜欢	朱雯珺	195
这样的作业，我真喜欢	罗祥瑞	196
赠人玫瑰　手留余香	屈博研	197
超越桎梏　破茧成蝶	曹子琦	198
两张生活照	王鸣岐	199
致我终将逝去的初中	张嘉杰	200

结　语 ……………………………………………………………………… 201

参考文献 …………………………………………………………………… 202

第一部分 研究缘起

有了初识时我对学校的"一见钟情"和满怀期待,更有着持续不断的对学校情况、师生状况、时代要求的客观判断,在专家高屋建瓴、耐心细致地指导下,学校的课程建设研究正式启动。

一、基于学校基本情况

房山区良乡第四中学始建于 2001 年,坐落在西潞街道太平庄社区内,是房山区一所公办初级中学。学校占地面积 27301 平方米,建筑面积 8815 平方米。教学班 11 个,在校学生 330 余人,教职工 60 人,平均年龄 47.7 岁,40 岁以上占 70%。其中高级教师 18 人,占 33.3%;中学一级教师 22 人,占 36.7%;市骨干教师 1 人;区骨干教师 11 人,占 18%;获得过"紫金杯"优秀班主任 5 人。学校虽位于北京市房山区良乡镇,但位置偏僻,生源范围小,农业户籍学生较多;非京籍生源占三分之一,流动性较大,生源结构较为复杂。2016 年,学校基于新时代的发展要求,将建校之初提出的"责任"教育进一步发展,结合中华优秀传统文化,提炼出"礼·责"文化。

客观分析学校教师专业发展进入瓶颈期的原因:教师的教育理念、课程观念及课堂教学改革意识亟待提高;科研能力较弱,从未申报过市级课题;学校骨干教师培养力度不够,示范引领作用未能得到较好发挥;教师专业发展内驱力不足;学校在激活干部教师内生动力方面研究不够;课程体系不够完善,教育教学管理工作的规范化、系统化还有待进一步提升;学校"礼·责"文化建设尚处在"文本"阶段,未能真正内化于心、外化于行。

这些问题的破解,需要找到一个突破口。课程建设无疑就是这个突破口。通过优化原有的课程规划,寻找、建立起学校文化、育人目标、课程目标、课程结构、课程内容间的内在关联;通过广泛调研、座谈,深入理解"礼·责"文化内涵,细化育人目标;对标育人目标的维度、向度和要素,反观课程结构的合理性,课程内容的系统性、科学性,教学组织形式的适应性等。在自下而上与自上而下相结合地对课程规划优化与完善过程中,老师们对课程的基本概念、课程规划方面的作用有了进一步的了解,但他们始终觉得课程建设是学校领导的事儿,是写在纸面上的文件,自己要做的就是上好每一堂课。如何让老师们更加主动地参与到课程建设中来呢?如何让老师们明白,只有站在课程规划的高度,认真思考课程目标、课程内容标准、育人目标,运用恰当的教学组织形式,才有可能充分用好课程内容(资源),才有可能真正上好每一堂课。这时需要一个能接地气儿的课题,能让全体老师参与、实践、改进,在研究中思考,在研究中比对,在研究中解决问题,在研究中实现专业二次成长。首先，我们提出了"学科课程建设研究"的课题。因为学校的课程规划，是要通过各学科加以落实的，把学校课程与学科课程结合，课程目标才能真正实现。可老师们觉得这个课题太大了、太难了，尽管学校给了模板，依然不知如何操作。经过反复讨论、专家指导，我们最终选择了一个更小的切入口——课程资源。从如何理解教材、理解课程资源入手，从教师们的日常教学行为入手。选择资源、用好资源是备课、上课、布置作业各个环节中不可或缺的重要任务，可老师们似乎从来也没认真思考过"到底什么是好资源，如何用好资源，怎么知道资源用好了"这些看似非常简单的问题。常见却又视而不见的问题难道不就是个好课题吗？最终，我们把这个课题确定为"基于优质资源整合利用的课程建设研究"。

二、基于时代的要求

当今世界科技进步日新月异，网络新媒体迅速普及，人们生活、学习、工作方式不断改变，青少年成长环境也发生着深刻变化，人才培养面临新挑战。近年来，习近平总书记关于教育的重要论述，以及一系列与教育有关的文件和方案密集发布，体现了新时代对于教育的新要求，为一线教育工作者指明了方向。《关于进一步激发中小学办学活力的若干意见》明确"增强学校办学内生动力"是激发中小学办学活力的根本。只有学校内部觉醒，内驱力得到极大释放，再加上适合的外部条件，学校活力才有可能得到充分的激活和释放。要实现内部觉醒，校长（团队）的文化引领、潜能激发、项目驱动和评价激励很重要，这也是笔者所在学校的四个法宝。校长首先要唤醒的团队就是干部队伍，通过集体学习理论（政治理论、管理理论），分享管理智慧，承担重难项目等方式培养和锻炼干部，通过过程激励（当然更多的是精神激励）提升干部的获得感、价值感和幸福感，打造一支愿奉献、肯吃苦、能担当的干部队伍。让干部队伍作为一面旗帜，号召老师们一起前行，也作为坚强后盾，为老师们保驾护航。

《关于进一步激发中小学办学活力的若干意见》明确提出，保证教育教学自主权是落实学校办学自主权的核心。我校便结合本地本校实际，在课程体系建设，落实课程实施主体责任方面持续进行着探索，对学科间关联性较强的学习内容，设计实施跨学科综合性主题教学。这些都与新近发布的《义务教育课程方案（2022年版）》中提出的要求不谋而合。

2022年7月，《义务教育课程方案（2022年版）》《义务教育课程标准（2022年版）》发布。课程方案主要有三大变化：一是完善了培养目标：重点从有理想、有本领、有担当三个方面，明确义务教育阶段时代新人培养的具体要求。二是优化了课程设置：将"道德与法治"进行了一体化设计，改革艺术课程设置，将劳动、信息科技独立出来，科学和综合实践活动提前至一年级。三是细化了实施要求：增加了课程标准编制与教材编写基本要求，明确了省级教育行政部门和学校课程实施职责、制度规范，以及教学改革方向和评价改革重点，对培训、教学科研提出了具体要求；健全了实施机制，强化了检测与督导要求。这些变化中，有一些我们已经在前期学校课程规划的优化中有所体现，表明了我们探索的前瞻性，提升了老师们研究的信心，同时，也为学校继续优化课程规划提供了更具体的指导。

　　课程标准概括了新课标的五个变化，其中前两个是这样写的：一是强化了课程育人导向。将党的教育方针具体细化为本课程应着力培养的核心素养，体现正确价值观、必备品格和关键能力的培养要求。二是优化了课程内容结构。新课标以习近平新时代中国特色社会主义思想为统领，基于核心素养发展要求，遴选重要观念、主体内容和基础知识，设计课程内容，增强内容与育人目标的联系，优化内容组织形式。设立跨学科主题学习活动，加强学科间相互关联，带动课程综合化实施，强化实践性要求。而这些，就是我们这两年一直在探索研究的内容。

三、基于房山区课程领导力提升工程

　　多年来，房山区一直以办好人民满意的教育为抓手，坚持"用心做教育，做心中有人的教育"理念，全面深化教育综合改革，在育人理念、教育价值取向、优质资源配置、课程改革等方面发生了显著的、积极的变化，并开始向内涵式、集约型发展，区域教育整体呈现出均衡、优质、协调发展的良好势头。随着教育改革的持续深入，所触及的都是一些深层次的问题，改革的难度越来越大，必须用"统筹、整合、合作、贯通、共享"的思路推进教育改革，落实立德树人根本任务，促进学生核心素养提升。为此，房山区聚焦新时代与教育新需求，立足实际，着眼全局，以"课程领导力提升"这条主线为抓手，将课程、教学、评价、教师培养、资源开发、课程管理等有效地整合在一起，制定了"房山区中小学、幼儿园课程领导力提升工程三年行动计划"，启动了"房山区中小学、幼儿园课程领导力提升工程"。并以项目推进的方式，来共同破解教育转型发展中的难题，打好这次课程改革攻坚战，实现课程改革在区域层面与学校层面上的纵向衔接、横向关联与系统整合，以求更快地寻找"着力点"，抢占"制高点"，让课程改革发展成果更好地惠及所有师生。

　　在《房山区中小学、幼儿园课程领导力提升工程建设指南》中明确提出，房山区中小学、幼儿园课程领导力提升工程是以落实立德树人根本任务为出发点，以课程思想力、设计力、执行力和评价力为核心，以六个重点项目为引擎，坚持整体性、内生性和开放性原则，采取"统筹、整合、合作、贯通、共享"的工作策略，推动房山区未来三年的课程改革，促进学校转型发展与区域教育质量提升。

　　其核心内涵包括以下几个方面：

　　1. 课程领导力的四个要素：共同体、愿景、问题解决和引领行为

　　共同体中人际关系是领导者与追随者的关系；愿景是成员认同的、能够实现的目标；问题解决指应解决课程开发或变革中的具体问题；引领行为是出现有引领意义的问题解决行为。

　　2. 学校课程领导力的主体是课程领导共同体

　　学校课程领导力不仅仅包括校长个人的课程领导力，也包括学校中其他成员的课程领导力，是一种团队能力。校长是学校课程领导力主体的核心，学校中层干部、教师都是学校课程领导力主体的组成部分。学校课程领导力主体之间互相作用、互相影响。

3. 学校课程领导力的呈现载体是课程

学校课程领导力主要通过学校课程规划、课程实施、课程评价、课程管理等载体呈现出来。

4. 学校课程领导力主要包括四种能力

思想力，包括用正确的教育思想和课程价值观，统领课程建设方向的能力；设计力，包括把教育思想转化为课程计划的能力；执行力，包括组织实施与管理能力、协调能力、指导能力等；评价力，包括完善、改进与评价等能力。

5. 学校课程领导力的价值取向是科学发展

促进学生的发展、教师的发展、课程的发展、学校文化的发展等。

学校敏锐地认识到这个区域三年行动计划将是学校发展的重要契机，也是工作推进、教师专业发展的有效载体。事实也证明，过去的这三年，学校充分借力，在区域整体设计下，主动对接、积极创新，成为区域课程领导力三年提升项目的最大获益者，也为区域提供了示范和参照。

四、基于学科核心素养的落位

《中国学生发展核心素养》认为：核心素养就是学生应具备的、能够适应终身发展和社会发展需要的必备品格和关键能力。核心素养的落实，从总体上讲，途径主要有三种：一是通过学校课程规划落实核心素养；二是通过教学落实核心素养；三是通过评价落实核心素养。培养学生的核心素养是学校课程规划的出发点，作为课程规划的子项目《基于优质课程资源整合利用的课程建设研究》，其落脚点也是培养学生的核心素养。

学科核心素养是各课程标准基于义务教育培养目标，将党的教育方针具体细化为本课程应着力培养的核心素养，体现正确价值观、必备品格和关键能力的培养要求。课程资源的选择必然是要为实现其培养要求服务的。

五、基于师生全面发展的需求

教师是学校课程开发和实施的主体，其专业素养的高低直接决定了学校教育教学的质量和水平。从现状而言，教师的课程意识逐步建立，积累了一些校本课程的资源，但属于无系统无意识的阶段，课程领导力有待提升。教师平均年龄48岁，实践经验丰富，但创新意识，改变现状、课程领导的意识和能力有待提升。教师的内涵发展迫在眉睫。

课程的核心是育人，学校通过建构高品质课程体系，提供丰富的课程供给，整合利用优质资源，采用恰当教学组织形式，有效实施课程，为学生发展搭建平台，让良乡四中的每个学生能享受课程，健康快乐地成长，促进学生全面发展、个性发展，为学生终身发展奠定基础。

六、基于学校实际问题的解决

通过对学校基本情况、文化基础、师生情况等的分析，要实现学校的再提升，关键在于教师队伍，而课程建设能成为教师队伍成长的有效载体。上海课程研究专家韩立芬主任、房山区课程研究专家团队亲临良乡四中，在对良乡四中实际情况进行充分调研以及对其科学分析的基础之上，也提出"指向优质课程资源整合和利用的课程建设的研究"应该是利师、利生、利校发展的最科学的规划路径了。三年的实践证明，课题的选择的确科学、可行，实现了学校的可持续发展。

1. 学校情况

学校规模较小，地处房山区西潞街道，周边环境相对安静，区域重视教育；学校领导重视并能有效引领学校的课程建设；学校、社区资源比较丰富，但有待于开发或进一步开发再利用，这就为老师们开发并丰富学科课程提供了多种可能。学校运用"统筹、整合、合作、贯通、共享"工作策略，积极探索"价值引领、中心运作、全员参与、资源整合、级部自主、整体推进"的新运行机制。通过内设机构的调整，教学德育不再人为分割。通过结构的变化进一步促进教师由学科教学向学科教育转变，促进学校课程整体建设与实施，促进整体育人目标的完好实现。通过结构的变化，最大程度发挥科层管理与扁平管理各自的优势及整合优势，进一步提升管理效益。

2. 文化基础

学校"礼·责"文化所蕴含的价值观是求真务实、明礼立责。学校的育人目标——培养"明礼担当"的优秀中学生，可以具体细化为"明德知礼、乐学雅趣、自信阳光、担当力行"四个目标维度，完好地体现了国家提出的立德树人根本任务的要求，以及《义务教育课程方案（2022年版）》中提出的"有理想、有本领、有担当"这三个方面的时代新人培养的具体要求。

3. 学生情况

学生生源来自周边，主要对口小学学生相对稳定，小学整体教育水平不断提升；学生人数少；本地优质生源流失很多；学生学习、行为习惯、学业水平发展参差不齐。学生对优质、多样、前沿、灵动的学科课程愈加渴望，为满足不同学生学习的需求，充分调动学生学习的积极性，最大限度地让学生"爱学习"，不断提升学生核心素养，进而促进学生德、智、体、美、劳全面发展，教师有责任肩负起开发丰富而多元的学科课程的重任。如何在课程资源选择、教学组织形式、作业任务布置等方面尽可能满足全体学生的不同发展需求，实现差异化教学，对老师提出了新的挑战。

4. 教研组情况

学校教研组人员比较稳定，熟悉本校学生情况，有利于形成合力，扎实开展教学研究。一直以来，学校教研组教研氛围浓厚，同心同德，齐心向上，互相学习，共谋发展，是教研组每个人心底最真挚的愿望。但也存在着教学理念更新、教学形式革新的迫切需求，尤其是从传统的应试教育转向提升学生的核心素养上来，这一转变并非易事。

在确定了以"优质资源整合利用"为突破口开展课程建设后，学校课程领导力项目核心团队带领广大教师，群策群力，逐步探索并建立起符合良乡四中学校师生发展实际的课程体系，促进教师课程领导力的提升，进而促进教师综合素养的提升。

七、基于学校课程规划的对接

引用崔允漷教授的话：如果说国家课程计划提供了一种理想的课程，教师教学和学生学习的课程是一种现实的课程，那么学校课程规划就是实现从理想课程到现实课程转化的桥梁。

学校课程规划，是对学校全部课程的设计、实施和评价等各方面等统一规划，一定是在国家教育政策允许的范围内，在新课程的框架之内；学校课程规划一定是从本校的实际出发，如果不是以学校为本位，不考虑学校已有的课程传统，不考虑学校、教师和学生的现实，不考虑学校的发展目标，学校课程规划就没有存在的价值，学校做这项工作也就没有意义了；学校课程规划，一定是在广泛调研基础之上科学制定的，因为只有这样，才能找到政策与学校现实的结合点；学校课程规划，一定是以广泛的对话为基础的，这种对话包括理论工作者、实践工作者、管理者、教师、学生甚至家长，因为对话愈是广泛，课程规划便愈容易得到落实。

总之，无论从哪个角度讲，学校课程规划作为一项活动是学校课程管理或课程领导的核心工作，作为一种结果则是学校课程开发、实施和管理的重要依据，对其他课程相关项目的研究起着直接的引领作用。各学科的规划方案则是学校课程规划实施、评价的具体体现，也是学校课程规划真正落地的重要载体。

按照区域课程领导力提升三年行动计划，学校首先进行了原有课程规划的优化，对标新课程方案的要求，优化后的课程规划如下：

良乡第四中学课程规划（2022年版）

一、指导思想

为了更好地贯彻落实《基础教育课程改革纲要》《义务教育课程方案和课程标准（2022年版）》《北京市深化考试招生制度改革的实施方案》的精神，确立现代的教育观、课程观、质量观、人才观，在落实立德树人根本任务的指导下，深入践行"以师生发展为本，为师生成长奠基"办学理念，实现办一所具有中国特色"礼·责"文化品质的优质初中的办学目标和培养"明德知礼、乐学雅趣、自信阳光、担当力行"的优秀中学生的育人目标，最大限度地发挥课程育人功能，特制定《良乡第四中学课程规划（2022年版）》。

二、学校背景分析（SWOT）（表1）

表1 学校SWOT分析表

因素	S（优势）	W（劣势）	O（机会）	T（挑战）
地理环境	地处房山区西潞街道，周边环境相对安静，区域重视教育	1. 交通相对不便 2. 流动人口聚集，非京籍学生人数多	随着北京清理低端产能，非京籍学生人数减少，学生稳定性增强	本地优质生源流失多
行政人员	学校行政干部相对年轻，有干劲儿	管理经验欠缺，管理工作与专业发展协调不够	1. 区教委重视干部的管理和培养 2. 学校重视干部培养	对独立工作的空间需求与管理经验缺乏的矛盾
教师情况	教师群体稳定，熟悉本地学生情况，敬业精神强，中年教师干劲足	平均年龄偏大，教师梯队不合理，职称名额少，创新意识与能力欠缺	1. 城乡教师轮岗 2. 中高考改革 3. 学校课程建设 4. 绩效改革 5. "双减"工作的推进	教师专业发展处于"二次引领"期
学生情况	对口小学学生相对稳定，小学整体教育水平不断提升；学生人数少	学生学习、行为习惯、学业水平差距大。文明礼仪认识、行为有欠缺	1. 区级层面重视"三年养成教育" 2. 针对学生全面而有个性发展的一系列文件要求 3. 学校积累了相关经验	学校教育如何尽可能满足全体学生的不同发展需求
家长情况	家长对学校工作的认可度高，比较支持和配合学校教育工作	家长对学习成绩期望高，对成长为对社会有用的人的意识淡薄	1. 成立家长学校，开展系列家长培训 2. 充分发挥家委会的作用，利用好家长资源，邀请家长参加学校组织的活动	家校协同育人的策略、途径亟待建立
文化传统	学校管理健康民主，师生团结协作、和谐奋进	学校办学历史短，优秀文化积淀浅	1. 学校是北京市第三批文化示范校 2. 课程一体化建设为师生提供更大发展空间	学校发展的先进文化与落后文化造成冲突
学校管理	近两年学校教育教学质量有显著提高，教师专业水平和学生整体素质得到较好发展	学校管理还停留在较低层次上，教学、德育、党务还没有进行体系化建构	1. 区域内管理标准的确立 2. 区域课程领导力提升计划的推动	现代学校制度的要求与原有管理惯性的冲突

三、学校文化定位

（一）"礼·责"文化

"礼"是中华优秀传统文化的重要组成部分。《辞源》释义为"规定社会行为的法则、规范、仪式的总称，也表示以礼相待，表示对别人的敬意"。中国自古就有礼仪之邦的美称，做人要知礼，"礼"于人是发展之根基，中国崇尚礼仪，重视对人明礼、知礼、尚礼、行礼的教育。"责"即责任，学校有计划、有组织、有目的地实施立责教育，培养学生的责任意识，使学生能激发责任情感，提高责任能力，优化责任行为，成为有责任感、有所担当的中学生。

"礼"是"责"之基，只有当一个人知晓为人处世的文明礼仪，才能知悉自身的责任，只有当他做到明事理、辨是非、遵礼节、重操守，他才能在明确责任的基础上勇于承担责任，不断优化责任行为，才能最终达到"立责"这一目标。"责"是"礼"之用，我们不应只是因为犯了错误而承担责任，我们的"知责""承责""立责""履责"都是为了更好地行之于"礼"而习于"礼"，即为"礼"之所用。若能明确自身责任并勇于担当，那他自身心中的道德感和责任意识，自然能对其行为施以必要的约束与规范。

（二）学校文化理念体系

1. 价值观：求真务实，明礼立责
2. 办学理念：以师生发展为本，为师生成长奠基
3. 办学目标：办一所具有中国特色"礼·责"文化品质的优质初中

内涵：坚持党的全面领导；践行社会主义核心价值观；文化品质更加彰显；办学特色更加鲜明；管理效能稳步提升；教师素养整体优化；学生成长健康协调；服务保障更加有力；社会声誉持续向好；创新发展，与时俱进。

管理尊重合作，规范尽责，以人为本；教师敬业乐群，知类通达，充满正气；学生自主合作，明礼担当，阳光自信。师生明晓规矩礼节，坚定行为操守，回归教育本真，明确责任担当。学校书香浓郁，风清气正。

4. 校训：明礼 博学 健体 立责

"明礼"即明事理、辨是非、知礼节，争做文明守礼的中学生；"博学"蕴含着对学生博学多才、学识广博的期盼；"健体"即寓意学生拥有强健体魄，茁壮成长；"立责"即做有道义、有责任、有担当的优秀学子。

5. 育人目标：培养"明礼担当"的优秀中学生

"明礼担当"是良乡四中学生在道德素质发展上的目标。明礼即知礼、习礼、践礼、守礼，形成文雅诚信做人做事的品质；担当即对自己、对他人、对社会、对国家敢于负责，形成做人做事的态度。具体分解细化为明德知礼、乐学雅趣、自信阳光、担当力行四个维度。

优秀中学生：德智体美劳全面发展，对人有礼貌，做事讲规则，学习善钻研，身体要健康，生活有品质，劳动最光荣。

6. 校徽（图1）

校徽整体呈圆形，整体由"L""S"构成。

从内容上看，图案整体构造是由"良""四"两字拼音的首个字母"L""S"变形而成。两字母通过组合形成了一个洒脱的"中"和"4"，代表良乡四中。

从文化上看，"L"代指了"礼·责"文化体系中的礼文化，红色"S"飘动的造型，像变动的"Z"，代表了良乡四中的责文化。

图1 良乡四中校徽

在造型上看,"L"造型像一棵正在成长的小草,寓意四中以人为本、和谐发展;"S"造型像在空中飘动的红丝带,象征着四中生机勃勃、蒸蒸日上。

从颜色上看,"L"呈绿色,寓意四中充满生机和活力;"S"呈红色,寓意四中人激情奋进。

7. 校歌:《飞扬吧!青春》

旋律朝气蓬勃、积极向上的校歌,展现了良乡四中学生意气风发的精神风貌。

四、课程理念与课程目标

(一)课程理念

学校"礼·责"课程建设遵循"全面均衡兼顾个体发展、整合优化兼顾科学有效"的原则,围绕"人文底蕴、科学精神、学会学习、健康生活、责任担当、实践创新"六大核心素养,通过"三类七领域"课程的建设与实施,帮助学生成长为知明德知礼、乐学雅趣、自信阳光、担当力行的良乡四中人。

(二)课程目标(表2)

1. 保证国家课程开齐、开足、开好,通过国家课程的实施,切实转变教育理念,努力改进课堂教学的方法,积极倡导自主、合作、探究的教学模式,培养学生自主学习、主动探究、合作交流的可持续发展的学习能力。探究与课程相适应的教育、教学管理制度,探索评价与考试制度,建立适应学生全面发展的评价体系。积极探索现代教育技术与课程的整合,实现教育教学的最大效益。在国家课程的实施中,积极为教师提供交流发展的机会,提高教师的教学水平。

2. 地方课程实施做到人员落实、职责分明、团结协作。地方课程根据课程内容,采取与相关学科整合、与班队会结合等交叉渗透的方式和有课时计划两种形式进行课程实施,开出效果,开出特色。

3. 校本课程实现学校统筹规划,教师自主实施,学校监督检查,教师总结反馈,力求校本课程特色化。

表2 年级目标

课程目标\学段	七年级	八年级	九年级
明德知礼	尽快适应初中生活,讲文明、懂礼貌,有一定与人交往的能力,能和同学友好相处。培养为人求学之礼。遵规章,守法纪;诚为本,信为天;明事理,辨是非	自觉保持良好的行为习惯、言谈举止,基本形成与人交往的能力,能够自我约束,有一定的自制力,培养敬老孝亲之礼	形成正确的学习目标、学习态度和远大理想。不放弃、不懈怠。形成较好的与人交往的能力。有教养,懂礼仪,学会感恩,培养立足社会的学子之礼
乐学雅趣	端正学习态度,养成良好的学习习惯,掌握正确的学习方法;达到课程标准相应要求;勤思考,爱学习,爱阅读	达到课程标准相应要求,能从学习中享受乐趣,主动发展兴趣爱好,乐于开展合作学习,学业广博	达到课程标准相应要求;目标清晰,能主动探求,深度学习;学业精深

续表

学段 课程目标	七年级	八年级	九年级
自信阳光	相信自己，积极参与文体活动，有自己的兴趣和爱好，了解健康的生活方式，热爱生命，有健康观念	发展自己，积极参与各类活动，正确认识青春期，学会沟通，基本形成健康的生活方式，乐观开朗，愿意帮助他人	展示自己，积极参与校内外活动，形成健康的生活方式，心态积极向上，带动身边的人共同成长
担当力行	学会对自己负责；明确自己在家庭和班集体中的职责；热爱劳动	学会对别人、对集体负责；助人为乐，主动承担力所能及的事务	明确对社会应承担的责任；志存高远，有自己的职业理想；保护环境，勇于创新，奉献社会

五、课程结构（图2）

1. 基础型课程：以国家课程为主，加上以《中小学生日常规范》《中小学生守则》《三年养成教育》和社会主义核心价值观及中华优秀传统文化为载体的习惯养成、品德教育课程，是为实现良乡四中学子的培养目标，全体良乡四中学生必须修习的课程。旨在夯实基础，全面培养学生的基本素质。

2. 拓展型课程：是在基础型课程学习的基础上，挖掘课程的深度和广度，拓宽学生视野，进一步激发学生兴趣和创造力。同时包括基于学生现实基础开发的弥补类课程等。设置多领域、多学科或综合性的地方课程及校本课程，供学生全员自主选择，旨在满足学生兴趣、爱好，拓宽学生视野，促进个性发展。

3. 探究型课程：关注学生差异性和个性优长，以研究性学习的方式，进一步发展学生的高阶思维。包括专题研究课程及学科专长课程，旨在培养学科特长，满足部分学生发展需求。

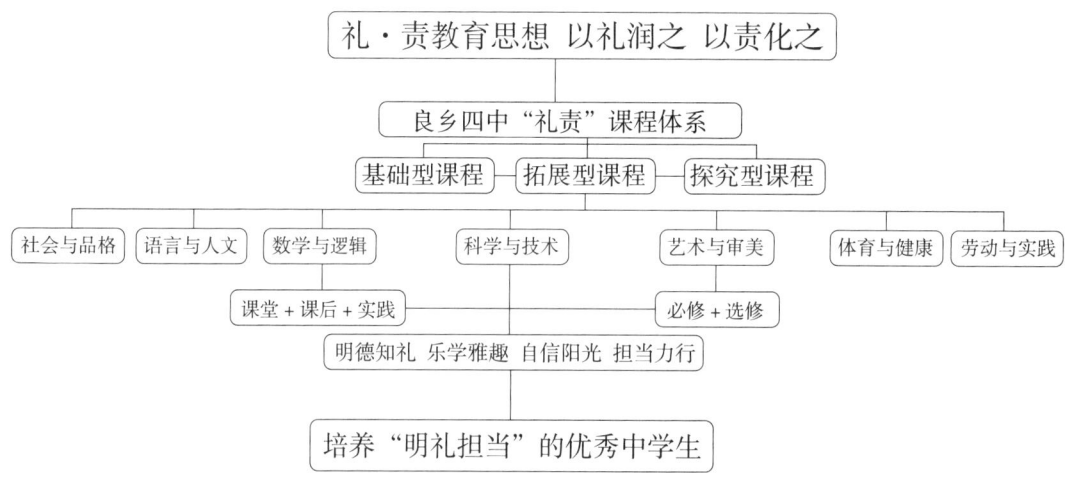

图2 良乡四中"礼·责"课程体系框架图

六、课程设置

学校构建"礼·责"课程体系（图3）的根基是学校的育人目标，突出了课程的宗旨归根于育人上；树干的重心是结合学生成长规律，制定适应不同年级学生发展的"礼·责"校本核心课程，促成学生健康人格的形成，为学生一生发展负责。

初步形成助力学生成长的课程树，以"礼"与"责"为两大支柱，围绕学生成长的七大领域（社会与品格、体育与健康、语言与人文、数学与逻辑、科学与技术、艺术与审美、劳动与实践）进行课程开发。

社会与品格领域既包含"道德与法治"等国家课程，又包含"房山文化""我们学校，良乡四中"等地方、校本课程。注重人文素养、公共素养的培育，培育学生爱家乡、爱学校的责任意识；重点培育学生良好的思想品质以及主动做事、乐于合作、认识社会、适应服务社会的好习惯。

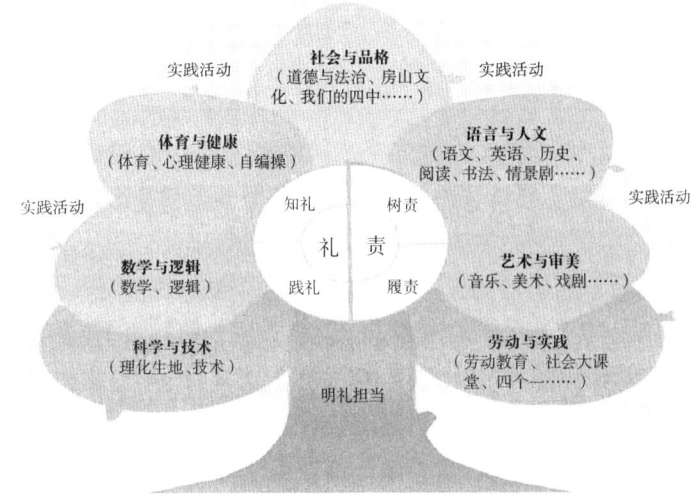

图3 良乡四中课程树："礼·责"课程体系

体育与健康领域主要包含"体育"这一国家课程，以及"心理健康""自编操"等拓展课程，课后服务时间每天安排"全校共性+班级特色"的体育锻炼内容，逐步完善"健康知识+基本运动技能+专项运动技能"的学校体育模式。教会学生科学锻炼和健康生活知识，指导学生掌握跑、跳、投等基本运动技能和足球、篮球、排球、田径、体操、武术、冰雪运动等专项运动技能。

语言与人文领域主要包含"语文""英语""历史""地理"等国家课程，也包括诸如"对联""节气""模拟情景剧"等拓展课程。关注文化素养的培育，帮助学生掌握基本的语言知识、技能、学习方法、文化意识，提高阅读与理解能力、交流与表达能力，具有语言学习与运用能力等。

数学与逻辑领域主要包括"数学"等国家课程，也包括"思维与逻辑"等学科拓展课程。

艺术与审美领域注重艺术素养的培育，主要以"音乐"和"美术"等国家课程为主，在课后服务时间段开设合唱、舞蹈、素描、手工、书法、剪纸等素养提升类活动。课上筑基础，课后激兴趣、培特长，课上课下相辅相成，探索"基础知识基本技能＋艺术审美体验＋艺术专项特长"的学校艺术教育模式，使学生具有感受美、欣赏美、表现美、创造美的能力，重在培养兴趣、个性思维，形成健康有情趣的生活态度。

科学与技术领域主要包括"物理""化学""生物""信息科技"等国家课程及相关拓展类课程，注重科学素养的培育，帮助学生掌握基本的科学知识、科学的思维方式，形成科学态度，提高主动探究的能力和实践能力等。

劳动与实践领域主要包括"劳动教育""综合实践活动"等国家课程，以及其他社会实践、社会大课堂、四个一等拓展课程。帮助学生学习劳动知识，在实践中养成劳动习惯，学会劳动、学会勤俭，形成对自然、社会、自身内在联系的整体认识，发展对自然的关爱和对社会、对自身的责任，形成从生活中主动发现问题并独立解决问题的态度和能力，发展对知识的综合运用和创新能力。课程设置基本框架见表3。

表3　课程设置基本框架

	基础课程（必修）	拓展课程（选修）	探究课程（选修）	课程目标
社会与品格	道德与法治、我们的四中、房山文化	我是新闻发言人、辩论……	时政小论文	注重人文素养、公共素养、传统礼仪培育，培育学生爱家乡、爱学校的责任意识；重点培育良好的思想品质以及主动做事、乐于合作、适应社会、参与社会的好习惯
体育与健康	体育与健康、心理健康	自编操、门球、乒乓球、羽毛球、体能训练	高水平足球	培育提高体能和运动技能水平；增强体育实践能力和创新能力；形成运动爱好，培养终身运动的意识和习惯；发展良好的心理品质，增强人际交往技能和团队意识；逐步形成健康的生活方式和积极进取、充满活力的人生态度
语言与人文	语文、英语、地理、历史、诗风词韵	书法、房山地理	情景剧（英语、历史、语文）	注重文化素养的培育，使学生掌握基本的语言知识、技能、学习方法、文化意识，提高阅读与理解能力、交流与表达能力，具有语言学习与运用能力，并能运用学过的历史、地理知识解释现今的历史现象、历史问题和现实想象及问题，形成可持续发展观念
数学与逻辑	数学	生活中的数学	数学建模	注重科学素养的培育，使学生掌握基本的科学知识、科学的思维方式，形成科学态度，提高主动探究的能力和实践能力
艺术与审美	音乐、美术	合唱、舞蹈、素描、书法	作品创造	注重艺术素养的培育，使学生具有感受美、欣赏美、表现美、创造美的能力。重在培养兴趣、个性思维，形成健康有情趣的生活态度
劳动与实践	综合实践、劳动教育	手工制作、研究性学习、志愿服务	无人机电脑制作	增进学生对自然的了解与认识，使学生逐步形成关爱自然、保护环境的思想意识和能力；增进对社会的了解与认识，增强社会实践能力，并形成社会责任感；掌握基本的生活技能和劳动技术，具有自我认识能力，养成负责任的生活态度；发展主动获得知识和信息的能力，养成主动获取信息的学习习惯和主动探究的态度

续表

	基础课程（必修）	拓展课程（选修）	探究课程（选修）	课程目标
科学与技术	物理、化学、生物、信息科技	电脑制作、生活中的实验	专题探究、科技小制作、根与芽	注重科学素养的培育，使学生掌握基本的科学知识、科学的思维方式，形成科学态度，提高主动探究的能力和实践能力等

七、课时设置（表4）

表4　课程设置表

学习领域	学习科目	七年级	八年级	九年级
社会与品格	道德与法治	2	3	3
	房山文化、良乡四中	1		1
体育与健康	体育与健康	3	3	3
	心理等	1		1
语言与人文	语文	5	5	6
	外语	4	4	4
	历史	2	2	2
	地理	2	2	
数学与逻辑	数学	5	5	5
科学与技术	物理		2	3
	化学			3
	生物	3	3	
	信息科技	1	1	
艺术与审美	音乐	1	1	1
	美术	1	1	1
劳动与实践	劳动教育	1	1	
	社区服务、社会实践、研究性学习	1	1	1
	周自主安排学时	1		
	周学时总量	34	34	34

课时设置说明：

1. 总学时中含有学科实践活动的学时。

2. 市级地方课程中的"专题教育综合课程"与学科整合实施，"书法""中华优秀传统文化"与语文学科整合实施，"中国梦"与七年级"道德与法治"学科整合实施，区地方课程"房山文化"（共18学时）和"房山地理"（共18学时）分学期开设，七年级上学期开设"房山文化",下学期开设"房山地理",每周一课时。"房山地理"由七年级地理教师兼任,"房山文化"由七年级历史教师兼任;阅读能力提升、中华优秀传统文化与语文学时统筹使用。预防艾滋病课(上学期)由八年级生物教师兼任;安全应急与人防知识课(一学年)由八年级生物教师兼任;环境与可持续发展教育课(下学期)由八年级地理教师兼任;健康教育课与体育课课时统筹使用,由体育教师兼任;毒品预防教育(上学期)由九年级道法教师兼任;

3. 周自主安排167学时。七至八年级,每周1学时;九年级,每周2学时。

4. 实行学时总量控制。7—9年级周总学时时长不超过1530分钟(34×45分钟)。学校一般按照每节课45分钟进行设计,部分学科根据学科、课型等开展大小课实验,"信息科技"与"美术"两课整合,隔周一次。

5. 晨检时间班主任安排学生自主管理,健康监测、打扫卫生、收作业等;

6. 下午第七节课后开展课后服务。

7. 专题教育与社区服务等社会实践活动的学时进行整体统筹。按照月主题教育安排,将法治教育、安全教育、爱国教育、心理健康教育、传统文化教育等统筹利用专有课时、校会、班队会时间,以课程纲要的形式呈现,做到有计划、有过程性评价、有总结。

八、课程实施

严格执行国家课程方案,对备课、课堂教学、作业、考试、讲评等均有明确要求,创建有效课堂,调动学生自主学习的积极性,提升思维品质,减轻学生过重课业负担。

(一)国家课程校本化实施

国家课程的校本化是在对课标的准确把握下,对教材内容进行认真解读,在充分重视尊重教材的基础上,结合区域、学校特点,选择、筛选、整合优质课程资源,校本化实施,以保证课程实施的效果。

1. 国家课程目标的校本化解读

依据新课程的目标要求,结合本校学生实际,研究学生知识、能力与情感发展的目标体系。以学科课程总培养目标为指导,建立单元、课时学习目标,使之形成完整体系。

2. 完善学科课程校本实施方案

在严格执行国家课程标准的同时,充分研究校情、师情与学情,科学制定学校课程实施方案;学科组在实践基础上,顺应学生认知规律,科学、理性地重组学科教学内容(关注课程资源的科学性、丰富性、时代性、适应性、生成性等),包括调整内容顺序,适当合并,适度深化与拓展等,同时关注学科间整合,实现教学内容整体优化。

3. 不断优化教学方式

引领干部教师不断学习和研究,落实立德树人,深入理解新课程理念,进一步认识课程教学的本质功能与育人目标,更好地发挥教师的主导作用和学生的主体作用,提高课堂教学的有效性和实效性。

4. 实施"分层教学"

针对学校生源现状，根据学生个性需求，结合现实可行性，努力提供适合学生发展需要的教学方式。在部分年级、学科实施走班制分层教学实验，其余学科在行政班范围内实施小分层教学探索。建立导师制，做好分层、分类指导，让不同层次的学生在原有基础上得以主动、充分发展。

5. 构建教学常规与质量标准

结合学校《教学质量全程评价方案》，构建教学常规与质量标准，通过课堂观察、问卷调查、小组研讨、专家引导、学生反馈等多个渠道、多种方式，实施过程性监控与反馈，研究并解决学科共性问题，引导课程建构与实施各环节达到优质。

6. 坚持贯穿全程的教学研究制度

建立学习共同体，共同研究各种教学要素及其相互关系，研究教学各环节的有效性，及时进行教学反思与总结。在促进个体自主研究的同时，充分利用好"行思论坛"，加强集体研讨。坚持学科组成员协作、资源共享，研究并解决学科教学中的共性问题。

（二）地方课程多样化实施

有效实施地方课程，合理布局课程资源。积极探索符合区域特点的、适合学生发展的地方课程实施路径——采取单独设立学时、与相关学科整合、与班队会结合等交叉渗透的方式和有课时计划两种形式进行课程实施，如：毒品预防和预防艾滋病专题教育与"生物"课整合；"环境与可持续发展""房山地理"与"地理"整合；"房山文化"整合"道德与法治"课；"安全应急""人民防空"与班校会、课间操整合等。通过定期不定期检查、听课，交流展示，确保课程有效实施，使地方课程目标得以更好地落实。

（三）校本课程精品化实施

校本课程是充分利用区域及学校的课程资源，基于学生需求，以学校为基地开发的、可供学生选择的课程，包括校本必修课程和校本选修课程。校本必修课程纳入基础型课程。校本课程是对国家课程、地方课程的完善和补充。

校本必修主要有：心理健康教育、责任教育、安全应急教育、法治教育、足球等。校本选修主要有：门球、合唱、书法、舞蹈、科技类、相声、魔方、衍纸、乐器、动画制作与编程、根与芽、戏剧、朗诵等，还有学生自主开发的校本课程。

校本课程实施途径：

1. 与常规管理和班校会结合，有学习、有实践、有展示。
2. 与课后服务结合。结合兴趣，选课走班。有组织、有考勤、有评价、有反馈。
3. 校本课程专属时段。每学期开设 15～20 门校本课程，由学校教师自行开设，学生结合兴趣爱好，自主选课，满足学生个性需求。有课程方案、有学生评价、有学期展示。

（四）德育课程建设与实施

制订不同年级的学生发展主题，构建完整的学生发展体系，促成学生的健康人格的形成，为学生一生发展负责，以"责任和理想"为重点，侧重于学生的理想教育和责任教育。

1. 学校开展"对自己负责,对家庭负责,对他人负责,对集体、社会负责"的责任教育体系。

七年级主题:迈好规范第一步,做个自尊自理的中学生。

八年级主题:迈好青春第一步,做个自重自律的中学生。

九年级主题:迈好理想第一步,做个自强自立的毕业生。

2. 以社会公德、家庭美德、职业道德、个人品德等系列实践活动为抓手,培养学生自学自育自管等能力。

九、课程评价

(一)评价原则

1. 客观性

评价标准客观,减少随意性;评价主体客观,减少主观性。

2. 发展性

尊重个体差异,关注起点及发展状况,力求使评价过程成为促进发展和提高教育教学质量的过程。

3. 激励性

评价以激发兴趣、保持学习动机的持久性为目的,采用渐进式、阶段性的评价激励方式。

(二)评价方式

1. 学业终结性评价

基于目标的评价。基于各学科《课程标准》,关注学生的学科知识达成度,关注过程与方法、情感态度价值观维度,依据标准多维度开展评价。

2. 成长档案式评价

(1)关注过程的评价。关注评价过程与教学过程的互动,关注学生在课程学习过程中的体验与感受。对学习的动机效果、过程以及与学习密切相关的非智力因素进行全面的评价。

(2)基于展示的评价。关注学生参与学习活动的整体表现。多种渠道、多种方式组织学生开展学习活动,使每个学生都能通过适应其智能特点的途径展现自己掌握的知识和形成的能力。

(3)多元组合的评价。采用课堂观察、长期作业、作品展示、笔试、口试等多种方式进行评价,避免仅用分数量化学生或仅仅评价最终学习结果。

3. 评价主体多元

学生本人、学生之间、教师、家长、社会实践基地等多主体参与评价。

(三)评价内容

1. 对课程建设与实施的评价

(1)学校课程建设领导机构牵头学校课程建设。由课程建设领导机构组织教师代表、专家代表、学生及家长代表共同参与课程评价标准制定及评价。

（2）教研组长牵头本学科课程建设。学校课程建设领导机构负责评价标准制定及评价。

（3）备课组长牵头本年级本学科课程实施。学校课程建设研究管理机构指导教研组长负责评价标准制定及评价。

（4）年级组长牵头本年级课程的建设与实施。学校课程建设研究管理机构负责评价标准制定及评价。

关注不同类型课程的不同评价要素，如基础型课程评价由过程性评价与结果性评价两部分构成。过程性评价由学习态度、学习发展组成，占30%；结果性评价由期中成绩30%和期末成绩40%两部分构成。探究型课程以过程评价为主，结合课题成果给予奖励性评价。

每学期末，通过调查文件、访谈、座谈会等形式组织学生及家长对课程建设与实施进行评价。

2. 对课程学习效果的评价

（1）小组评价；

（2）学生个人评价；

（3）家长评价；

（4）教师评价。

十、保障措施

（一）组织管理机制（图4）

为保证课程的顺利实施，学校成立了由校长任组长，主管校长任副组长，由各处室主任参加的课程建设领导机构（表5）。领导机构对课程进行全程管理，调整或重建相关的组织与制度，建立健全各种保障系统，确保课程政策落到实处；深入研究课程改革推进过程中出现的问题。课程建设研究管理机构、课程建设保障机构承担相应的课程建设、实施与管理职能，系统中的各机构与各组之间既有纵向的层级管理关系、逆向的反馈关系，又有横向的沟通与支持关系。同时进一步优化专家咨询、学科顾问等工作机制，促进课程管理工作的高站位、专业化、精细化。

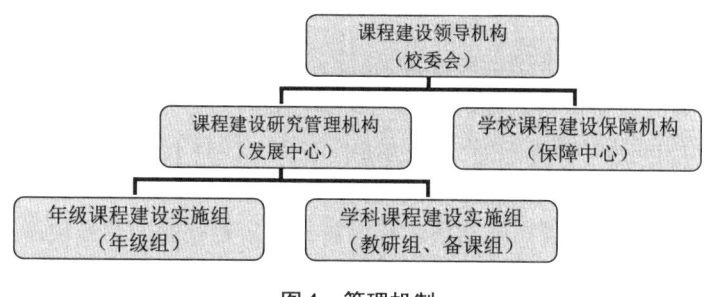

图4　管理机制

表5　职责分工

组织系统	负责人与成员	管理职责
学校课程领导	负责人：校长 成员：校委会成员	组织研究相关政策、法规与文件，研制学校课程规划，审批学校课程实施方案
学校课程研究	负责人：主管校长 成员：相关处室领导	解读国家课程标准，安排课程设置、师资、课时、课表等，组织实施教学全程评价，调整重组开发课程等协调工作
年级课程实施	负责人：年级组长 成员：班主任、学科教师	组织实施本年级国家课程、地方课程与校本课程，负责年级教育教学过程监控与管理
学科课程实施	负责人：教研组长 成员：学科教师	参与审核学科校本课程纲要，校本课程开发，三级课程实施
学校课程服务保障	负责人：处室主任 成员：信息、总务	物质保障，相关服务

（二）培训机制

1. 建立学习共同体：聘请课程专家、骨干教师进行专题讲座，提高干部教师的课程意识，不断积累课程专业知识，提升课程领导力和教师对课程的理解力、执行力。

2. 校本培训：充分挖掘学校自身的课程资源，有效落实国家和地方的各项课程政策，为学生提供适应性强的课程，让学生享受课程，从而达到"课程成就学生"的目的。

（三）奖励机制

学校在课程研发、课程实施及效果等方面，与教师评优、评先、考核、绩效工资等挂钩，发挥评价对教师教学的促进作用。

（四）服务保障机制

按照课程改革实施要求，不断优化物质教育资源，加大学校软硬件建设、信息化建设的力度，为课程建设创造足够的物质条件。

总结

经过研讨，学校课程命名为"DUTY"课程。"DUTY"的中文含义是责任，就是"礼·责"文化（学校文化）中重要的组成部分，也可以说是核心。每一个字母对应一个英文单词：Different（不同的，差异的）、Unique（独一无二的）、Thoughtful（体贴的，关切的，为他人着想的）、Young（年轻的，充满活力的）。这些词都是学生立场，学生应该是不同的、独一无二的，每个学生都是年轻、充满活力的，有责任感的人，那么课程就应该是基于学生差异的，对每个学生来说都是独一无二的，能够充分发挥充满活力的年轻人的优势，培养出来为他人着想、有责任感的学生。同时希望学校也永远是年轻、充满活力的。同时也对课程的修习方式和教学方法进行了思考，还将"DUTY"课程与学校文化、学校、教师、学生进行了主动的对接。

第二部分 项目策划

按照《房山区中小学、幼儿园课程领导力提升工程建设指南》的要求，课程领导力核心团队首先着手完成原课程规划的优化，这是一个持续推进的过程，更是一个持续学习、研究、深入的过程，是带动全体干部教师提升思维水平、理解能力，提高设计能力、执行能力的过程。优化完善的思路是学习原规划、捋清逻辑关系、逐部分解读、讨论研讨（删去不合时宜的部分、讨论有争议的部分、补充新时代的要求等）、解读初稿、征求意见（调查问卷、访谈），形成讨论稿，提交专家组审议，再修改形成试行稿（2020—2022），边运行边调试边完善，最后结合2022年发布的《义务教育课程方案（2022年版）》进行微调，形成《良乡四中课程规划（2022年版）》。

2020年，经过反复研讨，学校讨论发布《良乡四中课程规划试行稿（2020—2022）》，同时确定将"指向优质课程资源整合和利用的课程建设的研究"作为全员参与课程领导力项目的课题。这个课题以课程资源为切入口，老师们心理感觉上会容易些，比学科课程建设好入手。就这样，提交了项目申报书，并通过了评审。

一、项目任务

1. 系统构建学校学科课程体系，有效对接并丰富学校整体课程规划方案，深度彰显并融合学校的"礼·责"文化。同时对接学生的现状、学生发展核心素养和国家需要。

2. 通过学校学科课程规划的编制与实施，促进教师专业发展，落实立德树人根本任务，让"礼·责"文化根植于师生内心，促进学生德育体美劳全面发展，在全面发展的基础上更好地为学习的差异性、个性化服务。

3. 解决学科课程教学创新发展问题，即怎样将学科优质课程资源整合到日常学科教学之中，促进学科课程教学迭代升级，提升课堂教学质量。

4. 解决教师自主发展内在动力不足的问题。借助这一轮学校课程领导力提升工程，激发教师创新发展活力，进一步提升全体干部教师的课程思想力、设计力、执行力和评价力。

二、研究规划

（一）组织架构

自房山区中小学幼儿园课程领导力提升工程项目启动以来，学校成立了以校长、项目秘书、教研组（学科组）组长为主要成员的项目核心团队，确保项目有序推进。其中，项目秘书发挥了特殊的管理、执行、推进等职能，是保证该工程有序高效推进的重要"创新"。

（二）研究策略

项目采取"尊重差异，梯次推进"的策略在全校范围内开展。最早开始的语文学科对于研究什么、怎么研究、研究路上的困惑等问题先行进行了梳理，再通过学校多方搭建的展示平台，将这些思考进行交流与分享，为后来加入研究队伍的老师们提供了经验借鉴并丰富自己的思考。从这个意义上来说，语文项目组对其他项目组的研究起了引领作用，有序推动着学校自选项目的研究。在"指向优质课程资源整合和利用的课程建设的研究"课题下，各学科根据自己学科的实际，确定了各自的研究方向（表6）。

表6　良乡四中自选项目研究方向一览表

自选项目	子项目	负责人及成员
指向优质课程资源整合和利用的课程建设	指向优质资源整合利用的语文学科课程建设	任丽娟　高利　卢爱红　常利　赵淑静　付兰华　齐娜
	数学学科：分层教学的科学设计与有效实施	朱春梅　鲁玉荣　魏小平　黄金粉　解建卿　王新华
	英语学科：运用网络资源（通过创设情境等）提升初中生英语听说能力	侯珊珊　王立新　刘瑞娟　刘菊　韩金平　赵红霞　闫启辉　孙红
	化学学科：整合优质资源，提高课堂效率——学生学习指导手册编制（导学、笔记、习题等）	赵国强　范政红
	指向优质资源整合利用的道法学科课程建设	吴凤兰　齐文水　丁顺红　秦建国
	物理、生物实验课程资源（试题、教学视频、分组实验、演示实验、自制教具）	张妍　周会伶　郝薇薇　杨志杰　李松　李玉兰　高东星　赵宗生等
	历史单元教学体系建构（学习资源）	苗丽娜　洪阳　车靓雯
	足球课程体系优化	白立平　王雪峰　姜冬生
	多学科融合课程资源建设	李宏柏　安博　郝薇薇　李蕊　各学科组长
	跨学科优质课程资源的整合及利用	安博　杨慧聪　许鑫　刘劲松　郭小伟　各学科组组长

（三）研究思路、实施路径

1. 研究思路（图5）

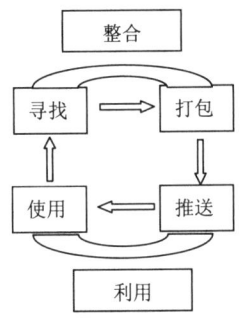

图5　自选项目研究思路

2. 实现路径

（1）大方向："五大力量"，形成合力；自上而下，共同研发：专家引领＋学校支持＋教师钻研＋同伴互助＋学生助力。

（2）小步走（图6）：

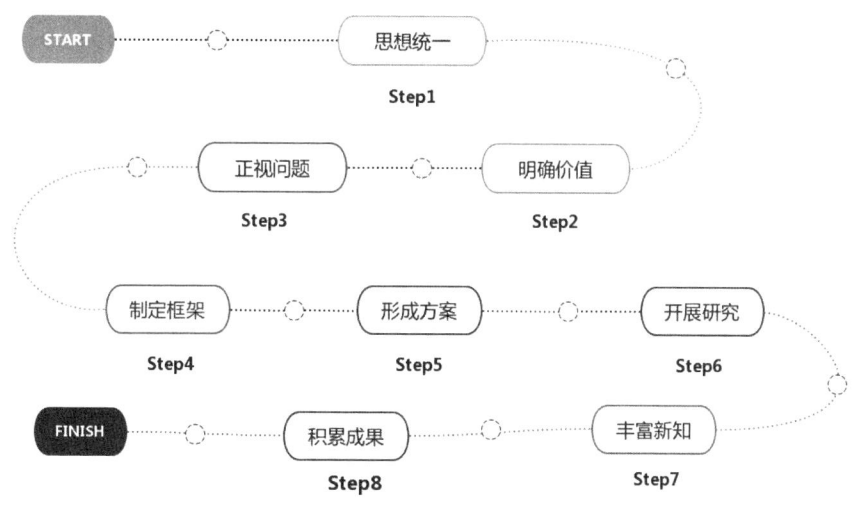

图6　研究路径

（3）实施方法：访谈法、调查问卷、数据分析、能力检测等。

（四）研究推进（表7）

项目在推进中明确各阶段的任务与推进时间表，以任务驱动的方式达成阶段性成果，落实到主要负责人。

表7　项目研究推进表

研究阶段	研究任务	重大活动	解决的问题	阶段性成果
2019.12—2020.02	1. 研究课程改革的政策背景； 2. 调研教师在课程实施中的困惑； 3. 调研学生对课程供给的需求； 4. 规划自选项目	1. 项目启动会； 2. 项目组研讨交流会	1. 厘清并内化"礼·责"文化内涵； 2. 梳理学校课程结构中三种类型课程的定位	1. 通过查找文献与学习文件，把握了项目背景，内化了学校文化的内涵； 2. 通过教师访谈与调查问卷，梳理了在课程实施中需解决的问题； 3. 初步明确了学生对课程供给的需求
2020.03—2020.08	1. 构建课程规划； 2. 明确研究思路与实施路径	1. 项目组研讨交流会； 2. 专家培训	1. 构建课程结构； 2. 划分课程领域，对接学校文化； 3. 实施路径	1. 撰写了必选与自选项目书； 2. 教师的课程理念得到进一步提升

续表

研究阶段	研究任务	重大活动	解决的问题	阶段性成果
2020.09—2021.01	1. 完善课程规划方案； 2. 完善自选项目规划； 3. 成立各项团队； 4. 明确研究的思路与路径	1. 专家组来我校调研； 2. 召开项目中期推进会	1. 必选项目与自选项目规划是否科学与合理； 2. 如何让更多教师一起推进项目； 3. 学科团队卷入后的研究方向与路径	1. 完善了课程规划方案； 2. 完善学校课程设置表； 3. 开发并实施了14门校本课程； 4. 各项目团队明确了研究的思路与路径
2021.01—2021.08	1. 进一步明确自选项目研究方向，并论证其科学性； 2. 进一步明确自选项目研究的意义及价值； 3. 进一步保证自选项目研究有序并高效推进。	1. 阶段性推进总结及培训； 2. 提升培训； 3. 学科研究进度经验分享交流； 4. 迎接专家入校指导	1. 区项目阶段性总结及推进会，明确了今后的研究任务； 2. 通过学校培训及学科间的交流与分享，老师们逐渐有了课程意识，并在实践中逐步树立起研究意识； 3. 专家团队入校指导，手把手带领老师们科学有效地做教研	1. 研究方向确定； 2. 理念得到更新，并拥有了部分研究成果； 3. 真正有效的教研方式更加明确
2021.09—2021.12	理论与实践研究走向深入	1. 每月一交流，资源共享； 2. 专家指导	1. 共同推进，资源共享； 2. 成果逐步沉淀	1. 研究意识成为常态； 2. 研究成果积累
2022.01—2022.12	1. 理论与实践研究深入； 2. 成果梳理	每月一交流	1. 共同推进，资源共享； 2. 成果分类整理	资源整合、分类打包、资源共享

（五）预想成果（表8）

表8 良乡四中项目预期研究成果一览表

序号	预期成果	预期成果形式
1	良乡四中课程规划方案	规划方案
2	良乡四中课程实施指南	实施指南
3	良乡四中项目实施手册	实施手册
4	良乡四中项目研究报告	研究报告
5	良乡四中项目简报	简报
6	良乡四中区级研究课题	立项书、中期报告等
7	良乡四中课程案例集（含特色课程实施与评价案例）	案例集
8	良乡四中课程故事集	故事集
9	指向优质课程资源整合利用的课程建设研究	成果专著
10	优质课程资源在××学科的整合运用研究	论文

就这样，通过明确课程领导力三年提升项目的任务、推进策略和思路，全体教师做到心中有数；通过预期成果，能规划实施过程中阶段性成果的样态，以终为始，目标清晰。

三、研究拓展

随着项目的推进，老师们对课程建设和课程资源的理解逐渐深入，对校本课程体系建设和校外课程资源有了新的思考和行动，成功立项了北京市"十四五"规划办课题"项目式学习视域下地方优秀传统文化校本课程体系的构建研究"，开启传统文化校本课程体系构建，持续丰富课程供给；成功立项了北京市"十四五"校外教育规划课题"基于初中学生核心素养提升的地方优秀传统文化项目式学习研究"，对区域资源开始了新的探索和开发，对学习方式的多样化进行新的研究实践。两个课题既彼此关联，又各有侧重，均基于学校现实问题的解决和对未来教育发展方向的预判。两个市级课题成功立项，也充分体现了课程领导力项目实施以来，教师的课程领导力不断提升，教师专业素养有了质的飞跃。

（一）核心概念界定，提升理论素养

在此之前，老师们没有接触过课题，不知如何规范地做课题。借此机会，可以带着老师们全程参与体验做课题的完整过程，体验以研究的方式做教育所带来的变化。同时，对于教育领域中的常见概念，其实老师们不一定真正理解其内涵和外延，存在很多误区，所以借助做课题的核心概念界定环节，提升老师对概念理解的准确程度，提升理论素养，提升专业素养，也有利于后续课程领导力项目的研究和实践的持续推进和深入，最终以自身的专业成长推动学生更好地发展。

1. 核心素养

核心素养最早由国际经济合作组织在1997年提出，将"素养"界定为包含知识、技能、态度与价值观的能够满足自身复杂需要的能力。新西兰课程网站指出，核心素养是人们现在和将来生活、学习必须具备并不断发展的能力，涉及能够指导我们行动的知识、技能、态度和价值观。联合国教科文组织认为其内容结构包括以终身学习为导向的素养内容和以学习领域划分的素养内容结构，包含学会求知、学会做事、学会共处、学会生存和学会改变五个大方面和身体健康、社会和情感、文化和艺术、语言和交流、学习方法和认知、算和数学以及科学和技术七个大方面。欧盟核心素养分为人与社会、人与自己、人与工具三个大方面。在培养和提升学生核心素养的途径上，各国一般采取政府主导，家庭、学校和社会"三位一体"的教育模式。学校多是结合国家课程内容，地方、学校的办学理念和特色来规划学生核心素养提升的落位，即通过国家的课程纲要、学校的各种实践活动（项目式学习、STEAM教育模式、主题教育、研究性学习等）、课后服务活动的设置以及社区服务等形成合力致力于核心素养提升。

教育部核心素养课题组将中国学生发展核心素养以培养"全面发展的人"为核心，分为文化基础、自主发展、社会参与三个方面，综合表现为人文底蕴、科学精神、学会学习、健康生活、责任担当、实践创新等六大素养。学校对于核心素养培养与提升一般是围绕各学科的教学、德育主题教育、综合实践活动、研究性学习等开展。

2. 地方优秀传统文化

"地方"特指师生生活的主要区域，即房山地区，"地方优秀传统文化"即房山的先辈流传给后辈子孙的丰厚遗产中符合社会主义核心价值观，具有当代价值、世界意义的部分，蕴含着共同的情感和价值，共同的理想和精神，包括思维方式、价值观念和行为准则，也包括红色文化、非遗文化、历史文化等。

各国都极其重视本国的传统文化教育。大多是国家制定课程纲要，地方或者各学校根据实际情况来实行，积极鼓励地方和各学校进行特色建设，像美国、日本等国。具体构建路径呈现多元特点。如日本关注进行整体设置；韩国注重以隐性的文化熏陶和活动为切入点，关注传统文化教育的实践问题。大部分国家只强调基于国家的文化概念，一些东方国家有地域文化的概念。我国学者认为地方文化是与特定区域相联系的文化，一般来说指的是地方的特色文化，具有明显的地方特征。国内学校对地方文化课程的开发主要集中于人文学科的教学与实践、短期的主题教育、综合实践活动、某一非遗文化或地方传统技艺的校本课程设置。

2014年教育部《完善中华优秀传统文化教育指导纲要》提出：大中小学的课程与教材体系要系统渗透中华优秀传统文化教育，并鼓励全国各地深入发掘与运用中华优秀传统文化本土教育资源，开设系列化地域文化课程与校本课程。

现有文献提炼了两种开发传统文化课程的路径。一是创造新的传统文化教育课程。以孟青、杨帆、李群、王荣珍、陈勇刚和李慧等人为代表。二是在原有课程的基础上，将中华优秀传统文化与原有课程结合起来，进行开发实施。以魏传光、胡旖旎、邵子华和张旭华等人为代表。据文献总结，传统文化课程体系的构建，一是将传统文化融入学科中去，二是单独学科作为拓展进行构建，三是以德育主题教育的形式系统进行构建，四是以综合实践的形式进行开发。在学校，地方优秀传统文化大多数都是和人文学科、德育活动或者综合实践活动联系起来，对单独学科、综合实践活动和德育主题活动研究比较深入。对于地方优秀传统文化与校本课程体系整体构建较少。

3. 校本课程体系

是学校围绕育人目标，科学评估学生需求，充分考虑当地实际和学校课程资源的基础上，以学校和教师为主体，进行的学校层面（多主体参与）的课程规划、教师层面（多主体参与）的课程设计、具体的课程实施和课程评价的系统设置。

校本课程的英文是 School-based Curriculum，可以理解为基于学校的课程，或以学校为活动中心的课程，此概念是在20世纪70年代，在"去中心化"思想影响下提出来的。国外的校本课程体系一般是学校结合国家、地区和学校的实际情况来进行设计，采取项目式学习、STEAM教育、研究性学习等方式，让学生充分地进行自主学习、小组合作、调查研究、开发创新，最终影响价值观的形成和能力的培养。如美国开发设置的跨学科课程，新加坡设置课后课程辅助活动、积极学习项目等课程。

国内校本课程的开发理念经历了三个阶段："素质教育"理念—"三维目标"理念—"核心素养"理念。本课题是在"核心素养"理念的指导下，在项目式学习的视域下，进行的校本课程体系的构建，将会进一步丰富学校课程体系的构建模式。现阶段学校校本课程的体系构建一般围绕单独学科的国家基础性课程的拓展和以提升学生能力为目标的构建，对于跨学科之间的构建和同一主题下探究性学习校本课程开发较少，进一步确定了此课题研究的必要性和重要价值。

4. 地方优秀传统文化校本课程体系

是学校校本课程体系中的一个下位概念，即基于地方优秀传统文化这一共同主题，学校和教师通过一定程序和规则，进行的课程规划、课程设计、具体的课程实施和课程评价的系统设置。

5. 项目式学习

项目式学习最早源自约翰·杜威（John Dewey）的实用主义哲学教育思想，他主张以学生、活动和经验为中心，让学生参与到真实情境中来思考问题和处理问题，从做中学，这为项目式学习奠定了理论基础。随后，克伯屈（Kilpatrick）提出了设计教学法，主张学生参与有目的的活动获得知识，这是项目式学习的基础。克伯屈说："我采用'设计（项目）'这个术语，就是专为表明有目的的行动，并且特别注重'目的'这个名词。" 20世纪90年代，项目式学习真正引起教育界的广泛重视。邦威尔（Bonwill）和艾松（Eison）在90年代初开始推广将项目引入教学的方法，并创造了一个新名词——"项目式学习"（PBL）。项目式学习通过项目促进学生探究、协作、批判性思考和解决问题的能力。所罗门（Solomon）则对项目式学习进一步阐释为：项目式学习往往依托着某一学科的理论，围绕着具有一定挑战性和真实性的项目主题展开，并在活动中体现多学科交叉的思想。是以项目小组合作形式解决具有挑战性的跨学科问题，学生通过收集、分析信息构建知识体系，从而自由选择问题解决策略并自主开展实践活动，学习者阐述习得的知识，评价者交流并进行评估，教师成为学习的建议者。卢卡斯（Lucas）教育研究尝试通过研究高水准项目式学习的共性特征，为项目式学习改进提供依据。国外对于项目式学习的研究，无论是理论阐述还是实践应用，都比较深入。

在美国该模式已发展成熟，有一批新型学校一直在课堂上实行项目式学习的教学模式，如顶峰公立学校（Summit Public School）、可汗实验室学校（Khan Lab School）、辛克全球学校（Think Global School）、高科技学校（High Tech High）等。国内项目式学习主要体现在理论研究层面，在大学阶段使用为主，初中阶段具体教学场景的运用并不常见。刘延伸指出：项目式学习是学生通过查阅搜集资料、撰写论文等方式将理论与实际问题相结合，并在课堂上与其他同学进行交流。徐锦生认为：在项目探究过程中，以学科核心概念和基本原理为中心，以制作项目作品为最终目的，促进学生投入学习生活中，从而提高学生终身学习能力和核心素养的发展。

因为预测出在新课程方案背景下，学科实践活动、跨学科主题实践等课程形态的进一步明确，均需要有适宜的学习方式做支撑，而老师们在这个领域是陌生的，所以特意在项目式学习上做了较多的研究和探讨，申报相关研究领域的课题，后续还将持续开展系列微讲座和展示交流活动。

从以上概念界定和国内外研究现状的综述来看，国内外学者从不同的视角、不同的方面对"传统文化课程体系""校本课程体系构建"以及"项目式学习"等问题进行了积极的、有益的和开拓性的研究与探索。但在学习和梳理文献的过程中，我们也同时发现，基于"项目式学习"视域下，以"地方优秀传统文化"为课程内容的校本课程体系构建的研究成果相对较少，大多数研究都是从中华传统文化来进行构建，而构建的形式也是围绕着对国家课程的补充、主题式的教育活动、综合实践活动、非遗文化的学习等，缺乏层次性、系统性、综合性的课程构建，在初中学段的相关研究更少，所以本课题的研究无论对于提升学校师生素养、促进学校特色发展还是丰富当前相关领域的研究成果，都是很有必要的。同时，我校地处有着"人之源、城之源、都之源"之称的房山区，在构建地方优秀传统文化校本课程体系这一方面有得天独厚的地域文化优势。项目式学习又是一种促进以学生学习为主、对现实世界的主题或问题进行探究的创新方法，它通过项目促进学生探究、协作、批判性思考和解决问题的能力。在地方优秀传统文化校本课程的实施中必然能充分发挥其独特的优势，同时为校本课程体系构建提供了新视角。

（二）研究内容分解，确保研究过程扎实

课题研究成果将为初中学校校本课程体系构建、地方优秀传统文化课程体系提供模型参照；为校本课程体系构建提供"项目式学习理论"的新视角；以项目式学习理论研究与实践进一步推动教师教育观念变革，对课内资源与课外资源进行深入开发、融合，提升教师优质资源整合利用能力，提升地方优秀传统文化教育效果。校本课程体系的构建将进一步丰富学校课程体系，提高课程供给能力；项目式学习的研究有助于拓展"地方文化"认知体系，促进学生心智、身体与环境的高度融合发展；有助于建构学生综合实践、跨学科学习学术观点与理论框架，丰富国内项目式学习研究实践成果。通过跨学科教研，提升教师专业素养和创新能力，努力实现课程整体育人的目标。研究既对接学校文化，也有利于地方传统文化的传承，促进学校育人目标的达成。

师生对于"地方优秀传统文化"的认知进一步深化，将进一步激发师生的自豪感，由爱家乡的朴素情感最终发展到建设家乡的强烈愿望。课程体系构建以及课程实施过程中，教师课程设计力、优质资源整合利用能力将进一步提升，专业素养和创新能力将得到全面提升。学生更多运用聚焦问题、合作探究的学习方式，通过更广阔的社会交往途径，使其在科学精神、责任担当、实践创新等核心素养方面得到切实的加强。

构建初中学段的地方优秀传统文化校本课程体系，将实现与学生发展核心素养的对接，与学校教育理念的承接，与地方经济社会发展的连接。通过构建地方优秀传统文化校本课程体系，完善学校"礼·责"课程体系，提升地方优秀传统文化教育效果；以项目式学习理论研究与实践进一步推动教师教育观念变革，进一步提升初中生核心素养，特别是在科学精神、学会学习、责任担当、实践创新等方面的提升。要实现这样的目标，必须将课题进行分解，与日常工作进行完好对接，以研究的方式工作，在工作中研究，才可能确保研究过程扎实，研究成果实在，师生获得感最大化。

研究分为六个专题，简要介绍如下：

专题1. 文献梳理

尽管前期已经做了部分的文献梳理，但随着时间的推移，新文件新方案的发布，新政策的出台，需要对相关概念进行持续的梳理与完善，同时，也推动干部教师队伍思维水平的提升。继续使用CNKI、Proquest等数据库搜集的方式对学术论文进行搜索，利用图书馆检索系统搜索专著，利用教育部网站搜索相关政策文件。对校本课程体系构建、地方优秀传统文化课程及校本课程进行文献研究，对国家关于中华优秀传统文化教育的政策文件、理论阐释以及习近平总书记关于中华优秀传统文化论述的核心思想进行梳理，对项目式学习在初中阶段应用的路径与方法、优点与缺点等进行文献研究，找准课题研究的核心问题及研究的基本定位和逻辑起点。

专题2. 实证调查

一是对地方优秀传统文化校本课程体系构建的有效途径、成果等情况进行调查，获取可以借鉴的课程结构、课程实施、课程资源及课程体系构建路径等，修正其他研究中存在的薄弱点，如课程实施条件的研究，学生主体性发挥对课程建设的重大作用等。二是对地方优秀传统文化内容及其表现形式、项目式学习理论及操作要领进行问卷调查，教师通过观察、访谈、座谈等多种方法，梳理学生实际生活情境中相关话题和问题，初步形成相关课程门类及相应的主题课程，然后学生选择相应的课程学习，检验其育人效果。三是对区域内相关课程资源进行挖掘、梳理，为项目式学习的实施提供基础支持与保障。

专题3. 案例分析

一是对校本课程构建案例进行系统分析，梳理有效的校本课程构建路径。二是对优秀传统文化课程体系进行系统分析，总结梳理该课程体系的核心要素。三是将研发出的比较成熟的课程案例进行针对性分析，进一步了解课程对学生的适切度，进一步调试课程，不断满足学生学习和成长的需求。四是对项目式学习案例进行分析，总结归纳校本化操作、管理、评价方式等。

专题4. 比较研究

一是对已有传统文化校本课程体系进行对比分析，汲取本研究所需要的理论依据、实践路径等。二是研究"房山文化"地方课程，规避主题、内容、素材的重复性。三是研究地方优秀传统文化课程内容与"道德与法治"课程的对接点，使之成为"道德与法治"课程的有益补充。

专题5. 校本课程体系构建（图7）

（1）目标研究：实现课程目标与中学生发展核心素养相对接，与学校教育理念相承接，与地方经济社会发展相连接；

（2）内容研究：课程计划、课程纲要、学习材料、课程组织形式等；

（3）结构研究：组成课程体系的课程门类、必修与选修设置、分科课程和综合课程搭配、课程知识、课程的形态结构等，实现课程的均衡性、综合性、选择性等；

（4）评价研究：目标评价模式、目标游离评价模式、CIPP评价模式的比较与选择；

（5）实施研究：有效实施课程的条件（课程计划的特性、交流合作、教师培训、外部支持等），教学方式的选择（项目式学习）。

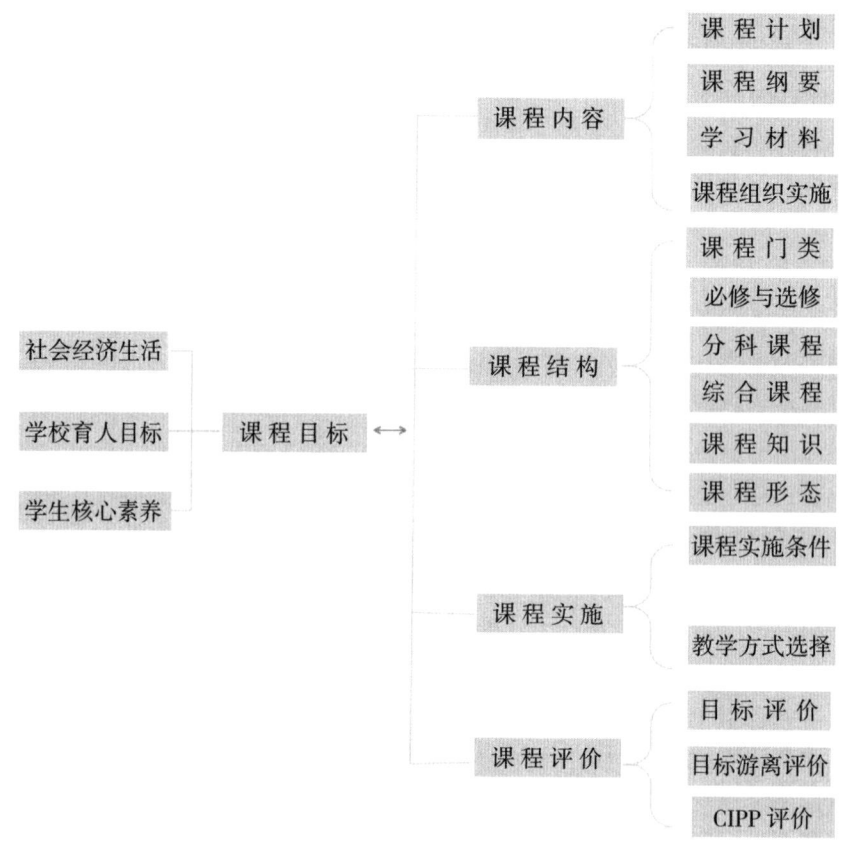

图7　校本课程体系构建

专题6.区域资源的开发利用

一是摸清校内及区域资源的底数，包括类型、数量、负责人等。二是对接学校文化和学校课程，筛选、确定可供选择的资源（可行性）。三是对接"十四五"发展规划，确定每年资源开发的重点，形成逐批次、多类型的区域资源体系。

（三）研究思路（图8）

以切实提高地方优秀传统文化教育成效为问题导向，以培育学生发展核心素养为落脚点，以地方优秀传统文化校本课程体系为核心研究内容，在项目式学习视域下系统构建地方优秀传统文化课程目标体系、内容体系、结构体系、评价体系、课程实施，开发适切的教育资源，通过适当的教学方式，形成课程目标有梯度、有层次，课程内容有关联，并与学科课程有机融合，课程实施有特色的校本课程体系。进一步将社会主义核心价值观教育以基于学生生活、适合学生认知特点，以学生喜闻乐见的形式融入学校的育人体系，潜移默化地影响学生价值观的形成。

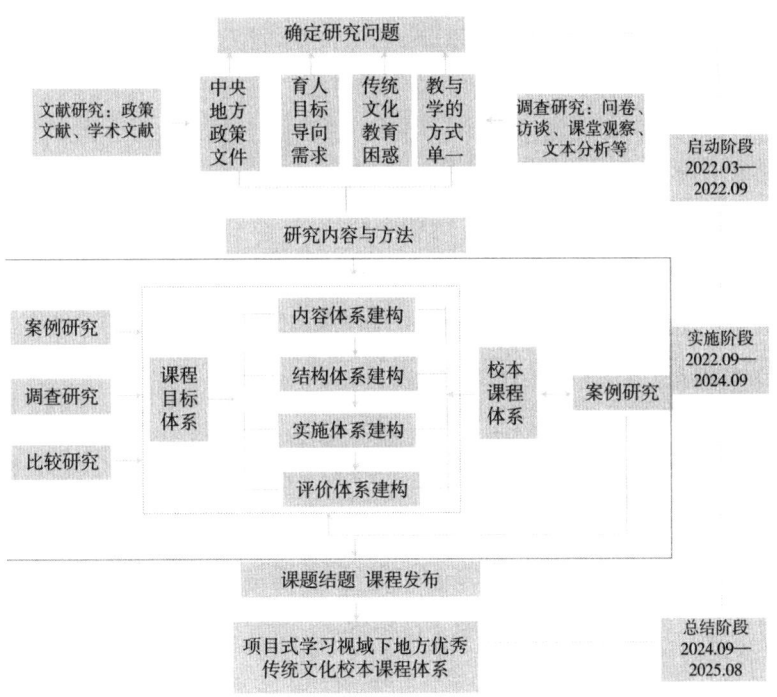

图8 研究思路

通过文献研究也发现，采用项目式学习的方式来开发地方优秀传统文化和提升中学生核心素养的研究较少，更多的是通过单独学科教学、短期主题教育、综合实践活动和非遗文化来进行，缺乏层次性、综合性、系统性的构建，也缺乏跨学科之间的整合。同时，我校地处有着"人之源、城之源、都之源"之称的房山区，具有得天独厚的地区文化优势；通过项目式学习的研究，将促进地方优秀传统文化的认知与传播，提升学生核心素养。项目式学习及研究是地方优秀传统文化课程开发与实施的有效路径，地方优秀传统文化项目式学习能促进初中学生核心素养的提升。

第三部分　概念理解

在课程领导力提升项目实施过程中，对于相关概念的理解也是个持续深入、深刻的过程。最开始就局限于个人从字面的理解，随后，通过项目的培训、专家的解读、文献研究，对课程领导力、课程资源、行动研究等概念有了更加全面的理解，但我们也认为，概念的内涵和外延依然会是一个持续变化的过程，因为"变化"是永恒的，"不变"是相对的。

一、课程领导力

（一）课程领导

1. 国外课程领导发展

早在1952年，哥伦比亚大学的帕索（Passow）教授写了《以集体为中心的课程领导》博士论文。到了20世纪70年代，随着挑战课程研究传统的概念重建活动兴起，人们逐渐认识到对教育进行改革，让学校能够面对社会中出现的各种问题，学校的领导质量是解决这一问题关键所在。学校教育的核心是课程，学校教育的最终问题是课程问题，学校的领导工作核心问题是课程领导问题。1976年，尤鲁（Glenys G. Unuh）在《课程领导的新内涵》（*New Essentials for Curriculum Leadership*）一文中，明确提出教育改革的关键所在是课程领导。尤鲁所提到的课程领导已经具有了新的内涵和意义，强调引导和责任分担，指明课程领导的目标是培养学生应对社会出现的问题与挑战的能力，提出课程领导者要拓宽课程开发的愿景，以适应人本主义和民主的思想。1981年，罗斯（J. A. Ross）在《课程领导的策略》（*Curriculum Leadership Strategies*）中分析了校长影响教师课程选择的方法，并指出校长课程领导策略包括：激发教师的内在奖赏、校长扮演教师专业作为的角色楷模、校长本身展现革新的热诚、增进教师参与决定的过程。

1985年，布莱德雷（Bradley）出版了《课程领导与发展手册》（*Curriculum Leadership and Development Handbook*）一书。该书被认为是较早对课程领导进行的系统研究，是课程领导理论的重要著作。该书认为，强调课程发展、提供资源、引导课程发展的哲学方向、持续地促进课程发展、理论与实践的关联和计划、实施和评价是课程领导者的重要任务。1989年，汉特菲尔德（Hatfield）在《设计同侪课程领导者角色》（*Designing faculty curriculum leader roles*）中探讨了教师作为同侪领导者（faculty curriculum）所要达成的目的和目标。同年，贝雷（Bailey）在其出版的《促进课程领导的十二条信条：来自校长的建议》（*Twelve Creeds for Curriculum Leadership: Advice from Principals*）中指出了有效课程领导者所必须遵守的原则。

美国北卡罗来纳大学的布鲁贝克（Brubacher）教授是"创造性课程领导"理论的提出者，他在 1994 年出版的《创造性课程领导》以及 2004 年再版的《创造性课程领导：激励与授权你的学校共同体》（Creative Curriculum Leadership Creative Curriculum Leadership: Motivate and Empower Your School Community）是西方课程领导研究的标志性著作。布鲁贝克对"以学科、教科书、课程纲要等为载体的文本课程"进行了批判，而将"联合个体经验共同创造的经验课程"视为相对理想的课程改革方式；他认为课程领导者不应仅仅局限在具有领导职务的人群，参与互动的每个人都可以成为"领导共同体"中的一员。可见，"创造性课程领导"倡导为领导情境中的每个个体赋权增能，人人可为课程领导者，主张发挥团队力量来促进课程领导目标的实现。

1995 年，萨乔万尼（Thomas J. Sergiovanni）在《领导和优质学校》（Leadership and Quality School）中明确界定了课程领导的概念，认为课程领导是为学校成员提供必要的基本支持与资源，进而充实教师的课程专业知识，发展优质学校教育方案，促进教师间的交流与观摩，促使学校形成合作与不断改进的文化，最后把学校发展成为课程社团，达成优质教育的教育目标。萨乔万尼从领导管理的目的性出发，提出课程领导是"为学校成员提供必要的基本支持与资源，进而充实教师的课程专业知识，发展优质学校教育方案……最后把学校发展成为课程社群，达成卓越教育的目标"。格拉索恩（Allan A.Glattorn）从功能行使的角度分解了课程领导的内涵，即应制定课程发展的目标、重新思考教学方案、致力于以学习为中心的课程安排、统整课程的内容以及监控课程的实施，从而为学生提供优质的课程。

进入 21 世纪后，课程领导的研究逐步深入，并取得了许多研究成果。格拉索恩在这个时期深入具体地探索了课程领导，出现了大量的课程领导研究成果。他认为，课程领导的功能在于使学校组织团体促进学生学习品质。在《校长的课程领导力》（Curriculum Leadership for Principals）中，他明确指出，以美国的教育实践为基础，将课程领导分为州、学区、学校和班级四个层次，并指出校长应鼓励和调动学校成员之间的沟通和交流，形成积极发展的学校学习氛围；打造教师课程开发共同体，促进教师的课程专业发展；以身作则成为教师同仁们的典范。提出了校长在课程领导中应扮演的角色及发挥的作用，旨在为校长的课程领导实践提供具有可操作性、针对性的指导策略。亨德逊和霍索恩（Henderson & Hawthome）在《转型的课程领导》（Transformative Curriculum Leadership）一书中指出转型的课程领导内在旨意是聚焦于课程开发，按照教育计划的目标进行教学互动，明确提出了革新教育的"3S框架"，即：学科学习、自我学习和社会学习；提出了革新教学的"5C框架"，即：创新的、关爱的、批判的、沉思的、合作的反思性探究；提出了革新的课程设计与课程规划、革新的课程评价、革新的学校文化；最后，阐明革新型课程领导的最终目的在于使教师"成为革新的课程领导者"。戴维·德马修斯（Davide. DeMatthews）在《如何提升课程领导：领导理论与管理策略相结合》（How to Improve Course Leadership: Combining Leadership Theory with Management Strategies）中指出课程变革的五个步骤分别是明确目标、战略性和全面性分析、积极参与课程实践、流程管理分析、终结与持续课程变革,用管理理论和质量管理技术相结合的方法来提升课程领导。布拉德利(Bradley)的《课程领导:超越统一的课程标准》(*Curriculum Leadership: Go beyond uniform curriculum standards*)一书,着重讨论了"课程领导者的角色"与"作为一个课程领导者怎样领导学校的课程开发"两个问题。他将课程领导者的范围从具有行政职务的校长、管理者、教育官员,拓展到了没有行政职务的教师,认为教师也可以充当课程领导者的角色。

可以看出,在课程领导的发展期,研究的重点主要是确立课程领导的功能与任务,并将这些功能与任务加以组织,最终发展成为具体的行动方案或指导手册,作为课程领导的指导或指引。随着课程领导理论的逐步深入发展,课程领导模式也逐渐建立起来,成为指导课程领导实践的重要参考。

从课程领导理论的研究发展历程来看:在西方,课程领导是在课程理论、管理学、领导学的交融发展中诞生的,于20世纪50年代被提出,70年代受到广泛关注,80年代起获得高速发展,它经历了"提出—发展—成熟"的自然生成过程。毋庸置疑,这一过程,既保证了课程领导理论在西方教育界的认知度、认可度,也在一定程度上保证了课程领导理论与西方学校教育的适切性。

从课程领导理论的研究者来看:通过前文的国外文献梳理可知,在西方课程领导理论的发展过程中,涌现出了一大批课程专家和学者,如:格拉索恩、布鲁贝克、亨德逊、布拉德利等,他们往往能够倾注自己几十年的时间与精力,持续投身于课程领导的研究,因此,他们的研究成果更具连贯性和系统性。

从课程领导理论的研究成果来看:从20世纪50年代至今,历经半个多世纪的科学研究,西方国家已经收获了大量的理论研究成果(如文件、论文、书籍等)和实践研究成果(如已经形成了一些较为完整和系统的课程领导模式,如CLI模式、DIME模式、学科课程领导模式、有效教学模式等)。但需要特别注意的是,在这些研究中,尽管都有强调教师在课程领导过程中的重要性,但几乎没有专门针对教师课程领导的研究。

2. 国外课程领导模式

在不同国家课程领导的模式也不同。美国的CLI模式,是美国课程领导协会(The Curriculum Leadership Institute)的缩写,它于1982年在堪萨斯州成立,由恩波利亚州立大学和几所公立中小学共同组成了一支研究队伍,以工作室的形式开展研究,提出了在实践中有步骤地进行课程和学校改善的课程领导模式。这一课程领导模式已在美国一千多个学区推广。学区中的不同层级由不同的人员负责课程领导工作,教育局中负责课程与教学的副局长、课程协调者、学校校长、学年主任等都是主要的课程领导者,但校长是更为重要的课程领导者。校长必须从传统的提供课程监督与管理的角色转变为扮演首席教师的角色,面对并解决课程问题,通过合作、反省与实践,促进学校成员发展。加拿大的DIME模式,由加拿大萨克其万省教育厅发展核心课程方案时所提出。该模式认为新课程发展有四个时期,分别是发展期(Development),主要撰写并实验课程;实施期(Implementation),主要将课程传递给学生;维持期(Maintenance),维持课程不断更新;

评价期（Evaluation），正确评价课程符合目标的程度及其实施的成效。DIME 模式从课程的发展、实施、维持到评价，为校长实施学校的课程与教学领导提供了一个可资借鉴的模式。英国学科领导模式，尤其强调校长的主导地位，制定了"校长的国家标准"方案，希望通过培养有经验的教师获得"校长的国家专业认证"后成为校长，并实施有效的课程领导。同时还出台了相关的"校长领导和管理方案"和"在职校长领导方案"，加强了对校长的专业知识和技能的培训。澳大利亚的促进有效教学的课程领导模式，试图为课程领导立论，并强调课程领导中必须考察学校课程架构、社会背景、组织结构等学校课程环境，教师心理与人际关系等中介要素，进而达成课程领导方面的具体成果。

西方课程领导力研究较多且相对成熟，研究多以实践研究为主，多采用问卷调查法进行研究，辅之以少量的个案研究和民族志研究。就研究的问题而言，多集中于学校中校长的课程领导问题，包括对校长课程领导角色的感知与理解的探究，通过了解教师和校长的看法，探究理想的和实际的校长课程领导间的差距，校长对于课程领导能力的看法，影响校长课程领导的因素，校长如何做好课程领导等因素；就研究关注的层面而言，西方的研究以校长和教师为主，并有少量研究涉及学校督导，学校行政人员，家长和学生。

3. 国内课程领导发展

我国在这方面的研究起步较晚，对国外研究成果的翻译、介绍较多，但随着课程研究的逐步深入，最近几年，我国课程领导的研究日渐增多，除了一些期刊文献对之进行了探讨，一些学位论文也开始以课程领导作为研究的主题。就研究方法而言，我国研究以理论探讨为主，实践研究缺乏，有关行动研究、实验研究及个案研究更少；就研究问题而言，我国主要集中在课程领导概念的界定、意义的探讨、任务内涵的理解和模式的构建。

长久以来，我国的课程管理体制是与政治管理体制相适应的。国家对于课程管理采用的是集中管理体制，表现为国家权力机构掌握着整个教育系统资源的组织、分配，课程开发由国家教育权力机构决策和编制，是全国统一的。

1999 年 6 月，全国教育工作会议明确提出"试行国家课程、地方课程、学校课程"。2001 年 6 月，《国务院关于基础教育改革与发展的决定》中提出实行国家、地方、学校三级课程管理。同年出台的《基础教育课程改革纲要（试行）》明确提出，基础教育课程改革的具体目标之一是"改变课程管理过于集中的状况，实行国家、地方、学校三级课程管理，增强课程对地方、学校及学生的适应性"。这表明我国的基础教育课程管理体制，将由原来过于集中的国家课程管理走向国家、地方、学校三级课程管理模式，地方和学校将拥有一定程度的课程自主权，共同参与课程决策并承担相应的责任。

4. 国内课程领导的模式

我国台湾地区的黄旭钧提出了校长课程领导模式作为校长课程领导实践的指引与参考。校长课程领导模式的主要特点在于校长必须先评估环境趋势、制度结构、学科性质、学校文化等不同的学校情境脉络因素，再根据不同的情境脉络，决定该扮演何种或强化何种课程领导角色，进而采取适切的课程领导作为，在课程领导作为形成不断改进的小循环，最后获得良好的课程领导结果。我国台湾地区学者游家政则从领导过程的视角提出，课程领导是在教育的团体情境里，借影响力来引导教育工作者在课程实务（含教学）的努力方向，使其同心协力去达成教育目标的历程。学者张华认为：课程领导系课程变革过程中不同课程利益相关者通过民主合作而进行的创新性课程工作，旨在促进教师的专业成长和学生的个性发展。钟启泉教授曾在《从"课程管理"到"课程领导"》一文中对课程管理与课程领导作了详细的区分，旨在促进课程管理向课程领导的转型。他认为，课程管理是一种自上而下的监控，而课程领导更体现了一种自主性、创造性。靳玉乐、赵永勤认为课程领导理念不同于课程管理理念，而与校本课程的理念基本一致，它强调合作、交流、民主、开放。沈小碚、罗入会认为课程领导不只是课程与领导两个范畴的结合，还与管理有着十分密切的关系。林一钢、黄显华认为课程领导可能遵循两个路径进行：对课程开发技术的领导、对课程文化的领导，主要是要转变学校原有一些陈旧的基本假定，形成新的教师观、学生观、知识观、学习观、教学观等，改组与改造学校组织，进而促进教师的专业发展，影响课程开发的质量。

综上所述，课程领导是指与课程相关的人员基于对课程的理解，通过合作交流、相互影响的方式达成一致见解，自主地对课程进行再创造与深加工的实践过程。课程领导既是一种行为，又是一个过程，体现了人的主观能动性。

（二）校长课程领导力

1. 概念发展

国外对校长课程领导力的研究起步比较早，比较广泛。1952年，哥伦比亚大学教授AH. 帕索在《小组中心的课程领导》（Croup Centered Curneulum Leaderahip）的论文中就对课程领导做了一些研究。20世纪70年代，美国的管理学界掀起了一股批判"科学管理"模式的浪潮，新兴的领导理论逐渐替代了早在20世纪初就已经发展起来的管理理论。研究者们认为一个成功的领导者应该要学会如何去倾听、引导、合作和协调，而不应该是命令、控制或监督。这种新兴的管理理念与当时社会中所崇尚的追求民主、平等、公平和公正的社会思潮相一致，广泛而深远地影响着社会的变革。正是在这样的社会变革的复杂背景下，教育领域内的研究者们也开始探讨如何将以往的管理者角色逐渐向领导者角色转型的问题。20世纪80年代，安德鲁斯（Andrew）和史密斯（Smith）指出，学校领导者要处理好与教师之间的关系（建立合作伙伴关系），并协助教师实现专业化发展，同时实施权力分享，让广大教师参与到学校事务的决策中。珀赛尔（Persell）和库克森（Cookson）指出，有能力的校长愿意承担学术目标，能营造高期望的学校气氛，能担任教学领导。霍德和霍尔（Hord & Hall）指出，课程领导的成功与否主要取决于校长的引领风格，校长的卓越领导是课程实施的重要保障。1987年格拉索恩阐释课程领导者具有决定课程计划、确立组织机构、确认和分配领导功能、实现地方和学校目标、发展课程资源等职能。布鲁贝克（D. L. Brubaker）《创造性课程领导》的出现，标志着创造性课程领导观形成。他对课程领导者的素质提出了自己的观点，认为课程领导者首先对自我具有恰当的定位，其次被领导者根据工作热情饱满情况作出恰当的调整。1992年美国的Krug认为校长课程领导的主要任务是监测学生进步、监控教学质量、订立远景目标等。1993年美国的著名学者萨乔万尼（Thomas J. Sergiovanni）将校长领导划分为五个向度：①象征性领导；②人际性领导；③技术性领导；④文化性领导；⑤教育性领导。校长主要应该充实教师的课程专业知识和技能，为学校成员提供必要的基本支持与资源，促进教师之间的交流与沟通，促使学校形成不断改进与合作的文化，最终将学校发展成为课程社群，以实现课程目标。格拉索恩认为学校的课程领导应整合课程，与学区的领导者密切合作，采取渐进的过程来促进课程的改变，决定课程的发展优先级，运用例行活动来促进课程拟定、特别计划并妥善管理时间；当校长与学区的领导者建立密切合作关系后，首先应该要为课程的修订工作加以组织，每一所学校都会有自己的委员会组织。进入21世纪以后，校长课程领导力的概念也不断地发展，布拉德利（Leo H. Bradley）《超越范本标准的课程领导力》(*Curriculum Leadership Beyond Boilerplate standards*) 一书中着重阐述了有关课程领导者角色的问题和有关课程领导者如何有效领导学校课程开发的问题。美国学者格拉索恩（Grassorn）在《校长的课程领导力》一书中指出，负有学校课程领导之责的行政人员通常会面临一些问题：①不清楚课程领导的性质。很多校长对于课程领导者的定义不是很清楚，他们往往认为课程不是我该管的事。②缺乏时间。即使校长清楚其课程领导的责任，但是他们往往找不出时间来践行其角色。他以美国的教育实践为基础，将课程领导分为州、学区、学校和班级四个层次，并指出校长应鼓励和调动学校成员之间的沟通和交流；形成积极发展的学校学习氛围；打造教师课程开发共同体，促进教师的课程专业发展；以身作则成为教师同仁们的典范。提出校长在课程领导中应扮演的角色及发挥的作用，旨在为校长的课程领导实践提供具有可操作性、针对性的指导策略。

我国对校长课程领导力的研究起步比较晚，直到20世纪80年代末期，我国台湾地区学者欧用生指出，课程实际是教师、学生和知识不断的交互作用及其交互作用的脉络的结果，这些脉络包含周围的教室、学校、社区及广泛的教育系统和社会，否则再理想的课程理念都无法转化为实际的课堂教学实践。郑渊全研究发现，校长课程领导遭遇到的困扰问题主要表现为：在教育制度与政策层面缺乏课程与教学评鉴机制、组织人力不足与缺乏弹性；校长自身层面行政业务繁杂，时间不足；在教师层面，校长认为教师课程设计时间与能力不足；家长层面，校长认为家长课程专业知识与参与度不够等。学者游家政提出，课程领导是借影响历程来引导教育实践者在学校课程实务中的奋斗方向，使组织成员间协作去实现教育目标的过程。我国香港教授李子建指出，学校领导既要引导教师发展操作理论，又要发展机构，构建一个工作环境，制定目标，利用权力去建立一个组织氛围、建立有效的人际关系，规划和启动行动，维持沟通渠道开放和评估成绩，建立良好的学习型的组织。课程领导的有效实施有赖于一种合作、对话、反省和慎思的学校文化的营造。所以，课程改革是否成功取决于校长、中层管理人员和教师等每一位教育者的共同努力。

2001年颁布的《基础教育课程改革纲要（试行）》，正式提出要实行国家、地方和学校三级课程管理，强调必须合理地将课程权限逐渐下放到地方与学校，充分发挥地方和学校在课程管理和开发过程中的自主性和创造性，形成地方和学校特色。

学者钟启泉在《校长的领导风格与学校文化的创造》一书中提出，校长和教师必须共同承担学校课程领导。校长和教师两者之间存在着许多相似之处，他们不仅都是学校的课程领导，而且都是学校的课程利益主体。所以，在学校课程体系中，平衡实施三级课程管理的前提是确定国家、地方和学校三级课程管理权责，明确赋予校长和教师不同的课程管理权力。

罗明福认为校长课程领导力应集中八个方面进行强化：课程理念、课程设置、教师培养力度、校本研修、地方课程、课程与教学、课程改革、课程评价。校长课程领导力是保障有效教学的关键，校长课程领导力的提升包括按课程计划设置课程，依据课程标准整合课程资源，用特定的课程理念管理、实施、评价课程，不断加强教学过程管理、优化教师专业发展、深化教研团队建设三个环节。

师晓星认为实现校长课程领导力的有效策略包括三方面，第一，理念引领，建立制度。建立教学管理制度和教师专业发展评价制度，把教育理念通过制度转化为教师行为。第二，深入课程，关注过程。优化教学过程，常态课即优质课，采取分段实施、分类推进的课程改革方法，营造师生共建的课程领导氛围。第三，团队合作，整体提升。建设学校教学管理团队，加强校本研修。

谢利民认为，校长课程领导力提升体现在学校课程建设、教学计划、课程实施、校本教研的领导力。徐向东将校长课程领导力的提升着力点集中在课程计划、制度保障与文化引领方面，认为提升课程领导力的基础是制订科学的课程计划，课程计划要符合学校办学理念、关注学生成长、体现政策精神；保障是执行合理的管理制度，包括课程实施的激励机制、教研制度、评价制度；关键是发挥学校文化的引领作用，具体体现在建构价值认同的课程文化、教师主动学习的文化、学生自主乐学的文化等。

裴娣娜教授在2012年基础教育课程改革论坛中提出，校长的课程领导力体现在四个方面：领导教师团队创造性实施国家课程计划的能力；开发和整合教育资源建设校本课程的能力；学校课程实施的能力；组织学校课程实践的决策、引领和控制能力。

2013年，《义务教育学校校长专业标准》实施并首次明确规定"规划学校发展、营造育人文化、领导课程教学、引领教师成长、优化内部管理、调适外部环境"六项校长专业职责。其中领导课程教学中进一步具体提出，"有效统筹国家、地方、学校三级课程，确保国家课程、地方课程的落实，推动校本课程的开发与实施，为学生提供丰富多彩的课程教学资源"。可见，提升校长的课程领导力已经上升到国家政策层面，成为合格校长必须具备的核心素养。

孙向阳指出，校长课程领导力是校长与追随者为实现共同的课程目标而迸发的一种思想与行为的能力，是二者相互作用的合力。杨明全提出，校长课程领导力是校长运用行政的和专业的影响力，在一定的制度环境中有效地对课程事务进行管理从而实现学校发展目标的能力。王金福认为，校长课程领导力是指校长领导教师团队创造性实施新课程，全面提升教育质量的能力。

可以看出，我国的校长课程领导经历了三次转变：①从重视校长自身能力到团队合作力的转变；②从重视行政权力到权威力量的转变；③从重视学校课程管理到学校课程领导的转变。校长领导力是学校发展的一个重要因素，它影响着学校的基本政策、发展方向、管理模式、教学状态等各方面。新课程改革是一个以学校为主体的重构国家课程的动态过程，它强调在课程标准下，怎样根据学校和学生的实际情况恰当对课程资源进行整合和开发，使学生得到最大程度的发展，即国家课程的校本化实施。校长要用正确的教育思想引领教师实施新课程，始终坚持"以学生发展为本"的理念，统筹人、物、财等资源，本着有益于提高教与学的效率，有益于学生全面、有个性地发展等原则，科学制订和有效实施学校课程计划。校长也要有提升课程质量的领导品质，要为教师参与课程领导提供民主、开放、合作的氛围，共同探究课程问题，要为每一位教师创造发展的机会、条件和空间，促使教师专业发展，组建一支具有优秀品质和高素质的教师队伍。

2. 构成要素

郭德侠明确提出："校长课程领导力包括七个构成要素：课程领导意识、课程规划能力、课程开发能力、课程设置能力、课程实施能力、课程评价能力和课程文化构建力。"郝士艳认为，校长课程领导力是由课程观念力、课程执行力和课程自控力等三个要素构成。范俊明指出，校长课程领导力包括四个要素：课程价值领导力、课程规划能力、课程开发能力、课程管理与评价能力。何灿华也在研究中提出，校长课程领导力包括四个要素：开齐课程的能力、开足课程的能力、开发课程的能力、开好课程的能力。房山区中小学课程领导力提升工程中，将课程领导力分为思想力、设计力、执行力和评价力。

影响校长课程领导力的因素是多方面的，不同学者和调查的意见也不尽相同。但大多数学者都认同，影响校长课程领导力因素基本都与校长的课程领导因素、教育行政部门因素、课程资源开发与管理等因素有关。梳理概括见表9。

表9 影响校长课程领导力的因素

学者	因素
曹连文	教育制度、校长的课程意识与课程能力、课程资源
石利	课程政策的认同感、校长自身的"知"与"行"能力、课程的管理制度和监督机制、课程执行力文化的创建
何玉凤	校长的个人因素、学校组织因素、教师因素、教育行政部门和社区因素
薛国凤	课程领导意识与课程领导行为、传统的课程管理模式
夏心军	课程领导意识不浓、课程开发行为不规范、课程校本化实施水平不高、课程资源整合能力不强
马云鹏	课程领导意识淡薄、课程领导权力缺失、课程领导同行者缺乏、课程领导角色不明确

简而言之，校长课程领导力是校长作为课程领导者在课程实践中吸引和影响教师及其利益相关者实现改善学生学习品质、促进教师专业发展、提升课程质量的领导品质，包含校长思想能力、设计能力、管理能力、评估能力、课程领导效能等。

（三）教师课程领导力

在传统的教师能力的内涵中，大家都非常注重教师的教学能力，一直将课程作为教学内容来看待，而教学计划、教材等都是国家统一安排的，所以教师的观念里就只有教学没有课程。因此，教师只要把知识教给学生，学生也只要把知识学会就完成任务了，这也直接导致了"一言堂""满堂灌"式课堂的出现，这种模式的课堂曾在很长一段时间内满足了社会的需求。但在我国实行改革开放以后，各地区间的发展开始出现不平衡，这种"大一统"的教育模式存在的弊端更加明显，已经无法适应时代的变化了。所以国家开始进行教育改革，于是课程从教学的概念中慢慢独立出来。直到 2001 年，国家提出实施三级课程管理体制，将课程的部分权力交还给教师，让教师能够参与到课程研究中来，教师开始拥有了一种课程意识，教师课程领导力的相关研究慢慢得到了我国学者的关注。教师课程领导力是从传统的教师教学能力中分离出来的，它与以前相比，更多地体现了一种自主性、创造性、灵活性，追求一切从实际出发，具体问题具体分析。总而言之，教师课程领导力的提出适应了时代的发展，推动了我国教育的前进，更好地帮助了教师成长。

不同学者对教师课程领导力的不同见解，见表 10。

表10 关于教师课程领导力的见解

学者	观点
汪振兵（2011）	教师课程领导力是教师基于学生个体，对国家、地方、学校课程方案的解读力，对个性化课程的设计力、实施力、评价力，真正实现"因材施教"，提高教育的质量
黄云峰、朱德全（2015）	教师课程领导力是一种对相关成员指引的能力，它表现为一个力系，主要包括教师课程设计领导力、课程开发领导力、课程实施领导力、课程评价领导力
陆晓东（2015）	教师课程领导力是在统领课程中表现出的一种能力。其内涵包括教师的课程规划力、课程设计力、课程实施力三方面
王怡（2013）	课程信念力、课程开发力、课程执行力、课程协调力、课程反思力
埃德蒙·豪贵（Edmond Haufai Law）	教师课程领导力包含：设计校本的或问题解决式的活动、教师间相互合作、具有开放与批判的精神、遵循计划和实施反思的模式
玛施·柯林（Marsh Colin）	教师课程领导力包括两方面，一是课程技能，二是人际交往技能。其中课程技能包括专业知识、专业技巧和专业评估；人际交往技能包括与同事之间的交往以及对外的交往能力
查洛特·丹尼尔森（Charlot Danielsen）	通过课程领导，教师会在一个学校的文化舞台上扮演着更为积极的角色；发挥教师课程领导力，教师需要具备逻辑推理能力、开发与整合课程资源的能力、参与和处理突发情况的能力等
熊鑫	要素：愿景领导力、技术领导力、人际领导力、文化领导力及道德领导力
黄云峰	要素：课程价值洞察力、课程设计预见力、课程开发决策力、课程实施指导力和课程评价激励力
王怡	要素：信念力、开发力、执行力、协调力、反思力

我们的教师课程领导力强调：为实现高品质的学校课程，提升教育质量，促进教师的自我专业成长和学生素质全面发展的目标，教师在课程领导这一过程中，基于学校现实和学生发展需要，通过积极参与课程设计、课程开发、课程实施、课程评价等，提升课程思想力、课程设计力、课程执行力和课程评价力。

二、优质课程资源

1. 概念发展

"课程资源"一词最早是国外教育界研究者提出的，最初并没有针对"课程资源"进行专门的研究，而是将其包含在课程理论中进行研究。美国著名教育家、课程理论专家泰勒（Tayler）是最早对课程资源展开研究的学者之一。早在 1949 年，泰勒出版了《课程与教学的基本原理》(*Basic Principles of Curriculum and Teaching*)。在书中，他是这样描述课程资源的："要最大限度地利用校内资源；加强校外课程研究；促进学生与学校以外的环境打交道。"1985 年，秦勒撰写了《国际教育百科全书》课程资源的条目，他认为课程资源体现在教学的四个方面，分别是教学目标、教学活动、教学活动组织和课程评价，这一理念引起了国外教育界对课程资源的关注和思考。他认为学习是发生在学生自身经验的基础之上的。第三次工业革命之后，随着科学技术的日新月异，各国之间的科技、人才竞争显得尤为激烈，许多发达国家越来越重视在教学中培养学生的创新能力。英国率先将课程资源的开发利用融入学校课程，在提供文本类课程资源之余还提供实物类课程资源，推动了课程目标的实现，丰富了教学活动。随着全球信息化时代的到来，国外学者开始思考如何将信息技术与课程资源融合在一起。美国的艾森豪威尔国家数据中心就是以网络为载体的课程研发中心，为教学提供了广泛的课程资源。其他发达国家，如日本、韩国、澳大利亚也都开始加强对课程资源的开发和利用。

21 世纪以后，国外教育学者对课程资源的研究如火如荼，许多教育发达国家都成立了专门的课程资源研究机构，力图更好地为教育服务。联合国教科文组织也试图利用国际的教育力量，开发一个课程资源研究新工具。

我国对于课程资源的研究大多建立在国外研究的基础之上，整体来说起步较晚，关于我国课程资源开发利用的研究，最早可以追溯到 20 世纪 90 年代。当时，我国已经出现了学科课程与活动课程、选修课程与必修课程，因此教育界学者开始意识到开发与利用课程资源的重要性。2001 年，我国教育部颁布了《基础教育课程改革纲要（试行）》，强调了课程资源的重要性，并且指明课程资源不应该局限于校内，要合理利用校外资源。

新世纪基础教育课程改革背景下，课程资源首次被高调提出，引发教育学术界广泛研究，课程资源成为当下我国教育研究领域热门的研究课题。从词源来看，课程资源首先是一种资源，同"物力资源""人力资源""信息资源"一样，是对资源内涵的一种延伸和扩充。同时课程资源是课程的下位概念，对课程资源的准确把握是以理解课程的内涵为前提的。学者们常常依据对课程内涵的认识得出关于课程资源的见解。有学者认为，课程资源是保证教育正常进行而使用的人力、财力、物力的总和，教育的历史经验或有关教育信息资料；有学者认为，课程资源是课程设计、实施和评价等整个课程编制过程中可利用的一切人力、物力及自然资源的综合知识，是信息和经验的载体，也是课程实施的媒介；也有学者认为，课程资源是形成课程因素来源必要而直接的实施条件等等。

我国课程理论研究者针对我国国情，将国外的课程资源理念进行整合。郭元祥从学习活动方式层面上提出自然环境、社会环境、文化传统、具体情境等都可以作为课程资源，要充分开发校外课程资源，为学生创造良好的情境。钟启泉认为教科书不应该是唯一的课程资源，教师本身就是一种课程资源。汪忠对课程资源开发利用的各种途径进行了整合等。

简单概括，课程资源是指形成课程的要素来源以及实施课程的必要而直接的条件。在以上描述中有两个关键词，即"要素"与"条件"。所谓"要素"是指构成课程的重要因素（教学的目标、教学的内容、教学的方式与方法等）。所谓"条件"是指支持课程实施的必要条件（时间、场地、媒介、设施等），主要分为广义资源和狭义资源两大类型。从广义上来说，是指在教与学的实际过程中被加以利用的一切要素，包括支撑教学且为教学服务的人、财、物和各类信息等现象和要素，同时也应该涉及教育政策等内容；从狭义上来讲，课程资源主要包括各种类型的教学材料、教学环境及教学后援系统。具体说来，课程资源通常包括基础教材、实际案例、影视资料、图片课件等，还可以包括教师资源、教学用具、基础设施、学生资源和生成性资源等。

优质课程资源基础标准：（1）有利于实现教育的理念和办学的宗旨，反映社会的发展需求和进步方向；（2）与学生学习的内部条件相一致，符合学生身心发展的特点，满足学生的兴趣爱好和发展需求；（3）与教师教育、教师修养的现实水平相适应；（4）符合学校、区域实际，具有可行性。开发课程资源特别是开发素材性课程资源必须反映教育的理念和目的、社会发展的需要、学生发展需求、学习内容的内在逻辑和师生的心理逻辑。

课程资源分类方式多样，可分为信息教育资源（互联网资源、区域共享网上资源）、校本课程资源（教材、学校编写的教学材料、环境、集团校内部资源等）、社会资源（专家资源、科研单位、区域内景点旅游资源、家长资源、区域内文化资源等）；也可分为物质资源（数字资源、文本资源、环境资源等）、人力资源（教师、学生、家长、专家等）、文化资源（地方优秀传统文化等）。

2. 学校实践

通过对《义务教育课程方案和课程标准（2022年版）》的学习和研讨，结合近三年对课程资源的思考和实践，各学科组对课程资源也有了更深入的认识。

语文学科组认为课程资源既包括教科书，相关配套阅读材料，其他图书、报刊等纸质资源，也包括利用现代信息技术开发的阅读资源库、跨媒介阅读平台等数字资源；既包括学生的生活片段、生活经历等日常生活资源，也包括本地的名胜古迹、名山大川、人文特色等地域特色文化资源；既包括语文学习过程中生成的重要问题、学业成果等显性资源，也包括师生在语文学习方面的兴趣、爱好和特长等隐性资源。

语文学科组认为优质的课程资源需要综合考虑以下要素：

（1）坚持正确的政治导向，能够落实社会主义核心价值观，促进学生身心健康发展；

（2）有助于学生语文学科核心素养的形成；

（3）能够紧密结合语文教材内容，有利于组织和实施综合性语文实践活动；

（4）能够立足于学生实际，有助于达成语文课程目标；

（5）能够基于学生发展而构建开放多元的教学资源体系。

语文组对优质课程资源的利用提出八条建议。

第一，课程资源的开发与利用应坚持正确的政治导向，把贯彻落实社会主义核心价值观、促进学生身心健康发展作为首要原则。

第二，课程资源的使用要以促进学生核心素养发展为目的，多角度挖掘其育人价值，与课程内容形成有机联系，促进课程目标全面达成。比如，每到传统节日，精心设计专题性综合性实践活动，充分调动学生积极性，鼓励学生创新，给学生搭建展示的平台，从而整体提升语文学科核心素养。

第三，要立足学生实际，注重遴选经典的现代白话文和古代文言经典作品，以文质兼美为选择标准，体现课程资源在文化传承方面的作用，充分发挥其促进学生发展的价值。

第四，语文教师应高度重视课程资源的开发与利用，创造性地开展各类活动，增强学生在各种场合学语文、用语文的意识，通过多种途径提高学生的语文素养。

第五，教师要充分发挥自身优势与潜力，积极利用和开发各类课程资源，不断增强课程资源意识。

第六，教师要多角度分析、使用课程资源，善于筛选、组合课程资源，利用课程资源创设学习情境，优化教与学活动，提高教学效益。例如数字资源，包括网络资料、网络视频、电影电视剧片段、纪录片等，在应用时，一是要选用符合优质标准的资源，严格筛选；二是要注意是否有助于达成单元目标和课时目标，对目标的达成是否起到充分的作用；三是注意时长；四是必要时加以整合改造。

第七，学校要整合区域和地方特色资源，设计具有学校特色、区域特色的语文实践活动，落实学习任务群的目标要求，增强语文课程内容的丰富性和课程实施的开放性。

第八，重视信息化环境下的资源建设，共建共享课程资源库。关注语文学习过程中生成性资源的整理和加工，运用课程资源促进学习方式的转变。利用生成性资源，尊重学生差异，有效提升课堂教学效益。

数学学科组认为课程资源是指依据数学课程标准所开发的各种教学材料以及数学课程可以利用的各种教学资源、工具和场所等。在课程实施中教材是首要的课程资源，新课程改革的一个突出变化就是拓展和整合了课程资源，要求学校和教师确立"生活即课程"的观念，积极开发并合理利用校内外各种课程资源，要与学生一起对教材进行加工和重新建构。初中数学教材重在基本的计算演绎和逻辑演绎，应用的广度和深度，知识的有效引领。教师要结合课程标准及现代环境不断地学习，除了教参的充分应用，还要利用现在网络的优势，学习培养和提升自己，充分挖掘各种资源，广泛地、创造性地开发应用，真正做到用教材引领教学而非按教材灌输模仿。在教学过程中，教师要抓住课堂中动态生成的资源，它包含学生在课堂出现的错误、质疑、想法等。捕捉和利用课堂教学中生成性动态教学资源，对于转变课程功能、改进学习方法、挖掘课堂教学的深度具有重要意义。教师要善于捕捉、放大教学过程中动态生产的瞬间，要有课程资源意识，认识到这种课堂上生成性资源的宝贵，并有效加以利用，让学生在亲历探究的过程中，增强实践和创新的能力。在教学过程中，教师需准确把握教材核心要求，精心设计课堂提问，注重生成性资源的开发与利用，引导学生思考问题、寻求方法、完成教学内容的探究和学习，让学生有的放矢地参与到课堂教学中。在课堂上，通过捕捉学生的想法，逐步完善问题之间内在逻辑，让问题能够更好地推进活动，增进学生的思考深度，提高学生的质疑能力。

英语学科组在研究《义务教育英语课程标准（2022年版）》时发现，在第六板块课程实施的第四项课程资源开发与利用中，课程资源分为教材资源、其他素材性资源、学校资源、学生资源、数字学习资源，通过不同类型资源开发和利用修饰语的变化，能看出对于不同类型资源的不同要求。教材资源是最重要的课程资源，必须充分利用，通过对课标及教材逻辑的深刻理解，有效开发教材资源，利用好教材；其他素材性资源是教材资源的合理补充，所以是合理开发；学校资源是离师生最近的资源，具有积极开发和利用的必要性和有利条件；学生资源以往没得到足够的重视，而学生资源其实是更能引起学生共鸣的资源，也更有可能是位于"最近发展区"的资源，不可忽视；数字资源虽然已经浩如烟海，但适合本校师生实际，能适应每个孩子不同发展需求的资源还亟待开发和利用。最后，还强调了注重课程资源开发与利用的实效性。实效性是根本。还要注重各种资源的有机整合，建立功能多样的课程资源完整体系，避免碎片化。

英语组认为课程资源是指课程要素来源以及实施课程的必要而直接的条件，包括校内课程资源和校外课程资源。校内课程资源，除了教科书以外，师生本身不同的经历、生活经验、学习方式、教学策略等也都是非常宝贵、非常直接的课程资源，校内各种专用教室和校内各种活动也是重要的课程资源。校外课程资源，主要包括校外图书馆、科技馆、博物馆、网络资源、乡土资源、家庭资源等。

在开发素材性英语课程资源时，要注意选用具有正确育人导向的、真实、完整、多样的英语教材，比如与教材单元主题情境相匹配的英语绘本、短剧、时文等学习材料。在积极开发和利用学校资源方面，教师应该引导学生尽可能通过不同的渠道，以不同的形式学习英语。在英语教学中，在合理有效地使用教材的基础之上，教师应积极利用和开发学校的各种资源，例如利用图书馆、教室中的音像设备和语音教室等来增加英语学习的真实性、鲜活性和实用性。

不同类型资源应用方式也会有较大不同，如北师大版本的英语教材可以说是学案式教材，其中有学生根据课文内容可以完成的学习思考任务，教师会根据教学要求、教学目标、教学进度安排合理有效地使用教材中的各种素材；网络资源也是一项丰富的资源，例如手机中一些可以配音、训练听力的App，天学网、教考平台、一起作业、优题网等一些听说练习的平台。假期和学期中都可以利用这些设备每周布置听说练习任务或一些趣味配音活动。

历史学科组认为在今后的教学过程中可以作为课程资源的有两类：

第一类是史料资源，比如博物馆、遗址等，特别是地方性的博物馆或遗址，比如：猿人洞遗址、琉璃河商周遗址等；文献史料，比如教材、课标等；网络资源，比如优质网站上的课件、教学设计、学术研究（包括论文、论著等）。

第二类是生成性资源，比如学生在课堂上的生成性问题，学生作业的反馈，学生测验或考试的反馈等。

在选用资源时应注意四点：一是要对标核心素养，所选用的资源一定要能体现本课或本单元对学生核心素养方面的要求；二是要关注史学研究的前沿动态，不能给学生提供已经过时的资源；三是要关注学生的最近发展区，要考虑学生的现有水平和学习能力，不要给学生提供过难的史料和观点等资源；四是要保护学生的求知欲，对于学生感兴趣的话题，可以考虑适当提供适合能力的史料资源供其研究和进一步深入学习，要保护学生的求知欲和学习的兴趣，激发其潜能。

地理学科新课标中对课程资源相关描述增加了关于建设专门的地理实践资源的内容：学校原则上要配置地理专用教室，逐步配备地理室内外实验、社会调查、野外考察的相关资源与设备。这些要求对学校的办学条件也提出了更高要求。地理学科组对课程资源有了进一步的认识。

（1）可作为课程资源的包括以下几方面：

①学校原有的资源库：教科书和教学所需的地图集、挂图、地理模型、标本、实验器材、图书资料、教学软件、实践场地等。还可自行设计和制作各种地理教具、模型等。

②学生学习的经历资源：结合学校实际和学生的学习需求，充分利用学生的经验性资源和学习过程中的生成性资源。

③社会地理课程资源：青少年活动中心、图书馆、科技馆、气象台、地震局、天文馆、博物馆、展览馆和主题公园、科研单位、政府部门、广播、电视、报刊等。

④网络资源：地理数据、数字地图、视频素材、数据可视化图，以及相关计算机应用软件等。

（2）选用课程资源时应注意所选资源的科学性、思想性、适宜性、充分、合理、有效地利用现有课程资源，积极开发新的课程资源，引领学生认识人类的地球家园。所选课程资源应贴近生活，关注自然与社会，体现地理学特点并具有很强的实践性，以培育学生的人地协调观、家国情怀、全球视野，以及批判性思维、创新精神和实践能力。

生物学科组认为可作为课程资源的有以下几个方面：

①学校硬件资源，如生物实验室及相应仪器设备、生物类图书及报刊、生物教学软件、生物教学挂图、投影仪、音像资料等。

②校园环境资源，如学校中的生物是重要的课程资源，这些课程资源具有其他课程资源无法替代的价值。

③社区课程资源，如社区图书馆、博物馆、展览馆、动物园、植物园、海洋世界、科技馆、养殖场、园林绿化部门、公园等。

④学生资源，如家养动物、花卉、菜园等。

⑤各种媒体资源，如环境问题、生物多样性问题、营养保健问题在媒体中经常报道。

选用课程资源时应注意四点：一是要根据教学内容对课程资源进行合理的选择；二是要根据生物学的季节特点对课程资源进行适时的选择；三是要注意资源利用的安全性并据此进行选择，避免受到动物的伤害或攻击；四是要注意资源的保护和重复利用，同时使学生产生热爱资源、保护环境的情感。

不同类型资源的应用方式示例如下：

（1）关于生物体的结构，如根尖儿的结构、花的结构、心脏的结构等。实物或模型具有真实感和立体感，可以作为首选的课程资源；挂图或投影片具有图像清晰、各种结构名称有明确标注等优点，可以在观察实物或模型后用来进一步观察和识别。

（2）关于动态过程的内容，如动物的胚胎发育、芽发育成枝条细胞的分裂等，用静态图解表示有较大的局限性，用动画录像片或者多媒体课件教学，能收到事半功倍的效果。

（3）利用学校组织的春游或秋游，让学生一边欣赏大自然美景，一边调查记录环境中的植物种类和动物种类，使学生在玩中得到学习，培养学生的观察能力、实践能力，同时促使学生产生热爱资源、保护环境的情感。

（4）让学生在家庭中栽培一种植物，或者饲养一种小动物，定期检查学生的操作和观察记录，培养学生动手操作能力、观察能力、探究能力，同时陶冶学生的情操，培养学生热爱自然、善待生命、关爱他人的道德品质。

（5）将与生物有关的新闻报道作为课堂教学素材，时效性强，更容易引起学生的关注，从而培养学生搜集和处理信息的能力。例如利用媒体了解非典和禽流感等的传播途径、致病机理、预防措施等。

化学学科提出四方面资源的开发使用建议：

（1）教师利用数字化实验装备改进传统实验，让学生借助可视化的数据认识化学问题的本质，培养学生多视角收集证据解决化学问题的能力。

（2）教师系统梳理化学史中具有代表性的史实，让学生认识我国化学家在化学研究和生产生活中的贡献；鼓励教师开发项目式学习的资料，引导学生对有价值的化学主题开展专题实践活动。

（3）教师借助平板电脑、智能手机开展教学，合理运用移动智能网络终端提供的交互功能，丰富课堂教学手段，形成生成性资源；根据教学内容，充分利用微课等资源开展线上线下混合式教学，优化传统教学方式。

（4）教师指导和组织学生开展实地调研，让学生经历调查、实验、数据采集、解释论证、社会交往等活动。

选用资源应注意：①根据本校学生实际情况选择优质资源整合利用；②根据学校现有条件选择使用，展开数字化实验；③组织学生进行实际调研、参观等活动时注意系统设计，确保安全及效果。

物理学科组认为物理学科是一门以实验为基础的自然学科，在物理实际教学中，学生要通过实验观察、归纳、总结、推理出实验结论，进而得到物理规律。新颁布的义务教育物理课程标准中，新的课程理念是：①面向全体学生，培养学生核心素养；②从生活走向物理，从物理走向社会；③以主题为线索，构建课程目标；④注重科学探究，倡导教学方式多样化；⑤发挥评价的育人功能，促进学生核心素养的发展。所以课程资源涉及课内课外，实验用具不仅包括已有的实验教具，还包括自制教具。自制教具因地制宜、因材施教，能起到很好的辅助教学作用。教师也应该因地制宜、积极发挥现有条件的作用，合理配置和有效使用资源，使其发挥最大作用，并不断提高自身素质和实验技能，提高物理学科教学质量。

老师可以更多关注图书馆、各种专用教室、运动场和校外的科技馆、博物馆等资源的开发利用。如在学习电能时，让学生读电表，计算电费，带学生去参观当地的发电厂；学习噪声的防治时，带学生去调查社区噪声污染情况，分析产生污染原因，讨论减少污染的方案等。还可以开展丰富多彩、形式多样的科技讲座、科技小创造等活动，关注报刊、广播电视中有关科普知识、尖端技术、科学家的事迹、最新科技发展等信息。还可以充分利用身边廉价的材料，做到物尽其用。如利用生活中常见的鸡蛋：把细沙灌进鸡蛋壳，可制成不倒翁；沉在盛有水的杯底的鸡蛋，在撒入食盐后，鸡蛋会悬浮在盐水中，据此可观察悬浮现象；夏天从冰箱内取出鸡蛋放在桌上，过一会儿蛋壳表面有一层水珠，这是因为空气中的水蒸气遇到冷鸡蛋液化而成的，据此可观察液化现象，等等。身边的器材尽管很廉价，但只要充分加以利用，其利用价值不可低估。

道德与法治学科组认为课程资源的开发应以优化课堂教学为宗旨，以提高学生学习效率，激发学生学习兴趣为目的，为打造现代化的高效课堂服务。教学中要注重开发、整合、优化课程资源，立足于课本资源，兼顾学生的学习需要，引进时政资源来丰富教学，加强课本学习与社会生活的联系，促使课堂教学丰富鲜活、生动有趣，加强学生对知识的内化程度，关注教师资源、学生资源，打造一种现代、高效的新型课堂。提出四条建议：①优化教师资源，发挥教师主导地位；②挖掘学生资源，突出学生主体地位（学生学会学习，发挥主体作用；学生学会作业，提高实践能力）；③挖掘课本资源，满足学生成长需要；④引入时政资源，促使学习联系现实。

开发使用课程资源是一个综合性课题，是一个系统工程，我们要尽可能优化影响课堂教学效果的各个因素——教师、学生、教材、环境等，并关注各要素之间的关系，使之互相协调、和谐共生，发挥各自优势的同时，与其他各方面相辅相成，凸显课程开发优化的效果，从而打造充满活力的课堂。

三、整合与利用

在教学活动中为建构学生认知，教师对相互联系的各种资源进行梳理、删减、调整、增补，帮助学生对信息做出主动的加工，由新旧经验的冲突而引发观念转变和知识结构重组，从而建立学生主体的知识体系。在这个过程中，与认知相联系的各种资源，经过教师的调整加工所形成的传媒材料以及在课堂教学中为达到教学目的所运用的各种资源，经过教师的重组，使之相互融合并产生整体的教育合力。这个过程称之为课程资源整合与利用。

整合与利用的方式包括：教材资源整合与利用，乡土文化资源整合与利用，教师资源整合与利用，社会资源整合与利用，学生资源整合与利用，学具资源整合与利用，互联网资源整合与利用，学科之间资源的整合与利用，以及以上任意两种或多种资源间的再次整合与利用。

课程资源整合和利用上大致存在以下问题：①教材观念认知的缺失；②资源整合利用缺乏科学性、严谨性；③过分关注知识、素养功能弱化；④课堂资源的匹配性不足，缺乏简约、高效性等。

四、行动研究

（一）概念发展

行动研究起源于美国，最初的运用是在企业与管理方面，而不是教育领域。一直到第二次世界大战以后，行动研究才开始在教育领域被重视并且得到日益广泛的应用。此后在欧美等发达国家，行动研究逐渐发展为教师进行继续教育和实现教师专业成长的主要途径之一。

美国学者布金汉姆（Buckingham）在早期就明确提出让教师成为研究者，他在提倡和推动教师研究方面作出了突出的贡献。1926年，布金汉姆在其著作《为了教师的研究》（Research for Teachers）中设专章"教师成为研究工作者"讨论教师研究。真正使教师研究形成气候的是行动研究。因此可以说，教师研究是伴随着行动研究本身的兴起、衰败和复兴而不断发展的。在教育领域，行动研究的概念出现于20世纪50年代。在美国哥伦比亚大学师范学院院长考瑞（Cory）的大力提倡下，发迹于社会科学领域的行动研究很快被应用到教育领域中。这一时期，行动研究在教育和培训领域建立起了较为完善的理论体系，也促使教师研究运动走向高潮。许多研究者发表了大量的有关教师参与行动研究的文章，如《课程改革行动研究中的教师参与》《教师成为研究者》《教师们科学地研究他们的问题》《我们以行动研究的方式改进教学》等。20世纪50年代末期，苏联的人造地球卫星发射成功，震惊了美国并引发美国教育工作者的反思。人们开始质疑行动研究并进行教育改革，如1957年霍普金森（Hopkinson）发表了《行动研究：一份批评意见》（Action Research: A Critical Opinion），教师行动研究运动的发展受到了严重的抑制。1958年萨姆斯基（Samsky）出版了《学习行动研究的方法》（The Methods of Action Research Stenhouse）一书，详细讨论了有关行动研究的计划和实施及其对教育实践、教育专业发展所可能具有的价值。

在20世纪六七十年代，英国中小学兴起了由课程专家斯滕豪斯（Stenhouse）领导的"教师即研究者"运动，这场教育改革运动使得行动研究的关注点转移到教育决策者、校长和教师们日常遇到和亟待解决的实践问题上。此后，行动研究作为一种研究方法开始在世界各地流行开来，行动研究方法在教育教学活动中大量出现，它不仅受到教育理论工作者、教育研究人员的欢迎，最主要的是它点燃了广大教师的研究热情，促使世界各地开展与行动研究相关的各项活动。

20世纪80年代以来，世界各国都开始深入探讨教师的专业化问题，对教师专业化的探索实现了理论与实践上的新飞跃。越来越多的专家学者开始意识到教育改革成败关键在教师。教师要不断创新进取，以满足自身的专业成长。帕森昂（Parsons）提出行动研究为教师提供了一种方法，用来系统地观察他们自己的专业决策并理性地在此基础上做出决策。"行动研究是构成教师职业生涯不可或缺的因素，而且它将伴随教师提高自己有效教学和维持自身职业特性的全过程。"

埃利昂（Ellion）和尼克松（Nixon）的文章中指出，学者们发现把行动研究作为衡量教师专业成长的工具，能够促进教学的改善。派（Pie）指出了另一方面是能提高教师作为实践者的适应性，并提高其解决实际问题的能力。西蒙斯（Simmons）认为这一做法能使得教师们转变对专业成长与变化过程的态度。米奇（McKy）同样也认为，教师参与行动研究能够促使教师增加教学信心，通过自己采用行动研究方法解决研究中的问题，能使教师把自己从教育教学工作者转化为一名合格的行动研究者，所需的潜能被释放出来，提高自我尊重水平，更乐于从事研究活动。有学者指出，教育教学工作者或者说教师个性化的专业成长是实施行动研究之后的衍生物。行动研究除了对教师个体产生积极影响外，也被认为是教师进行职前教育、在职培训和实时提高教师素养的有效工具。

各位学者对行动研究的定义有不同的理解，但是却强调了一些共同特点，归纳起来大致有三种。

第一，行动研究即行动者用科学的方法对自己的行动所进行的研究。所谓"科学的方法"，就是强调用测量、统计等方法来验证自己的假设，注重数据的统计。

因为有相当一部分人认为，行动研究本身就是一种规模较小的实验研究，它的基本原理就是用统计学的方法验证假设，以科学的方法为支点来解决教室里的实际问题。在这一点上，柯立尔的观点最突出，他一直强调行动研究的本质就是实际工作者用科学的方法来解决实践中遇到的问题。

第二，行动研究即行动者为解决自己实践中的问题而进行的研究。此类观点的代表人物有斯滕豪斯等人。持这种观点的人认为，要做好行动研究就不能仅仅局限于统计数据，还要重视教师和学生的日记、照片、影像等多方面的信息资料。因为在他们看来，针对自己实践的问题进行的研究在本质上就是一种实践活动，而不能被认定为理论分析；恰恰"科学"的测试并不能完全解读理论的正确与否，要到实践活动中去检验理论。因此，可以看出他们一直强调行动研究就是一种研究实践中问题的方法。

第三，行动研究即行动者对自己的实践进行自我反思来引起和改进行动。此类观点的代表人物有凯米斯（Kemmis）等人。他们认为行动研究的目的是追求自主和解放，教师和其他教育实际工作者所进行的一种自我反思的研究是行动研究的主要内容，倡导教师等实际工作者对自己的实践进行批判性思考。在行动研究中，各位学者共同关注的这些特点，自然铸造了行动研究不同于其他研究的独特性。

有关行动研究的实施过程，即如何做才能称得上是行动研究也是说法不一，其中以凯米斯的螺旋式发展程序的影响最大。这一程序包含了计划、行动、考察和反思的四个基本环节。通过文献可知，每个学者都会或多或少地添加自己的理解，因此行动研究的过程并不一定完全符合这些程式，因为现实情况总是多变的，不固定的，现实中的行动研究过程往往是这个程序的变化形式，或者是简单化。

"行动研究"概念首次出现在我国的时间是在1984年，当时陈立先生在《外国心理学》杂志上发表了一篇文章叫《行动研究》，他在文中除了界定行动研究的概念外，还展望了行动研究在我国的发展。蒋楠《"行动研究"简介》介绍了行动研究的历史、特点、过程以及将其作为一种研究方法在教育研究中使用应该注意的问题。到20世纪90年代，国内学者对行动研究的了解更加系统和深入，学者们对比行动研究和传统教育实验的优缺点后，明确指出行动研究方法更适于推广应用到中小学教师教育科研活动中。其中郑金洲教授认为行动研究为解决长期以来一直困扰研究者的教育理论和实践分离的问题，找到了一条有效的途径。但是人们对中小学教师参加教育科学研究还表示怀疑。

实践中，行动研究努力摆脱其在理论上仅仅作为一种研究方法的地位，它开始被教师重视并成为一种研究取向，最终演化为教师们的实际研究行动。自20世纪90年代，一些教育理论者和中小学校教师建立合作关系，进行教育行动研究的尝试。在实际的教育研究中，开始了"做"行动研究，如上海青浦区数学教改实验、上海闸北八中进行的"成功教育"实验、江苏常州邱学华的小学数学"尝试教学法"实验、"异步教学法"实验等。特别是上海市徐汇区的"中小学现代科技教育研究"通过行动研究法成为"九五"期间的上海市重点科研项目，也是国家教委教育科学"九五"规划重点科研课题，取得了很大的实效。关于实践中教师如何进行行动研究，郑慧琦和胡兴宏倡导教师要以合作的方式将研究与行动相结合，以探究实际问题、改进实践为目的。很多学者的论文中提到了行动研究是教师科研的重要方法，建议教师在理论上掌握行动研究，在实践中能够进行行动研究，然而却没有资料关注教师是否真正具备了进行行动研究的能力。行动研究的意义见表11。

表11 行动研究的意义

学者	观点
埃利奥特（Elliott）	行动研究的实施是实践者为了提高其对事件、情境和问题的理解，从而增加其实践的有效性
数拉伯特（Rapoport, R.）	行动研究的目的是作出两大贡献：一是对所处疑难情境中的人们的实践关注；二是通过在相互接受的伦理框架中的共同合作而达到研究社会科学的目的
卡尔和凯米斯（Carl & Kemmis）	行动研究是自我反思的一种形式，是社会情境中的参与者提高个人实践的理性和公正，增加对实践的理解和改善实践情境而进行的
麦克南（Mckernan）	行动研究是个反思性的过程，因而在某个既定的问题领域，首先对实践进行探究，然后明确定义问题、阐述行动计划、在问题中应用行动来验证假设、进行评价以监控并确定所采取的行动的方式，最后参与者反思、解释进展情况、与行动研究者团体交流这些结果。行动研究是由实践者系统地自我反思科学的探究，从而改进实践

续表

学者	观点
周月朗	教师行动研究是教师能动的、审慎的认知加工过程,在这一过程中突显出教师在实践性、应用性、合作性等方面的能力
柴华丽	行动研究过程是教师将双重角色和多种功能进行整合的过程,通过整合作用,教师的研究能力不断增强。由此可以说,教师行动研究的过程也是教师逐步成长为研究者的过程

(二)学校实践

学校倡导的行动研究是:研究课题来源于实际工作中需要解决的问题,在实际工作过程中以研究者的思维方式进行研究,从而解决实际问题。它是通过实践来使我们自己和别人的想法与理论得以检验和理论化的过程。对教师而言,行动研究是通过发现问题、采取行动和反思改进来推动教学实践的一种方式,也是在研究过程中追求教师、学生和学校共同发展的过程。一般研究步骤为:发现问题—分析问题—拟订计划—实施行动、观察,收集有关资料—多方磋商,检验研究的有效性—修正计划,进行新一轮研究。也可以有以下几种研究步骤进行选择:1. 选择研究话题—确定研究对象—设计研究问题—进行研究实践—整理研究数据—分析研究结果;2. 发现问题—整理问题(①选择问题,选定研究主题 ②界定问题,确定问题范围 ③分析问题,诊断问题原因)—文献探讨—拟订计划—设立假说—搜集资料—试行与修正—综合解释;3. 问题予以界定—诊断其原因—确定问题的范围—拟订计划—搜集资料—批判与修正—试行与考验—提出报告;4. 发现问题—计划与假设—探究与观察—策略与行动—实施与检验—反思与再研究。

过去的三年,行动研究在全校逐步展开,老师们在学校的引领下,不知不觉进入了研究的领域,具有了研究者的视角,以研究的思维工作,在工作中体现研究的价值。

第四部分　资源整合

缘　起

教育信息化是教育发展历史上最为深刻的变革之一，教育资源建设是教育信息化的基础，大力推进优质资源的共建、共享是教育信息化的重要内容。《基础教育课程改革纲要（试行）》中指出"积极开发并合理利用校内外各种课程资源"。课程资源是新一轮国家基础教育课程改革所提出的一个重要概念。课程资源的有效利用对课程实施起着促进作用，是课程实现的必要保障之一，也是教师课程创新能力的重要体现。

我校地处城乡接合部，是一所只有46名专任教师的小规模初级中学。区域重视教育，学校领导重视并能有效引领学校的课程建设。学校教师有着丰富的教学经验，在日常教学中积累了丰富的课程资源，但有待于进一步梳理、建构和合理利用。学校生源来自周边自然村和居民区，本地优质生源有流失现象，周边流动人口聚集，非京籍学生人数多，生源层次多样化，所以对资源的需求也呈现多样化。因此在着力构建"礼·责"课程体系过程中，加强指向优质资源整合利用的课程建设，构建优质的，覆盖各年级、各学科，满足差异化需求的课程资源，科学有效整合利用课程资源，成为学校改进教师教学方法，适应学生"学"的方式，提高课堂教学效率，减轻学生课业负担的有效的途径与方法。

课程资源是课程设计、实施和评价等整个课程编制过程中可利用的一切人力、物力以及自然资源的总和，包括教材以及学校、家庭和社会中所有有助于提高学生素质的各种资源。课程资源既是知识、信息和经验的载体，也是课程实施的媒介。广义的课程资源指编制、研发课程所利用的各种条件和材料，各种社会资源，如人力资源、财力资源、物质资源等。狭义的课程资源指各个学科按照课程标准制作提供给学生和教师使用的材料，用来开展教学活动。主要包括：不同版本的学科教材，优质的音频、视频、图片、阅读材料等适用于课堂教学的教学设计和课件等课程素材资源；符合课程标准和学生学情的典型习题和作业设计资源；教师、学生教育教学过程中的生成性资源等。

课程资源可以说是无处不在，具有多样性、潜在性、多质性等特点，在"双减"背景下，需要教师根据教育的需要进行搜集、甄别、整合、开发、利用优质的资源，构建属于本学校的优质资源系统，从而减轻教师和学生的负担，提高教育教学的质量。在实际教育教学过程中，许多教师在课程资源的认识上存在误区，在课程资源的开发和利用方面存在诸多实际问题。要解决这些问题，除了强化课程资源意识，使丰富多样的自然资源和社会资源成为有效的课程资源外，还需要探索优质课程资源有效利用策略与实践，形成校本化优质课程资源库，以进一步提升教育教学质量。

思　路

以优质资源整合利用为切入口，开展课程建设研究；以项目为驱动，推进实践探索；以实践为途径，提升课程建设能力；以典型为引领，推动课程建设深入；以分层推进为策略，将全体教师带入，实现全体教师专业自主发展。具体研究思路见图9。

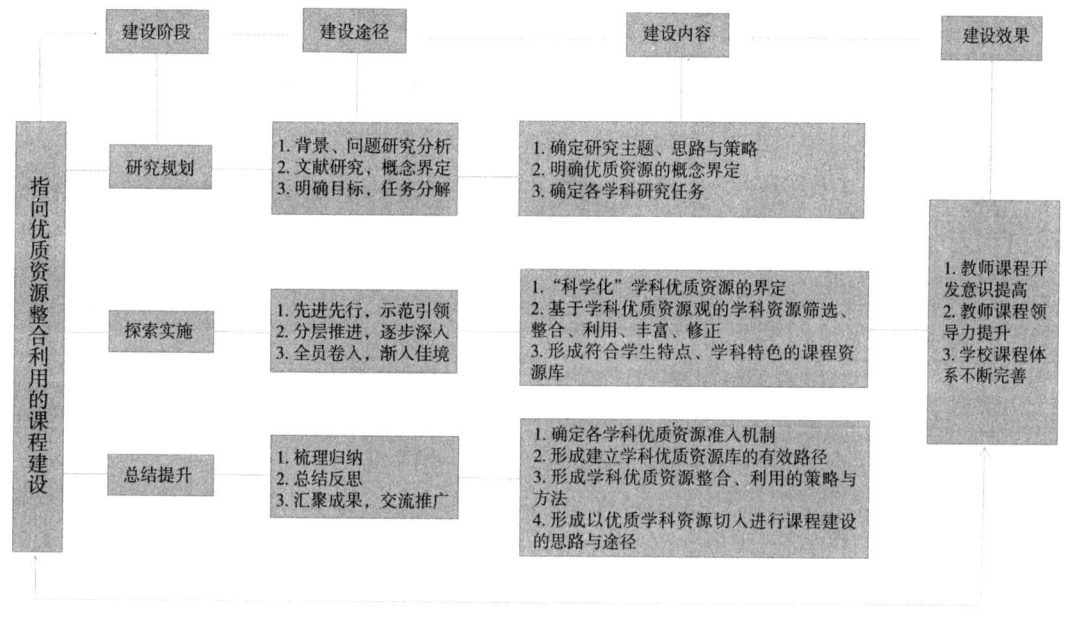

图9　研究思路

实　施

各学科把多年积累的课程资源进行甄别、筛选、整合，构建结构化的课程资源库：符合优质标准的图片、音频、视频、课件等课程电子素材资源库，优质的习题、作业设计资源库，基于优质课程资源有效利用的课堂教学设计集等，逐渐形成"优质课程资源"，进行"科本化"概念界定。在统一认识的基础之上，学科教师在课程设计与实施过程中进行学科课程资源整合利用。

一、教材资源的整合利用
（一）学科教材整合利用，提高教学效益

历史学科组教师（苗丽娜、洪阳、车靓雯）对历史统编版教材进行统整，从单元教学视角开展学科课程建设和课堂教学改进，分年级编制《单元教学设计体系》与《单元教学下的学生学习手册》，整合课本、试题资源，从单元到课时，将课前预习、课上学习、课堂检测与课堂作业进行系统设计、统一规划，对于提高历史学科课堂教学有效性、引导学生构建历史学科知识体系、培养学生历史思维有很大的益处。教学设计主题目录见表12。

表12　良乡四中历史单元教学设计主题目录

单元教学设计主题	实施年级
1. 中国境内早期人类与文明的起源	七年级
2. 早期国家与社会变革	
3. 统一的多民族国家的建立和巩固	
4. 政权分立与民族交融	
5. 繁荣与开放的年代	
6. 民族关系发展和社会变化	
7. 统一的多民族国家的巩固和发展	
1. 半殖民地半封建社会的中国	八年级
2. 近代化的早期探索	
3. 资产阶级民主革命	
4. 新民主主义革命开端到红军长征	
5. 从抗日战争到解放战争	
6. 近代经济、社会生活与教育文化事业的发展	
7. 过渡时期的建设	
8. 全面建设社会主义时期的探索与成就	
9. 改革开放与中国特色社会主义道路	
10. 改革开放以来建设成就与社会生活的变迁	
1. 古代文明的产生与发展	九年级
2. 封建时代的世界	
3. 走向近代——资本主义萌芽	
4. 资本主义制度初步确立	
5. 工业革命和国际共产主义运动的兴起	

续表

单元教学设计主题	实施年级
6. 资本主义制度的扩展	九年级
7. 第二次工业革命	
8. 两次世界大战	
9. 二战后的世界	
10. 世界经济的全球化与政治多极化的趋势	

再如，朱春梅老师的一节数学课《二次函数中的面积问题》中对于教材的整合。

《二次函数中的面积问题》这节课是九年级上册第十九章内容的一节复习课，教学设计灵感来源于教科书的习题（教材 59 页的二次函数图形）和练习例题（61 页提升的 1 题、3 题）。在“双减”工作的背景下，学生的学习资料更需要教师选取典型、经典的题目，落位课堂，让师生都有收获。因此在备课中充分挖掘教材，利用教材，整合教材。同时借助信息技术几何画板演示和多媒体投影展示整合后的典型图形，比较直观地呈现出图形变化、学生思维过程和学生动手操作结果等。结合平面直角坐标系中二次函数图像求定点三角形的面积问题是初中学生必须掌握的基本能力问题，对于优秀生的能力还要提升到动点三角形的面积及最值问题。这节利用整合资源设计的课，从学生动手画图入手，通过添加条件，结合图形，唤醒孩子对二次函数的图像、性质、表达式的再认识，让不同层次的学生对二次函数的认识再次提升。在提升巩固和分层作业的设计上是从历年练习题中挑选出来的，目的意图是进行巩固训练的同时，发散思维。教师方面通过区级、校级教研活动和同年级组备课，分享教学设计和交流教学过程中的得与失，取长补短，学生课上、课下出现的亮点和易错点也是教师资源整合与利用的一个方面。在学生方面，通过小组讨论，优生分享学习方法等活动，使所有学生在学习中思维能力都得到提升。

下面再举一个英语学科刘瑞娟老师的案例。

刘老师一直在思考：为什么很容易的题或者是课堂上讲过多次的题学生就是做不对？主要在于课堂效率低下。一方面因为备课敷衍、课堂活动设计流于形式，教学资源没能真正帮助学生提高能力。另一方面学生被动学习，不能积极有效参与学习活动，浪费了大量的课堂时间。经过反思，她准备改变这种现状，针对学情诊断中学生出现的共性问题，充分利用优质资源，提高课堂效率。

如北师大版七年级上 Lesson 9，原本是一堂阅读课，教材上设计的练习如图 10 所示。

尽管 there be 结构是本课要学的语法知识，但它并不是难点，大部分学生是很容易掌握的，所以把练习改成了听后记录和转述的形式。

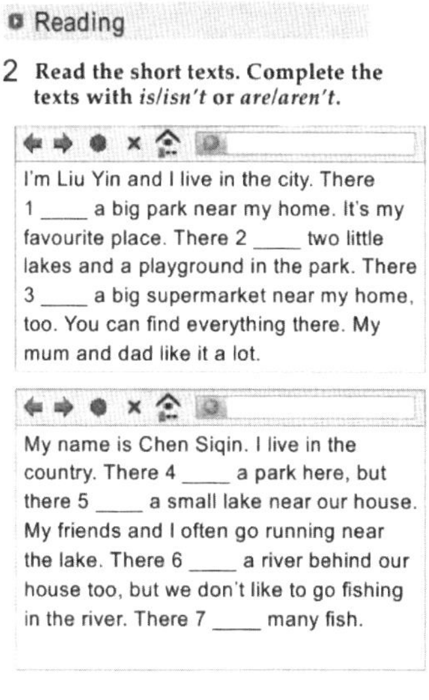
Reading

2 **Read the short texts. Complete the texts with *is/isn't* or *are/aren't*.**

I'm Liu Yin and I live in the city. There 1 ____ a big park near my home. It's my favourite place. There 2 ____ two little lakes and a playground in the park. There 3 ____ a big supermarket near my home, too. You can find everything there. My mum and dad like it a lot.

My name is Chen Siqin. I live in the country. There 4 ____ a park here, but there 5 ____ a small lake near our house. My friends and I often go running near the lake. There 6 ____ a river behind our house too, but we don't like to go fishing in the river. There 7 ____ many fish.

图 10　阅读短文练习题

Task 1: Listen and fill in the blanks.

Liu Yin	live in the _____.	
	a park	_____ my home
	_____ little lakes a _____	In the _____
	a big _____	_____ everything
Chen Siqin	live in the _____.	
	There isn't a _____.	
	a small _____	near my _____
	a _____	_____ our house
	We don't like to go _____ in the _____	
	There aren't many _____.	

Task 2: Retell the text .

Liu Yin lives in …

改成这样的练习活动后，学生们对表格中所填写的单词印象特别深，尤其是在复述过程中因为多处需要添加 there be 结构，学生对此掌握得更好。两段转述完后，学生明确了转述的要领和技巧，不再认为它是难题了。

此外，阅读回答题也是学生完成得最不理想的题型，本是容易的送分题，却成了大多数学生的丢分题。于是在学习 Lesson 7 时，设计了以下练习。

Task 1: Listen to the first paragraph and fill in the blanks.

Jenny's room	_____
Two _____	_____ her chair.
Her kite	_____ the door
_____ and socks	in _____ of her
Her brother's _____ cars and _____	_____ the desk
Mom's umbrella	_____ the desk
It's time to _____ up.	

Task2: Retell the the first paragraph.

Jenny's room is …

Task 3: listen to the second paragraph and answer the questions.

1. Where are the model cars?

2. Where are the socks?

3. Where are the pens?

4. Where is the kite?

Task 4: retell the second paragraph.

Jenny's room is tidy now. ...

刘老师对这一课的两段材料进行了不同的处理，第一段变成了听后记录和转述，第二段变成了听后回答和转述。经过这样的处理，学生对于方位介词的意义、对疑问词 where 的回答以及表示"某物在哪里"的句型结构（某物 +be+ 某地）非常明确了。之前学生在句子中总是忘了加 be 动词，经过这一节课的转述训练，学生对于 be 动词的用法有了深刻的印象。

Lesson 8 不太好设计成听力表格，就直接将原文挖空，设计如下：

Task 1：Listen and fill in the blanks.

Mum：Ben, whose things are these?

Ben：This _____ is mine and those _____ are mine, too.

Mum：What about that _____? Is it yours?

Ben：No, Mum. That's Linda's. I haven't got a diary. And those are Linda's crayons.

Mum：Are the _____ hers, too?

Ben：No, they're dad's. Well, I think they're his. Maybe I'm _____.

Mum：Yes, they are. And the _____ are his, too. But what about these glasses?

Ben：They aren't mine. These are girls'_____.

Mum：Oh, sorry. They're mine.

Task2：Listen and answer the following questions.

1. Whose ball is it?

2. Is that diary Linda's?

3. Does Ben have got a diary?

4. Whose glasses are these?

5. Whose keys are these?

经过这几节课的训练，学生单词拼写、听后转述和阅读回答的能力都有了明显的提高。在这以后的教学中，刘老师都会根据学生的实际情况，精选优质资源，设计更多高阶层的练习，如完形题、主旨题和推断题等，切实打造优质高效的课堂。

（二）基于教材教学，整合工具性资源，辅助学科教学

1. 建设学科资源库

各学科在已有资源库的基础上，依据教学目标，结合学生特点，分头选择适合的教学资源，在组内发布共享，组长整理形成教学资源目录；分别经过教学实践后，在教学资源目录上备注教学使用建议；按照资源库结构，打包上传相应资源及资源目录。第二轮使用时，在原有基础上再丰富、再调整、再修正、再优化，形成升级版资源及资源目录。坚持常态化开展集体教研，集体反思论证资源的优质属性，明确资源使用场景、教学方式建议，不断开发独创课程资源，以提升资源的前沿性，保证资源的鲜活性。

2. 基于教材整合学科实验资源

物理课程是一门注重实验的自然科学基础课程，依据北京市中考改革的方向，物理课程更加注重让学生经历实验探究过程，学习科学知识和科学探究方法，提高分析问题和解决问题的能力。为了帮助学生有效地开展实验与探究，转变学习方式。八年级、九年级物理组编写了《物理实验指导手册》（表13），本手册与教科书上的学生实验相对应，与教材保持同步，支持学生顺利开展实验与探究，帮助学生掌握实验与探究的基本技能，提高学生的实践能力，既重视实验与探究基本技能的训练，又重视实践能力和创新意识的培养，两者相互补充，为学生自主探究、自主进行物理实践活动提供助力。

表13　物理学科必做实验资源整合利用一览表

负责团队	内容划分	资源种类
八年级物理组	探究杠杆的平衡条件	1. 文本资源：试题资源、实验手册 2. 视频资源：微课、实验视频 3. 实物资源：师生自制教具
	探究水沸腾时温度变化的特点	
	用天平测物体质量	
	探究浮力大小与哪些因素有关	
	探究光的反射定律	
	探究平面镜的成像特点	
	探究凸透镜的成像规律	
	测量物体运动的速度	
	用弹簧测力计测量力	
	探究滑动摩擦力大小与哪些因素有关	
	用常见的温度计测量温度	
	测量固体、液体的密度	
	用刻度尺测量长度、用表测时间	
九年级物理组	用电流表和电压表测量电阻	
	探究导体在磁场中运动时产生感应电流的条件	
	探究电流与电压、电阻的关系	
	用电流表测量电流	
	用电压表测量电压	
	探究串联电路和并联电路中电流、电压的特点	
	探究液体压强与哪些因素有关	
	探究通电螺线管外部的磁场方向	

示例章节：

一、用天平测量固体的质量

（一）实验目的

1. 学习托盘天平的调节方法。

2. 练习用托盘天平称质量。

（二）实验器材

托盘天平一台、体积为10cm³的铝块（铜块或铁块）三个

（三）实验步骤

1. 把天平放在_____台面易于操作的地方，并取下固定天平横梁的橡胶圈；

2. 用手扶住标尺的左端，用_____把游码移至标_____处；

3. 调节天平_____，使天平_____水平平衡；

4. 把体积为10cm³的铝块（铜块或铁块）放在天平的左盘内，用镊子夹取砝码放在右盘内，并用镊子调节游码，直至横梁再次水平平衡；读出右盘内砝码的总质量和游码在标尺对应的刻度值，记录体积为10cm³铝块的质量于表格中。

5. 仿照步骤4再测出20cm³、30cm³的铝块（铜块或铁块）的质量并记录于表格中。

（四）实验记录

测量次数	体积/cm³	(　　　)块质量/g
1	10	
2	20	
3	30	

（五）讨论与交流

1. 用天平测量物体的质量时，将物体放在天平的右盘内，砝码放在左盘内，这种情况如何计算物体的质量？

2. 如何用天平测量一枚大头针的质量？

（六）拓展练习

1. 在用调好了的天平称量物体时，发现指针偏向分度盘中央刻度线的右侧，这时应当（　　）

　　A. 减少右盘中的砝码　　　　　　　　B. 向右移动游码

　　C. 把右端的平衡螺母向左调　　　　　D. 把右端的平衡螺母向右调

2. 将放在水平台面上的天平游码归零，若指针偏右，下列操作中正确的是（　　）

A. 在右盘中加砝码　　　　　　　　　　　B. 向右移动游码

C. 将平衡螺母向左调　　　　　　　　　　D. 将平衡螺母向右调

3. 使用天平测量物体质量的过程中，下列操作不规范的是（　　　）

A. 被测物体放在天平的左盘，砝码放在天平的右盘

B. 用镊子夹取砝码，以免砝码锈蚀

C. 不用天平测量超过天平最大称量值的物体

D. 在测量中，调节横梁右端的平衡螺母，使指针指到分度盘的中央刻度线处，然后读出质量

4. 在"用托盘天平测量物体的质量"的实验中，下列操作错误的是（　　　）

A. 使用天平时，将天平放在水平桌面上

B. 称量前，调节横梁平衡时，游码未归零只调节了平衡螺母

C. 称量时，左盘放置待测物体，右盘放置砝码

D. 观察到指针指在分度盘的中央刻度线处，确定天平已平衡

5. 天平在使用前应先放在_____，此时游码应位于_____处，使用时要用_____来取放砝码，被测物体放在_____盘中，砝码放在_____盘中。

6. 用天平测量一本书的质量。天平平衡时，右盘有一个100 g、一个20 g、一个10 g的砝码，游码在标尺上的读数为2.5 g，则这本书的质量为_____。

7. 用已调好的托盘天平测量物体的质量时，应将砝码放在天平的_____盘。天平平衡时砝码的质量及游码在标尺上的位置如图所示，则被测物体的质量为_____g。

（七）能力提升

1. 下面是对日常生活中一些物体的质量和长度的估计，其中最接近实际的是（　　　）

A. 两个普通鸡蛋的质量约为50 g

B. 一袋普通方便面的质量约为500 g

C. 正常成年人步行1 min，通过的路程约为80 m

D. 标准篮球的半径约为25 cm

2. 某同学在调节天平时，忘了把游码调到标尺左端的零刻度线处，只看到指针指在分度盘中央刻度线处即开始测量，这样测出的物体质量比真实值_____（选填"偏大"或"偏小"）。该同学用已调好的托盘天平称量物体的质量，操作方法如图所示，其中的错误：

（1）_____；

（2）_____。

3. 学习了"质量及其测量"一节后，小明产生了这样一

个疑问：物体的质量与其形状是否有关呢？为此，爱动脑的小明设计了一个实验来探究这个问题，他选用一块橡皮泥作为被研究的物体，将橡皮泥捏成各种形状，用天平分别测出其质量，并记录数据于下表中。

橡皮泥形状	长方体	圆柱体	圆环形	碎块
橡皮泥的质量/g	28	28	28	28

根据以上材料回答下列问题：

（1）小明选择橡皮泥作为研究对象，这样选择有什么优点？

（2）表中记录的数据能说明什么问题？

（3）小明在探究过程中采用了什么实验方法？

杨志杰老师的生物教学中，十分注重开发利用多种课程资源培养学生的科学探究能力。在课前有预习、探究，课堂上观察、实验操作、交流、展示，有对探究结果的检验、分析，最终得出相关的结论。

例如在探究生物体的呼吸作用一节的教学中，课前布置预习任务制作的"生物的呼吸作用"知识结构的提纲，让学生尝试设计探究实验。学生可以参照教材、学习资料、网络资源进行实验设计。

课上请同学们展示自己的研究成果，和大家一起交流讨论实验的科学性、可操作性。在学生展示实验设计的过程中，要求学生明确表达：为什么这么做——实验目的；怎么做的——实验方法、材料、条件；发现了什么——结果怎样？其他学生在积极参与讨论中，注意体验：知道—怎么知道—知道什么。

在讨论中，教师引导学生关注实验目的、实验条件、实验方法、实验材料和实验步骤等的合理性，以及是否设置了对照实验，学生由此可以推断实验结果的可靠性，实验结论的科学性。

针对可行性实验设计，协助学生演示实验操作。为学生提供相应的实验材料、用具，学生按照自己的实验设计，操作展示。如通过实验装置中细玻管中液面的升降，探究水生植物呼吸作用消耗了氧气；探究植株大小不同，消耗的氧气和释放的二氧化碳量不同；通过苹果产生的二氧化碳使澄清的石灰水变浑浊的实验，探究呼吸的产物；通过新鲜叶片在光下和暗处分别滴入紫色石蕊试剂的颜色变化，探究光合作用吸收二氧化碳，呼吸作用释放二氧化碳；通过大豆刚萌发的幼苗在实验中使干燥的试管壁上产生水汽、管壁温度升高、燃烧木条熄灭等，探究呼吸作用产生水、二氧化碳、热量；通过用沸水烫过的植物和新鲜植物的比较，探究呼吸作用是活生物体才能进行的生命活动等。

通过对实验现象的讨论，说明呼吸作用过程中，物质和能量究竟发生了什么样的变化，及时引导学生归纳各实验分别说明哪些问题。例如，哪个实验能说明呼吸作用产生二氧化碳？哪个实验能说明呼吸作用产生了水？哪个实验能够说明呼吸作用有热量产生？再结合课本中的图、表，设疑：如细菌、木耳是否有呼吸作用？使学生认识到呼吸作用提供了各类生物各种生命活动需要的能量。还可以进行有关资料拓展，利用相关资料举例说明植物、动物及其他生物的呼吸作用类型，说明呼吸作用与生物生命活动的密切关系，补充和丰富学生有关方面的知识，使认知水平进一步提高。

最后讨论呼吸作用的意义并小结。利用该幻灯片引导学生讨论呼吸作用是生物体生命活动重要的能量来源和某些物质的来源；绝大多数生物都以有氧呼吸作为能量的主要来源等。留下思考问题：生物的呼吸作用与生物进化有什么关系？使学生自主地能动地运用辩证的观点、发展的观点分析生物的生命活动及发展变化。

周会伶老师还注意做实验的时机（季节）。例如在讲授"节肢动物门"一节时，特地调整了顺序，选择当地昆虫最多的季节讲。让学生抓一只昆虫，对照实物讲解更显得充实，然后可以亲自数一数，蝗虫有多少对足？指着蝗虫的头胸腹进行观察，这些结构有什么特点，特别突出一对发达的后足，让学生知道为什么蝗虫那么能跳。把生活中的实物作为资源，展现在学生面前，能激发学生的学习兴趣，集中学生的注意力。有专家说"注意是心灵的门户，意识中的一切都经过它才能进行，注意力保证学习的必要条件"。经过整合的资源不仅能丰富课堂，更重要的是教会学生获得知识的方法。不但丰富了课堂教学形式，更重要的是学生对自然有了更多更深的理解。

郝薇薇老师强调给每位学生实验动手的机会。她认为实验既是生物的魅力和激发学生学习兴趣的主要源泉，也是培养和发展学生思维能力与创新能力的重要方法和手段，更是进行科学探究、培养学生科学态度和科学方法的重要阵地，是中学科学教育的重要组成部分。生物的学科特点，从环保到生命，无不凝聚着生物知识，衣、食、住、行，样样离不开生物知识。在生物实验教学中，既可以培养、发展学生的科学能力，又能培养学生的观察和实践能力。所以在生物课堂中能让学生自己动手的实验一定要让学生动手操作，使生物课落位在实验室。生物课的学习中能走出去的实践课一定要让学生走出课堂，如"观察身边的植物"这节课，就让学生走出教室来到校园里，观察校园里的植物。在观察的过程中让学生有保护自然、保护环境的意识，使生物课更亲近大自然。在提高学生的学习兴趣同时，也提高了学生的生物科学素养。

3. 整合利用诗词资源，提升人文素养

语文组教师整合利用资源，开发实施了"诗风词韵"诵读课程。语文教师利用课上和课余时间，指导学生进行诗歌诵读活动。课程内容以古诗词为主，分为必读和选读两部分内容，在课程实施中讲解诵读基本知识，训练学生的诵读能力，培养学生诵读的习惯，激发学生对中华传统文化的热爱，提高了自身审美情趣。语文组还进行了古诗词单元教学的探索，节选付兰华和任丽娟老师的单元教学设计以飨读者。

鉴词析句悟事理，赏景明情说体验
——中考古诗词复习（付兰华）

一、单元（或主题）主题教学设计说明

依据课标规定的义务教育语文课程培养的核心素养，是学生在积极的语文实践活动中积累、建构并在真实的语言运用情境中表现出来的，是文化自信和语言运用、思维能力、审美创造的综合表现。《语文课程标准》中对于第四学段学生关于【阅读与鉴赏】的要求："诵读古代诗词，阅读浅易文言文，能借助注释和工具书理解基本内容，注重积累、感悟和运用，提高自己的欣赏品位。"【语言文字积累与梳理】的要求："在语言文字运用情境中，发现、感受和表现语言文字的魅力。围绕汉字、书法、成语典故、对联、诗文等方面内容，策划并开展语文学习、展示和交流活动，加深对语言文字及其文化内涵的认识和理解。"【文学阅读与创意表达】的要求：阅读表现人与自然、人与社会、人与他人的古代优秀诗歌、散文等文学作品，学习欣赏、品味作品的语言、形象等，交流审美感受，体会作品的情感和思想内涵等。

结合九年级第二学期，语文进入全面复习阶段，面对时间紧、任务重的难题，有效整合进行复习就显得更为重要，以及有些学生不会赏析理解古诗词的实际情况，我精选了《关雎》《蒹葭》《木兰诗》《送杜少府之任蜀州》《次北固山下》《使至塞上》《闻王昌龄左迁龙标遥有此寄》《黄鹤楼》《望岳》《钱塘湖春行》《雁门太守行》《赤壁》《泊秦淮》《夜雨寄北》《无题》《浣溪沙》《登飞来峰》《渔家傲·秋思》《水调歌头》《江城子·密州出猎》《游山西村》《渔家傲（天接云涛连晓雾）》《天净沙·秋思》《己亥杂诗（浩荡离愁白日斜）》等24首古诗词，进行分类复习，通过多种教学活动，进行以"鉴词析句悟事理，赏景明情说体验"为主题的单元教学。

二、单元（或主题）学习目标与重点难点

学习目标：

（1）通过分类拟题、情景模拟、画思维导图、师徒小组接龙比赛等多种活动形式，学生能够准确背诵默写《中考说明》中规定的《关雎》《蒹葭》等24首古诗词。

（2）通过鉴赏古诗词中的关键词句、图文转化等形式，理解诗词内容，把握主旨，体悟作者情感，说出自己的阅读体验，提高自己的欣赏品位。

（3）在古诗词复习中，理解中华优秀传统文化的丰富内涵，从中汲取民族文化智慧，受到熏陶感染。

学习重点：学生能够准确背诵默写《中考说明》中规定的24首古诗词；理解诗词内容，把握主旨，对诗歌中感人的情境和形象，能说出自己的体验，提高自己的欣赏品位。

学习难点：通过鉴赏古诗词中的关键词句、图文转化等形式，理解诗词内容，把握主旨，体悟作者情感，说出自己的阅读体会。

三、单元整体教学思路（图11）

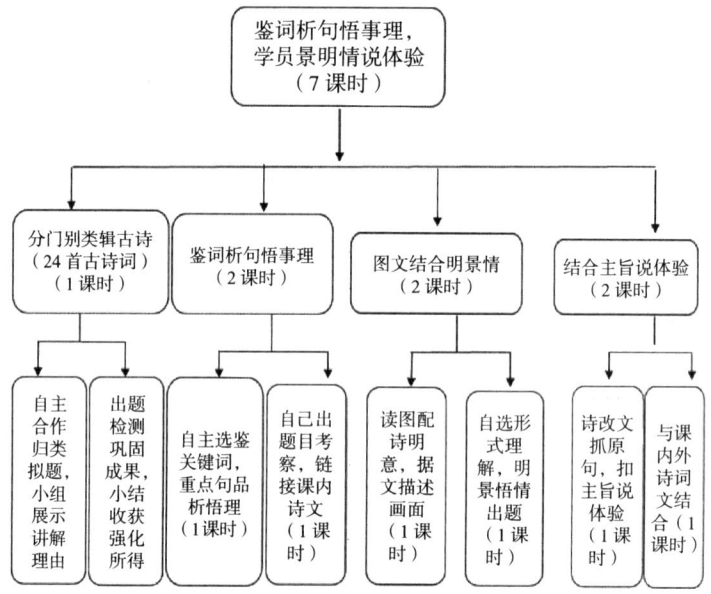

图11　古诗词复习单元整体教学思路

四、学习评价设计

1. 运用评价量表（表14）

表14　古诗词复习单元评价量表

内容	评分标准	分数/分	得分
分门别类辑古诗	归类拟题是否恰当	0~1	
	归类理由是否充分	0~1	
	展示讲解是否清晰	0~1	
鉴词析句悟事理	自主选鉴字词是否关键	0~1	
	重点句品析悟理是否讲清	0~1	
	所出题目是否能考察所学	0~1	
图文结合明景情	给图配诗句是否贴切	0~1	
	据诗词描述画面是否生动	0~1	
	自选形式是否有助于理解	0~1	
	诗词中景情是否明确	0~1	

续表

内容	评分标准	分数/分	得分
结合主旨说体验	是否结合诗词主旨	0~1	
	有无自己的阅读体验	0~1	
	语言表述是否流畅	0~1	

2. 口头评价
3. 学生自评与互评相结合
4. 师生评价

第1课时教学设计

一、教学内容分析

新《课标》中规定7~9年级古诗文60篇；以往的《中考说明》共规定古诗文背诵篇目40篇，其中要求掌握24首古诗词，包括从春秋到元代的诗词，时间跨度大，主题题材广泛。

有民歌《关雎》《蒹葭》《木兰诗》；有抒情明志的《雁门太守行》《赤壁》《泊秦淮》《望岳》《登飞来峰》《无题》《浣溪沙》《渔家傲（天接云涛连晓雾）》；有写景抒情的《次北固山下》《使至塞上》《钱塘湖春行》《天净沙·秋思》《己亥杂诗（浩荡离愁白日斜）》；有友情的《送杜少府之任蜀州》《闻王昌龄左迁龙标遥有此寄》；有思乡的《黄鹤楼》《夜雨寄北》《渔家傲·秋思》《水调歌头》《江城子·密州出猎》《游山西村》。

二、学习目标确定

1. 通过小组合作，按照作者、内容或主题形式，记古诗词的活动，能够理解背诵默写《中考说明》规定的古诗词，丰富积累。
2. 通过本次活动，学生在理解的基础上，注重感悟和运用，提升自己的欣赏品位。
3. 通过本次活动，激发学生用多种艺术形式记忆古诗词的热情。

三、学习重点难点

学习重点：能够理解背诵默写《中考说明》规定的古诗词，丰富积累。
学习难点：在理解的基础上，注重感悟和运用，提升自己的欣赏品位。

四、学习活动设计

活动1　激趣导入

同学们好，下面是电视栏目《经典咏流传》的主题曲歌词（节选），其中涉及很多古诗词，请你写出一句。

走在古城朱雀的小街
听见太白喝醉的明月
这是杜甫赞过的春雨
王维的空山就在心里
特别想念那东坡的月光
梦想跟随在放翁的身旁
就算我没有稼轩一般的才华
挑灯看剑咱有的是担当
吟一首诗看千年经典惹人恋
歌一阕词让唇齿留香满心田

活动意图说明：通过本次活动，设置情境，激发兴趣，引起共鸣。

活动2　出示目标，让学生齐读

活动意图说明：目的是使学生明确本节课所要完成的任务，做到有的放矢。

活动3　提出要求，让学生合作探究、展示

（一）请同学们根据诗词的主题、内容或写法等，自选角度，自主归类后，以小组为单位，进行分类整理复习，每类拟个小标题，并说出理由

预设：

1. 根据内容可以分为

民歌集：《关雎》《蒹葭》《木兰诗》

哲理集：《无题》《渔家傲（天接云涛连晓雾）》，《夜雨寄北》《浣溪沙（一曲新词酒一杯）》《己亥杂诗》

叙事集：《木兰诗》《关雎》《蒹葭》

军旅集：《雁门太守行》《渔家傲·秋思》《使至塞上》《江城子·密州出猎》

咏史篇：《赤壁》《泊秦淮》

游记篇：《钱塘湖春行》《游山西村》《次北固山下》

楼阁集：《黄鹤楼》《水调歌头》

2. 根据主旨可分为

抒情明志集：《雁门太守行》《赤壁》《泊秦淮》《望岳》《登飞来峰》《无题》《浣溪沙》《渔家傲（天接云涛连晓雾）》《江城子·密州出猎》《登飞来峰》

写景抒情集：《次北固山下》《使至塞上》《钱塘湖春行》《天净沙·秋思》《己亥杂诗（浩荡离愁白日斜）》《游山西村》

友情集：《送杜少府之任蜀州》《闻王昌龄左迁龙标遥有此寄》；

思乡集：《黄鹤楼》《夜雨寄北》《渔家傲·秋思》《水调歌头》

……

（二）精心设计学案，问题引领

任务一：请同学们根据诗词的内容，将《中考说明》中规定的24首古诗词，自主归

类后,以小组为单位,进行分类整理复习,每类拟个小标题,并说出理由。

示例:我们将《雁门太守行》《使至塞上》《渔家傲·秋思》归为一类,诗集名称为《战争边塞集》。理由是:这三首诗的内容里都含有对战争边塞的形象描述。如《使至塞上》中的"大漠孤烟直,长河落日圆"描绘边塞雄奇壮丽的独特景观。如《雁门太守行》中的"角声满天秋色里,塞上燕脂凝夜紫"描写了阴寒凄惨的战地气氛和异常惨烈的战斗。而《渔家傲秋思》中的"塞下秋来风景异,衡阳雁去无留意"写出了边塞秋季风景的独异。

任务二:请同学们根据诗词的主题,自主归类后,以小组为单位,进行分类整理复习,每类拟个小标题,并说出理由。

示例:我们将《送杜少府之任蜀州》《闻王昌龄左迁龙标遥有此寄》归为一类,诗集名称为《友情集》。理由是:这两首诗的主旨都含有诗人对友人的感情。《闻王昌龄左迁龙标遥有此寄》中诗人借"明月"表达了对被贬友人的同情和关切之情;《送杜少府之任蜀州》这首送别诗写朋友即将上任,诗人劝慰他不要为远别而悲伤,勉励朋友乐观进取、迎接新的生活,抒发了诗人与友人的依依惜别之情,表达了诗人积极乐观的人生态度。

任务三:请同学们根据诗词的写法,自主归类后,以小组为单位,进行分类整理复习,每类拟个小标题,并说出理由。

示例:我们将《江城子·密州出猎》《使至塞上》《赤壁》《泊秦淮》归为一类,诗集名称为《用典集》。理由是:这几首诗在写法上都引用了典故。如《泊秦淮》中"商女不知亡国恨,隔江犹唱后庭花"借陈后主的荒淫亡国讽喻晚唐统治者,表达了诗人对国家命运的关切和忧虑。如《江城子·密州出猎》中引"亲射虎"典故,突出表现了词人虽年纪已经不小,但仍有少年的狂气;引"遣冯唐"典故,词人以魏尚自喻。《使至塞上》尾联用典流露了向往建功立业的心情。而《泊秦淮》中,作者运用典故,借陈后主(陈叔宝)因追求荒淫享乐终至亡国的历史,讽刺那些不从中汲取教训而醉生梦死的晚唐统治者,表达了作者对国家命运的无比关怀和深切忧虑的情怀。《赤壁》中的"东风不与周郎便,铜雀春深锁二乔",借用典故表达了作者对历史兴亡的慨叹,反映出作者抑郁不平的心境。

活动意图说明:此活动设计,是为了让学生对24首古诗词的主题、内容、写法、作者等有全面的认识,训练学生归纳、整合、概括、筛选能力。

活动4 出示反馈练习,必答抢答

(一)请根据下列诗句内容理解填写古诗词

1. 范仲淹《渔家傲·塞下秋来风景异》中抒发征夫戍边难归的无奈和对家乡的眷念之情(表达主旨)的诗句是_____。

2. 范仲淹在《渔家傲·秋思》中表达自己和征人们想家却又不甘无功而返的矛盾心理的句子是_____。

3. 马致远《天净沙·秋思》中不仅写景,而且写人,于暮色苍茫中,烘托出一个骑着瘦马、远离家乡、羁旅漂泊的人的句子是_____。

4. 苏轼的《江城子·密州出猎》抒写人到中年的主人公壮志未酬的感叹的诗句是_____。

5.《次北固山下》表现作者无限乡思的诗句是＿＿＿＿＿＿＿＿＿＿＿＿＿＿＿＿。

（二）请根据下列诗句内容理解填写古诗词

1.《望岳》中表达诗人杜甫不怕困难，敢于攀登绝顶，俯视一切的雄心与豪情的千古名句是＿＿＿＿＿＿＿＿＿＿＿＿＿＿＿＿＿＿＿＿＿＿＿＿＿＿＿＿＿＿＿＿＿＿＿。

2. 苏轼的《江城子·密州出猎》中，抒发主人公杀敌卫国、守卫边疆的坦荡胸怀和豪情壮志的词句是＿＿＿＿＿＿＿＿＿＿＿＿＿＿＿＿＿＿＿＿＿＿＿＿＿＿＿＿＿。

（三）请根据下列诗句内容理解填写古诗词，并在横线上为该诗集拟名《＿＿＿＿＿》

1.《水调歌头》中对一切经受着离别之苦的人表示美好祝愿的句子是＿＿＿＿＿＿。

2. 王勃在《送杜少府之任蜀州》中用"＿＿＿＿＿＿＿，＿＿＿＿＿＿"寄语远方朋友，表明只要心心相印，哪怕距离遥远，也会觉得近在咫尺。

（四）请根据下列诗句内容理解填写古诗词，并在横线上为该诗集拟名《＿＿＿＿＿》

1. 杜甫《望岳》中既写出了泰山的巍峨高耸，又表现了诗人不怕困难、勇于攀登绝顶、俯视一切的雄心和气概的诗句是＿＿＿＿＿＿＿＿＿＿＿＿＿＿＿＿＿＿＿＿＿。

2. 在王安石《登飞来峰》一诗中反用了李白"总为浮云能蔽日，长安不见使人愁"的诗句是＿＿＿＿＿＿＿＿＿＿＿＿＿＿＿＿＿＿＿＿＿＿＿＿＿＿＿。

3. 王湾的《次北固山下》一诗立意新颖，构思巧妙，富有哲理，"状难写之景如在眼前，含不尽之意见于言外"，流传千古的名句是＿＿＿＿＿＿＿＿＿＿＿＿＿＿＿＿。

（五）请根据下列诗句内容理解填写古诗词。

1.《雁门太守行》中运用典故的诗句是＿＿＿＿＿＿＿＿＿＿＿＿＿＿＿＿＿＿。

2.《泊秦淮》中，作者运用典故，借陈后主（陈叔宝）因追求荒淫享乐终至亡国的历史，讽刺那些不从中汲取教训而醉生梦死的晚唐统治者，表现了作者对国家命运的无比关怀和深切忧虑的情怀的诗句是＿＿＿＿＿＿＿＿＿，＿＿＿＿＿＿＿＿＿。

3.《江城子·密州出猎》中运用典故表达作者渴望得到朝廷重用之情的句子是＿＿＿＿＿＿＿＿＿＿＿＿＿＿＿＿＿＿＿＿＿＿＿。

4. 杜牧在《赤壁》中运用典故，含蓄地表达自己怀才不遇的愤懑的诗句是＿＿＿＿＿＿＿＿＿＿＿＿＿＿＿＿＿＿＿。

活动意图说明：

通过这一环节激发学生学习古诗词的热情，训练审题、拟题能力，强化理解记忆。

布置作业：

1. 自选一首词，自选形式（图画、思维导图等）来理解记忆。

2. 自选一首诗，再找一首跟它主题相近的古诗词进行对比赏析。

《读懂古代诗歌》
——任丽娟老师对于古代诗词单元教学的分析(节选)

一、学生学习古代诗词的重要意义和价值何在?

(一)学习古诗词,利于培养学生的想象力

古诗词具有简洁、抒情、篇幅短小而内涵丰富的特点。学生在学习中,要充分了解诗中意境,诗句的言外之意。这就需要充分发挥想象力,进行补充和领悟。而中小学阶段学生有着丰富的想象力,若我们能以古诗词为抓手,鼓励学生联想、补充和创造,对其后续想象力发展大有裨益。

(二)学习古诗词,利于培养学生的创造性思维

学生在读古诗词时,可以结合实际生活中的意象进行再造组合,以此在大脑中创造一个新画面。这不仅利于对诗词意境的理解,也利于发展学生的创造性思维能力。而这样的能力对促进学生语文阅读和写作能力,同样大有裨益。

(三)学习古诗词,利于学生受到美的熏陶

古诗词把色彩美、画面美、意境美与艺术美,巧妙地融为一体,具有特殊的审美熏陶功能。"诗中有画""画中有诗""诗中有情""诗中有理",这样闪耀美的诗词不仅能引人入胜,更能升华学生的思想情操。因此学习古诗的过程其实是鉴赏美的过程。

此外,中学阶段学生正处于审美体系构建时期,常常仅靠表象来分辨好与坏、美与丑、善与恶,而不能分析其内在的美和价值。而古诗词中,诗人常常将自身意志和情感,蕴含于诗文表象中,学生学习古诗词,能扩展审美视野,提升审美标准,总结审美经验。

二、古诗词教学,教师要坚守自己的"语文立场"。

时下,很多教师由于不能正确理解和坚守《语文课程标准》,致使古诗词教学偏离了语文应有的语文立场。何谓语文立场?大而言之,是指语文课程立场,即坚定"用教材教语文,而不是教语文教材"的教学立场;小而言之,是指语文教学"要以始终坚持培养学生听说读写的能力,提高学生正确理解和运用祖国语言文字的能力为目标"的教学立场。

吴格明教授说:"语文课应该教'文何以载道',而不是教'文以载道'中的'道'。"这就是说"文何以载道"才是语文教学主要内容,才是语文教学的根本。

吴格明教授还认为:"语文课程的基本目标,或者说语文设科的基本出发点,在于培养和提高学生理解和运用祖国语言文字的能力。因此,课文的语言形式应当成为语文教学的主要内容。"

持"内容立场"的教师,教学古诗词时常常沉湎于课文文本的内容当中,从内容到内容,不能从语文的角度和方法出发教古诗词,这无疑是没有站稳古诗词教学的"语文

立场"。

三、教学内容分析及课时分配

关于古诗词,《义务教育语文课程标准》第四学段(初中)提出的具体课程目标:诵读古代诗词,注重积累、感悟和运用,提高自己的欣赏品位。可以看出,古诗词教学只有强调诵读,并将课程标准定位在"理解基本内容"上,才能实现古诗词教学的根本目标——注重积累、感悟和运用,提高自己的欣赏品位。换言之,就是教学古诗词应将诵读、积累、感悟和运用作为四个着力点。

古诗文教学现状:①只教字词、落实翻译;②淡化朗读训练或朗读训练粗糙;③即便有朗诵,朗读背诵代替了涵泳赏析,默写取分被作为最高追求,诗歌丰富的思想感情内涵、精巧的表现手法、精美的语言等被消解殆尽,这不能不说是对诗歌教学资源的极大浪费;④学生缺乏"品读与赏析"的实践活动等。

由此,选择了"读懂古代诗歌"这个专题,以整合统编教材所有古代诗歌为抓手,尝试在设计和操作上力图改变古诗文教学存在的与课标相违背的错误做法,不是"教古诗词",而是"用古诗词来教",力图凸显古诗词这种文体的特殊性,抓词品句,沉下心来,涵泳诗味,设法提高学生的诗词审美能力,从而提升语文素养。这对自己来说,无疑是一个很大的挑战与尝试,定会存在这样或那样的不足,旨在抛砖引玉。

四、学生情况分析

虽说九年级的孩子经历了之前的学习,已经拥有了一定量的诗词积累,但大多也只是停留在"机械记忆"阶段,真正"理解感悟"的居少,更谈不上课标要求的"鉴赏审美"了。

据调查采访得知,很多孩子对古诗词学习的兴趣并不高,究其原因,这与古诗词出现的时代有关。古诗词出现于遥远的农耕时代,农耕时代具有特殊意味的生活情境和社会现象,很难让生活在工业时代的学生通过文字体验到,也与古诗词语言凝练而含蓄的特点有关。另外,古诗词的用词方式、句式特点与现代汉语差异很大;更重要的是,学生缺少"理解感悟""鉴赏审美"古诗词的相关知识及方法指导,面对古诗词的如此种种,孩子们只能"望而却步"了。

如何让学生实现真正意义上的"理解感悟",甚至"鉴赏审美"?我想,从词句入手,涵泳诗味,并在品位和鉴赏的方法和关注点上,设法给学生搭梯子,给予学生指导。还要尊重学生,设法激发学生学习的积极性,应用的创意性、个性化,不但使学生学会"理解"和"赏析",还要让学生爱上古诗词,爱上传统文化,并加以传承(图12)。

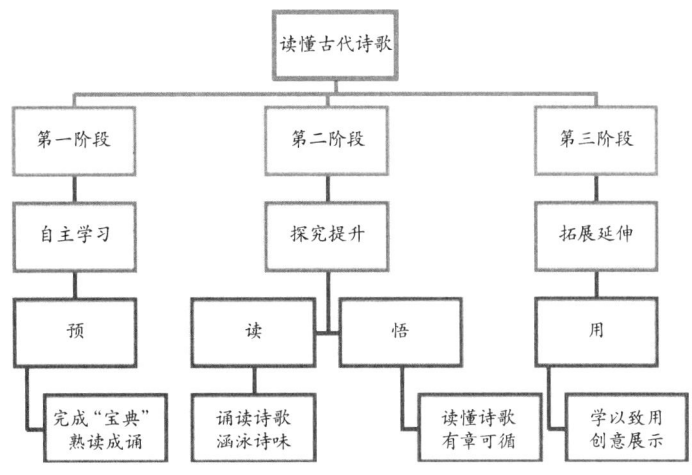

图12 单元整体设计结构图

二、教材以外"素材性资源"的整合利用

除了对教材的充分挖掘使用之外,老师们也经常选用教材以外的文本、音频、视频、App 等其他素材性资源,通过适当的文本分析,与文本对话,与学生需求对接,通过整合利用,实现相应的教学目标。

(一)阅读的力量

齐娜让孩子分享好书,用阅读丈量世界,用阅读触动孩子心灵,实现自我教育与成长。

她发现如果孩子们自己去阅读,把注意力集中在读书上,对每一名学生个性的形成、人格的培养、世界观、人生观及价值观的确立,有不可忽视的作用。老师是教育者,唯有超越"管理",走向"教育",走向"自我教育",才是真正的立德树人。于是她在班里开展了"阅读丈量世界"的读书活动,每周一利用阅读课进行好书分享。三年,孩子变化了:改变自己,改造自己,你会;剖析自己,分析自己,你会;提高自己分析社会问题的水平,你会……

隗同学就是被读书点燃的那一个。从一开始《狼图腾》的粗略分享,到后来《湘行散记》作者所见所闻的详细叙述;从一开始《万古江河》的简单内容的概括,到后来对《狼道》主旨理解的深刻。三年下来孩子看了《哈利·波特》全集和《湘行散记》《天才在左,疯子在右》《万古江河》《人间词话》《飞鸟集》《三体》《鬼谷子》《人民的名义》《狼道》《道德经》等几十部作品,一路走来,他成长了,上进向善,助人改过,赞扬美善,歌颂美好,心灵更健康,眼界更开阔了。

记得他分享《鬼谷子》:"这本书,被称为中国谋略学第一奇书。它的实践作用非常大,这里面的每个谋略,都有一个相应的事例去证明它。三思而行,权衡形势,心似玲珑,虚虚实实,这些看似平常的词语,想要做好却不是那么容易。这本书论述了劝谏、建议协商谈判和一般交际技巧。它被分为了15篇,而每一篇,都蕴含着鬼谷子的智慧。这本书与其说是在教我谋略，更不如说是在教我为人处世的道理。譬如其中的容人之过，这里就说了一个楚庄王绝缨容部下的故事。海纳百川，有容乃大，以德服人才是成大事者的胸襟。"孩子心里一定会种下"君子坦荡荡，小人长戚戚""士不可以不弘毅，任重而道远"的胸怀。

他分享《人民的名义》："这本书是在当代的背景下描述的抓贪腐事件，这里面有句话，'从权力中得到的光环与荣耀，终会因权力的消失而消失'可以说是非常的现实了，文中不知有多少例因为贪腐而丧失权利以及利益的。他们都十分地享受地位、权力所带来的利益，但这种触犯法律的事情一经曝光，所有的一切便会烟消云散，这就是权财诱惑所带来的弊端。而那些正义的反贪人员，'我是为了人民，不是为人民币'便是他们的真实写照，他们为了人民的利益，不知熬了多少个夜晚，才将一起贪腐案破获。他们要顶着压力前进，还人民一个公道。这本书既是讲反贪腐，也是讲人性。它告诉我人性是可以转变的，在权财两方面的夹击下，没人不会被诱惑，但更多的是看怎么努力抵挡住诱惑所带来的糖衣炮弹。"孩子心里一定会种下"言必行，行必果""为政以德"的道理。

他分享《狼道》："这本书顾名思义，以狼为载体讲述道理。这本书将一个个故事所体现的道理尽数写出，而这些都与狼的本性有关。狼平常给人的印象是暴躁的、凶残的，而在这本书当中，虽然不反驳，但是却体现了一只有忍耐力、团结精神的狼。在文中就有这么一句话，坚韧从废墟中崛起，说狼是不怕失败的，而是从失败中获得经验，锁定目标，坚毅前行，就还有希望。做人也一样，要有耐心，有忍耐力，有目标，有信心。"孩子心里一定会种下"君子不忧不惧""知之者不如好之者，好之者不如乐之者"的态度。

让孩子阅读吧！让孩子用阅读丈量世界吧！

（二）阅读文本充分利用

以孙红老师的文本素材应用为例。

本文是一篇课外阅读与表达的文本，为了提升学生深入理解课文、获取信息、整合信息和分析问题的能力以及做题的思维和方法，也鉴于有些学生已有的基础和存在的困难，采用了以下突破的方法。

这篇课外阅读文本的内容是介绍家人的相关情况，包括年龄、长相、职业，还有作者和姐姐之间师生关系的看法。为了充分利用课外阅读资源，深入挖掘阅读材料，并提高学生的阅读理解能力，进行了如下的改编。

（1）聚焦文章意义理解，增加开放性问题，并以书面回答的方式，提高学生深层次理解文本的能力。增加的问题运用了不同的特殊疑问词，不仅仅是 what 等问题，主要是增加了 why 和 how 开放性的问题，比如，作者对她妈妈的评价，还有她和姐姐之间的师生关系的想法等等。在教学过程中，针对开放性问题，帮助学生打破思维固化模式，引导学生敢于回答，并追问其依据。旨在提升学生获取信息和分析、加工文本信息的能力，帮助学生深入理解文本，培养学生简单表述个人观点以及批判性思维的能力。

回答问题

1. How many people are there in the writer's family?

2. What does the writer's father look like?
_____

3. Does the writer have good eyesight?
_____

4. How old is the writer's mother?
_____

5. What does the writer's sister do?
_____

6. Where does the writer's sister study?
_____

7. Why does the writer say "What a bad luck for me!"?
_____

8. What does the writer want to be?
_____

9. Does the writer like her sister's teaching? Why?
_____

10. What does the writer think of her mother?
_____

（2）聚焦阅读文本信息组织模式，基于可视化思维结构图，开展学生转述和评价活动。在阅读中，根据阅读文本的关键信息，设计了一张表格样式的思维结构图，帮助学生运用阅读策略，通过查读或者跳读完成表格，形成可视化的思维结构图，填写家庭成员的年龄、职业、外貌等相关信息。随后，学生根据思维结构图进行转述和评价活动。

如果转述有困难，可通过两人一组互教互学，也可以互相评价，通过小组评价多维度的评价量表，判断口头交际任务是否达成。评价活动既包括自评也有同学间的互评。与此同时，教师观察同伴互评的进展情况并进行实时点评和反馈。这既是知识内化活动的评价环节，又是语言输出的阶段；既是评价活动，又是学习活动。

根据文本信息完成表格，填写有关家庭成员的职业以及外貌特征的相关信息，并进行转述活动。

Family members	Age	Looks like /Appearance（外貌）	Job
Dad		Looks	
Mum	younger than		
Sister			
I			Dream is to

You can begin like this: Hello, everyone. Let me tell you about the writer's family. There are…

（三）网络资源助力学科融合

闫启辉老师注重引导学生走出教科书，走出课堂和学校，充分利用校外各种资源，在社会的大环境里学习和探索。闫老师从"东方甄选直播间"里认识了董宇辉、七七这样的"老师"，爱上了他们推荐的许渊冲老师翻译的唐诗宋词，爱上了七七老师弹着尤克里里唱着加州旅馆的英文歌曲，见识了他们用英语介绍北极虾，于是，她购买了英文版的唐诗宋词，鼓励学生跟唱动听的英语歌曲。课堂上，她在黑板上写出了一个句子"How long will the bright moon appear"让学生翻译，学生的好奇心顿时就被调动上来，怎么翻译的都有，"明亮的月亮多长时间之后能出现"……当她说这能用五个字翻译时，学生们讨论得更热烈了，当她告诉他们这是"明月几时有"时，彻底把孩子们惊艳到了，大呼神奇，片刻的工夫不仅背下一首苏轼的《水调歌头》，还学会了巧妙的出神入化的英文翻译和单词，"Riding the wind, there I would fly. I rise and dance, with my shadow I play."带孩子们走入英文阅读的世界，带学生们领略《500 miles》的悠扬，结合课本给孩子们看婺源风光片的英文介绍，孩子们爱上了英语版的哈利·波特……

闫老师说，只要用心去想去做，丰富的课程资源可以给课堂带来无穷的乐趣。

韩金平老师关注"一起作业"等网络 App 资源的应用。App 里面含有与教材同步的单词和课文跟读练习，还有"中考口语专练板块"，包括"模仿朗读""信息获取""信息转述""听说模拟试卷"四大部分。通过与教材同步的单词和课文跟读练习能进一步了解学生哪些单词，哪些句子，甚至句子中哪个单词读错，以便老师进一步对学生进行个别指导，来提高学生说的能力。"中考口语专练板块"适合题型专练，针对得分较少的题型进行专练，来突破提高。一般情况下，老师除课堂进行听说训练外，布置作业时也都给学生有目的地布置听说练习，有时是单词和课文跟读，有时是口语专项练习，周末都是一套听说考试模拟练习，渐渐地，学生适应了各个环节，在每个方面有了进步。

（四）优质资源充分融合，彰显学科特色

作业是培养学生解决问题的能力，加速知识内化，形成系统知识结构的有效手段。要因材施教，就要布置有针对性和分层次的作业。教师可以提供不同层次的作业，或同时提供两种以上的作业方案，给学生一定的选择权利，调动学生完成作业的积极性，真正达到课后巩固的目标。

教师还要注重构筑作业反馈体系，采用合适的方式检查、评价作业完成情况，使教师对教学效果心中有数，对学习成果印象深刻，激发学生学习的积极性。

如生物组设计了这样一份假期作业。

1. 作业设计

放寒假前，生物学科组的三位老师精心设计、认真思考，不仅充分考虑生物学的学科特色，而且依据不同年级学生的实际和需求，设计了不同的假期作业。同时，生物组与走进良乡课程课题相结合，让同学们走进大自然去观察、体验。

（1）任务一：知识网络梳理；
（2）任务二：走进大自然，田园小记；
（3）任务三：懂营养，让我们的餐桌更健康；
（4）任务四：关注社会热点。

2．成果展示

全年级优秀作品张贴在教室外走廊的墙壁上，供同学们再学习，发挥优秀作品的引领、辐射作用。

成果呈现有手抄报、PPT、照片等多种形式。同学们感受到作品价值的同时，也深刻感受到生活中处处有生物现象，所以说："只有声（生）入人心，才能"生"活处处有精彩。"

三、"环境"资源的整合利用

"环境"资源主要指学校内的校园环境、区域的文化资源和社会生活中的热点与焦点问题。学校已经尝试了分别由生物、历史和道德与法治学科教师牵头，以项目学习的方式进行研究性学习。在此过程中，学生通过查阅搜集资料、撰写论文等方式将理论与实际问题相结合，并在课堂上与其他同学交流。在项目探究过程中，以学科核心概念和基本原理为中心，以制作项目作品为最终目的，促进学生投入学习生活，从而提高学生终身学习能力和核心素养的发展。

（一）利用校园内植物资源山楂树，开展"山楂树下"跨学科主题综合实践课程（表15）

"山楂树下"主题综合课程以学生自主选择、直接体验、研究性学习为课程实施方式，各学科共同参与融合，学生收获了知识，开阔了视野，提升了综合素养。与此同时，在课程学习过程中，推进了我校课程建设不断深入，积极引导学生培育和践行社会主义核心价值观，充分发挥综合实践课程在立德树人中的重要作用，同学们所感悟到的山楂树"自强不息，求真务实"的精神品质，正是我校价值观的具体体现。

表15 "山楂树下"主题综合实践课程

课程主题	牵头学科	目标要素
知山楂	生物学科组	了解山楂特性，种类
悟山楂	语文学科组	体悟山楂树的精神
译山楂	英语学科组	翻译关于山楂树英文作品
忆山楂	历史学科组	挖掘山楂树的历史价值与现实意义
赞山楂	地理学科组	了解山楂树中国地理分布
绘山楂	美术学科组	以山楂树为题用画笔表达对山楂的热爱
传山楂	信息学科组	通过制作二维码、小视频等形式分享山楂树相关信息
唱山楂	音乐学科组	学唱具有浓郁的乌拉尔风情的歌曲《山楂树》

续表

课程主题	牵头学科或部门	目标要素
摘山楂	劳技学科组	摘果实，感受劳动最光荣
享山楂	团总支	分享收获的喜悦，营造和谐氛围

（二）利用区域文化资源，建设探究型课程

房山区作为"人之源"，有着70万年历史的"北京人"；作为"城之源"，有着3000年历史的商周遗址；作为"都之源"，有着800年历史的金陵遗址；作为"生态涵养区"和"文化聚集区"，拥有浓厚的历史文化底蕴。学校积极利用地区文化资源，开发了"走进良乡"探究型课程。项目组成员经过前期的探讨交流，确定从良乡的历史沿革、历史遗迹、历史人物、良乡古城建制、古村落、行政区划、道路交通、红色记忆、生物多样性九个方面带领学生进行探究。教师根据任务内容进行学生分组，学生的小组组长根据具体任务内容进行再分工，确保每个学生都根据自己的特长和意愿获得自己的任务，实行多元化和自主性的管理。学生通过考察、参观、访问、查阅资料、交流、研讨、撰写报告、汇报成果等方式完成学习任务。在完成学习任务的过程中不仅提升了学生发现问题、用所学知识解决问题的能力，同时学生掌握了网上查找、阅读书籍、走访询问、发放调查问卷等搜集资料的方法，形成了依据主题所需筛选、整合、利用资料的能力。更重要的是在课程学习过程中，学生逐步产生了由知家乡到爱家乡的情感共鸣，增强了民族自信和文化自信。

房山区有着优秀的地方文化，即房山的先辈流传给后辈子孙的丰厚遗产中符合社会主义核心价值观，具有当代价值、世界意义的部分，蕴含着共同的情感和价值，共同的理想和精神，包括思维方式、价值观念和行为准则，也包括红色文化、非遗文化、历史文化等。下面以《走进良乡》为例，呈现项目组是如何利用区域资源开展传统文化项目式学习的。

四、"社会资源"的整合利用

1. 充分利用社会新闻资源，开展"我是新闻发言人"课程

道德与法治教师利用新闻资源，开展"说新闻"课程。道德与法治课前三分钟开展"新闻发言人"说新闻活动。发言包括三部分：第一说新闻。内容可包括政治、经济、文化、社会生活、生态文明等方面。第二析新闻。联系身边实际，对新闻内容进行分析、评价。第三谈感受。谈自己的感想与收获。其他学生通过书面或口头方式对"新闻发言人"进行点评。

课后将同学们认为有价值、有意义、感兴趣的新闻交到学校红领巾广播站，在当天中午进行校园新闻播报。

学期结束，道德与法治教师组织学生梳理新闻内容、拓展新闻背景及后续发展，再次利用新闻资源进行命题、辩论活动的设计和评比，加深对知识的理解，提高综合运用的

能力。

2. 充分利用博物馆，开发博物馆课程

房山区乃至北京市有着特别丰富的博物馆资源，博物馆数量居全国之首，这为丰富学校的课程提供了便利条件。学校也尝试着与博物馆合作，开发博物馆课程。下面以《走进国家博物馆》课程为例。

（一）课程资源及利用途径分析

可利用资源：历史年表（古代、近现代），主题展览的要素（展览说明、文物介绍、文物、模型、照片等）。

整合与利用的方法：查找、整合、优化、利用、实践。

（二）学习目标

知识目标：走进国家博物馆参观学习，使学生对博物馆有一个较为初步的认识，能够有兴趣并愿意参与此次活动；使学生了解博物馆的参观礼仪，在参观过程中能够按要求文明有序参观；对国家博物馆有一个基本认识，如展馆特点、陈列概况、重点文物等（这是第一次走进博物馆的学习目标，后续将完善成为一个目标体系，预计完整设计6次参观活动，目标要求螺旋上升，采取集中与分散的方式实施）。

能力目标：通过与自己生活密切相关的自然与社会环境、社会活动的关系、人文文化与规范的交互作用，不断丰富和发展学生的社会生活经验和艺术审美情趣。

情感态度价值观：初步掌握人类社会的发展脉络、培养良好的人文素养，让学生在实践学习活动中既获得知识，又培养自己的爱国情感，陶冶自己的道德情操，培养学生社会主义核心价值观和热爱祖国、热爱中华传统文化的情怀。

（三）学习准备

学具准备：笔、本、手机（或照相机）、历史年表（古代、近现代）、展览说明、文物介绍等。

心理准备：

（1）读前言（前言是展览的概括介绍，通过认真阅读展览前言，对展览有总体认识）；

（2）看展品（文物、模型、照片、视频是展览的重要内容，通过仔细观察文物，结合文物介绍及视频资料，深入了解展览内涵）；

（3）理脉络（找出展品之间的联系，梳理展览脉络）；

（4）明主题（通过对前言的阅读、展品的观察、脉络的梳理，明确展览的主题）。

（四）教师准备

1. 驱动性问题链

（1）为什么要走进国家博物馆参观学习？

（2）怎样认识人类社会的发展脉络、培养良好的人文素养？

（3）如何在实践活动中既获得知识，又培养自己的爱国情感，陶冶自己的道德情操？

（4）怎样培养自己社会主义核心价值观和热爱祖国、热爱中华传统文化的情怀？

2. 任务单

做好安全教育工作—准备好学习任务—到达国博—参观学习、听讲解—完成任务单—参观学习后完善任务单—召开主题班会

3. 评价表（表16）

表16 "走进国家博物馆"参观学习评价表

评价项目	优	良	中	得分
学生在课上注意力是否集中，对问题的感兴趣程度（35分）	23～35分 注意力非常集中，对所研究问题十分感兴趣	10～22分 注意力比较集中，对所研究问题不是很感兴趣	0～9分 注意力不太集中，对所研究问题缺乏兴趣	
学生讨论交流后所得结论是否正确（25分）	16～25分 积极参与讨论交流并能得出正确结论，或对问题的归纳很有条理	9～15分 愿意参与讨论交流并能得出部分结论，或对问题的归纳比较有条理	0～8分 不愿参与讨论交流或无法得出正确结论，对问题的归纳缺乏条理	
学生回答教师课上提问的正确率（25分）	16～25分 积极回答问题并且答案完全正确	9～15分 愿意回答问题并且答案基本正确	0～8分 不愿回答问题并且很少回答正确	
课后习题解答的正确率（15分）	11～15分 课后习题的解答完全正确	7～10分 课后习题的解答大部分正确	0～6分 课后习题的解答基本不正确	
合计得分				

走进良乡——传统文化主题项目式学习

一、课程研发背景

北京市房山区良乡第四中学，位于北京市房山区良乡卫星城内，是一所环境幽雅的花园式学校。良乡——在潺潺的刺猬河滋润下的这座历经千年沧桑的古城，饱尝不同时代的变迁，在21世纪改革的大潮中，正蓄势待发，焕发出勃勃生机。

北京市良乡第四中学在这片沃土上精耕深耘，经过20年的开拓创新，教育教学水平已走在全区前列。学校根据学生成长和未来发展的需要进行课程建设，把传统文化课程作为重要特色创新课程进行开发，在前期对房山区的历史文化研究和探寻成果的基础上，将对良乡四中所在地良乡的古城文化进行研究，丰富学校的校本课程资源建设。

二、课程研发目标

1. 通过研究探寻良乡古城文化，让教师、学生参与其中，了解良乡古城的文化传承

和历史遗迹，学习房山悠久灿烂的文化知识，通过研究更深刻地认识良乡历史发展的脉搏和未来发展的趋势，为更好地继承和传播传统文化奠定基础。

2. 通过教师与学生的共同研究和学习，掌握初步的研究古文化的方法和能力，能够把学到的历史知识与现代社会发展紧密地联系起来，能够为良乡的发展提供宝贵的建议和见解，能够站在京、津、冀发展的大框架中去思考，为北京的疏解非首都功能作出贡献。

3. 通过良乡古城文化的研究和学习，使学生形成爱家乡、爱房山、爱北京的热情，进而上升到爱祖国的高度，通过学习反思，逐步形成历史唯物主义和辩证唯物主义价值观，能把继承传统和现代发展科学合理地融合起来，从而更好地保护灿烂的历史文化遗产。

三、课程研发总体设计

（一）组织机构

总策划：李俊

执行策划：秦建国 李蕊 刘金玲

项目负责：洪阳

研发教师：洪阳 高利 李松 安博 郝薇薇 丁顺红 刘菊 鲁玉荣

（二）研发内容

1. 良乡古城现今状态
2. 良乡古城的历史更迭
3. 良乡古城的重要历史遗迹
4. 良乡古城的重点村落
5. 良乡古城历史人物
6. 良乡古城红色文化
7. 复兴良乡古城

（三）研发内容分解

1. 良乡古城现今状态

行政区划（地理位置）、区域地理（街道、乡镇、交通）、山脉河流（刺猬河）、区域生物（树木、动物）、社区服务（社区介绍、建设意见）、商圈发展（商圈介绍）

2. 良乡古城历史更迭：良乡地区历史沿革、良乡地区历史大事记
3. 良乡古城重要的历史遗迹：良乡地区历史遗迹介绍
4. 良乡古城的重点村落：良乡地区重点村落介绍
5. 良乡古城历史人物：良乡地区著名历史人物
6. 良乡古城红色文化：良乡地区红色文化
7. 复兴良乡古城：良乡古城建设规划

（四）研发阶段分解（表17）

表17 《走进良乡》课程研发阶段分解

研究步骤	时间节点	研究内容	目标结果
设计阶段	2021年12月	课程整体设计	出台设计方案
起步阶段	2022年4月	成立小组，分解任务，专家讲座	各组拿出研究具体方案，确定研究路径
全面实施阶段	2022年5—9月	良乡古城7个大项目	通过考察、参观、访问、查阅资料等方式，得出项目的文化现状结论
撰写文字报告阶段	2022年9—11月	把各种研究积累的文字进行梳理、整合，撰写文稿，进行评价	各组长负责人拿出文稿，总负责人进行整合，出台研究报告，并对参与学生进行评价
推广普及阶段	2022年11月—2023年1月	编撰校本教材、项目校园文化、区域交流、学生学习	印制校本教材，指导全校学生对成果进行学习

（五）课程性质

本课程归类项目式学习，采用阶段性区域性综合性研究、考察、访问、查阅资料、大讲堂学习等不同学习方式，参与人员包括专家、教师、学生、家长等不同角色，是对既有文化的一次重新认识和梳理，能够有重点、有策略地引导学生参与和思考，并能够把整理完成的材料作为样本供学校校本课程使用，便于更多学生的学习和认识。这种学习方式也可以分年度重复进行。

四、课程实施及评价
（示例）

良乡的前世今生

研发团队：洪阳老师、安博老师、尤秋燕老师及学生、家长
研究形式：网上学习、区档案馆查阅资料、《良乡县志》等文献学习、家长介绍
材料撰写：洪阳老师及学生整理

1.历史沿革

班级		研究者姓名		评价人姓名	
研究项目		良乡历史沿革			
研究目的	1. 了解良乡疆域及名称由来 2. 知道良乡地区的历史沿革（按照年代顺序）				
研究内容					
写出《良乡县志》中记载的良乡疆域					

第四部分 资源整合

续表

良乡名称由来	
西周时期良乡沿革	
春秋战国时期良乡沿革	
秦朝时期良乡沿革	
西汉东汉时期良乡沿革	
三国时期良乡沿革	
魏晋南北朝时期良乡沿革	
隋朝时期良乡沿革	
唐朝时期良乡沿革	
五代时期良乡沿革	
辽宋夏金元时期良乡沿革	
明朝时期良乡沿革	
清朝时期良乡沿革	
新中国成立以前良乡沿革	
遇到哪些困难或者有哪些疑惑？	
通过本次研究活动，你有什么感受？（或写一篇研究过程故事）	
评语	

2. 行政区划

班级		研究者姓名		评价人姓名	
研究项目			新中国成立以后良乡行政区划		
研究时间			2022年4月—2022年9月		
研究目的			1. 了解新中国成立后良乡地区行政区划及其变化，知道良乡地区流经河流及其水文特征 2. 知道良乡地区的道路交通		
研究内容					
新中国成立后良乡城镇行政区划有哪些变化？					
简要介绍良乡20世纪70—90年代道路及街巷					
简要介绍良乡镇行政区划					
简要介绍拱辰街道行政区划					
简要介绍西潞街道城镇区划					

续表

良乡镇、西潞街道、拱辰街道都有哪些河流流经？	
任选良乡地区任意一条河流，概括它的水文特征	
在搜寻资料/小组合作的过程中，你都遇到哪些困难或者存在哪些疑惑？	
搜集良乡现有公路及其路线	
搜集现代良乡现有公交及其路线	
搜集现代良乡现有的地铁及其路线	
简要介绍良乡的铁路发展	
遇到哪些困难或者存在哪些疑惑？	
通过本次研究活动，你有什么感受？（或写一篇研究过程故事）	
评语	

良乡的历史遗迹

研发团队：洪阳老师、学生、家长
研究形式：网上学习、区档案馆查阅资料、《良乡县志》等文献学习、家长介绍
研发时间：2022年4月—2022年9月
材料撰写：洪阳老师及学生整理

本部分课程评价

1. 郊劳台

班级		研究者姓名		评价人姓名	
研究项目			郊劳台		
研究时间			2022年4月—2022年9月		
研究目的		1. 了解郊劳台的地理位置及构造 2. 知道关于郊劳台的故事和传说 3. 对比古代和现代的郊劳台相同和不同，说出感受			
研究内容					
郊劳台地理位置					

第四部分 资源整合

续表

郊劳台的构造	
郊劳台在哪一场战争中被毁？	
写出筑台劳师的历史故事	
写出郊劳台的传说	
画出古代的郊劳台平面图并加以标注解释	
画出现在的郊劳台	
对比古代郊劳台和现代郊劳台，你有什么感受？	
遇到哪些困难或者有哪些疑惑？	
通过对郊劳台的调查研究，你有哪些感受？	
评价	

2. 明清行宫

班级		研究者姓名		评价人姓名	
研究项目	明清行宫				
研究时间	2022年4月—2022年9月				
研究目的	1. 了解明清行宫的地理位置及其构造 2. 知道明清行宫的发展历程 3. 对比明清三个行宫的相同点与不同点				
研究内容					
良乡离宫地理位置					
简述良乡离宫的构造					
画出良乡离宫的平面图并加以标注解释					
黄辛庄行宫的地理位置					
黄辛庄行宫的构造					
画出黄辛庄行宫的平面图并加以标注解释					
黄辛庄行宫的诗句有哪些？					

续表

半壁店行宫地理位置	
半壁店行宫构造	
半壁店行宫平面图并加以标注解释	
半壁店行宫发展历程	
半壁店行宫的诗作	
明清三个行宫有哪些相同点和不同点？	
在搜寻资料/小组合作的过程中，你都遇到哪些困难或者有哪些疑惑？	
通过对明清行宫的调查研究，你有哪些感受？	
评价	

3. 昊天塔

班级		研究者姓名		评价人姓名	
研究项目	\multicolumn{5}{c}{昊天塔}
研究时间	\multicolumn{5}{c}{2022年4月—2022年9月}
研究目的	\multicolumn{5}{l}{1. 了解昊天塔建立的时间、目的、位置和构造 2. 了解昊天塔的由来和传说}
\multicolumn{6}{c}{研究内容}

昊天塔建造的时间	
昊天塔的地理位置	
昊天塔的功能与构造	
关于昊天塔的由来	
关于昊天塔的传说	

续表

在搜寻资料/小组合作的过程中，你都遇到哪些困难或者有哪些疑惑？	
参观昊天塔中，昊天塔周围都有哪些建筑？	
抄写鸣钟亭的碑文，概括碑文中的内容有哪几方面	
简要写出孟良焦赞的故事，通过孟良焦赞墓，你有什么感想？	
通过参观昊天塔，任选其中一个景点，按你最喜欢的方式记录下来（文字解说、绘画、诗歌等）	
写出你在实地考察过程中发现的问题或者疑惑	
我的研究故事	
评价	

4. 广阳城遗址

班级		研究者姓名		评价人姓名	
研究项目	广阳城遗址				
研究时间	2022年4月—2022年9月				
研究目的	了解广阳城的地理位置及其构造				
研究内容					
广阳城遗址地理位置					
文字描述广阳城遗址什么样					
通过对广阳城遗址的研究，你有哪些感受？					
评价					

5.良乡八景

班级		研究者姓名		评价人姓名	

研究项目	良乡八景
研究时间	2022年4月—2022年9月
研究目的	了解良乡八景的内容

研究内容	
良乡八景的由来	
良乡八景都有哪些并加以介绍	
通过对良乡八景的了解,你有什么感受?	
评价	

良乡古城建制

研发团队:洪阳老师、学生、家长
研究形式:网上学习、区档案馆查阅资料、《良乡县志》等文献学习、家长介绍
研发时间:2022年4月—2022年9月
材料撰写:洪阳老师及学生整理

本部分课程评价

班级		研究者姓名		评价人姓名	

研究项目	良乡古城城市建制
研究时间	2022年4月—2022年9月
研究目的	了解良乡古城的城市建制

研究内容	
良乡古城地理位置	

续表

良乡古城的构造都有哪些?	
良乡古城的建筑有哪些?都承载城市的哪些功能?	
良乡古城的街道胡同命名的由来?举出其中两例	
良乡古城街道胡同名称都记载哪些历史?	
良乡地区下辖哪些村庄?	
良乡地区河流有哪些?请简要描述	
良乡古城中古代的交通道路发展历程	
在搜寻资料/小组合作的过程中,你都遇到哪些困难或者有哪些疑惑?	
通过对良乡古城城市建制的梳理,你有哪些感受?	
评价	

良乡古村落

研发团队：洪阳老师、学生、家长
研究形式：网上学习、区档案馆查阅资料、《良乡县志》等文献学习、家长介绍
研发时间：2022年4月—2022年9月
材料撰写：洪阳老师及学生整理

1. 安庄村

班级		研究者姓名		评价人姓名	
研究项目	安庄村				
研究时间	2022年4月—2022年9月				
研究目的	了解安庄村的地理位置和建立时间				

续表

研究内容	
安庄村的地理位置	
安庄村的建立时间	
简要描述你对安庄村的印象	
评语	

2. 渔儿沟村

班级		研究者姓名		评价人姓名	
研究项目	\multicolumn{5}{c}{渔儿沟村}
研究时间	\multicolumn{5}{c}{2022年4月—2022年9月}
研究目的	\multicolumn{5}{l}{1. 了解渔儿沟村地理位置 2. 了解渔儿沟村经济状况及文化娱乐}

研究内容	
渔儿沟村地理位置	
渔儿沟村的经济状况	
渔儿沟村的文化娱乐	
简要描述你对渔儿沟村的印象	
简单描述你对渔儿沟村的印象	
评语	

3. 苏庄村

班级		研究者姓名		评价人姓名	
研究项目	\multicolumn{5}{c}{苏庄村}
研究时间	\multicolumn{5}{c}{2022年4月—2022年9月}
研究目的	\multicolumn{5}{l}{1. 了解苏庄村的地理位置、河流和建立时间 2. 苏庄村的发展历程、经济状况和文化娱乐}

研究内容	
苏庄村的地理位置及含义	
苏庄村的建立时间	
苏庄村发展历程	
苏庄村河流	

续表

苏庄村经济状况	
苏庄村的文化娱乐	
简要描述你对苏庄村的印象	
评语	

4. 固村

班级		研究者姓名		评价人姓名	
研究项目		固村			
研究目的	1. 了解固村地理位置及由来 2. 了解固村的发展历程和经济状况				
研究内容					
固村地理位置					
固村的由来					
固村的发展历程					
固村的经济状况					
简要描述你对固村的印象					
评语					

5. 太平庄村

班级		研究者姓名		评价人姓名	
研究项目		太平庄村			
研究时间		2022年4月—2022年9月			
研究目的	1. 了解太平庄村行政区划、地理位置、地理概况和地理环境 2. 了解太平庄村的历史沿革及古迹				
研究内容					
太平庄地理位置					
太平庄村历史沿革					
太平庄村行政区划					
太平庄村的地理概况					

续表

太平庄村的地理环境	
太平庄村古迹	
在搜集资料/小组合作过程中，你遇到哪些问题或者存在哪些疑惑？	
通过太平庄村的文献研究和考查，写出你的感受	
评语	

良乡历史人物

研发团队：洪阳老师、学生、家长
研究形式：网上学习、区档案馆查阅资料、《良乡县志》等文献学习、家长介绍
研发时间：2022年4月—2022年9月
材料撰写：洪阳老师与学生整理

本部分课程评价

1. 楼绩

班级		研究者姓名		评价人姓名	
研究项目		楼绩			
研究时间		2022年4月—2022年9月			

续表

研究目的	了解楼绩的事迹
研究内容	
简要描述楼绩的人物事迹	
楼绩的哪些做法让他得到"先贤"的称谓的？	
通过楼绩的生平，说出你的感受	
评语	

2. 阚柔

班级		研究者姓名		评价人姓名	
研究项目	阚柔				
研究时间	2022年4月—2022年9月				
研究目的	了解阚柔的事迹				
研究内容					
简要描述阚柔的人物事迹					
通过阚柔的人物事迹能学到哪些历史知识？					

续表

任选阎柔事迹的任意一段，说出你的感受
评语	

良乡生物多样性

研发团队：郝微微老师、学生、家长
研究形式：网上学习、区档案馆查阅资料、《良乡县志》等文献学习、家长介绍
材料撰写：郝微微老师及学生整理

班级		研究者姓名		评价人姓名	
	研究项目			良乡地区生物多样性	
	研究时间			2022年4月—2022年9月	
	研究目的			1. 探究良乡地区的动物和植物种类 2. 根据调查结果进行植物和动物的分类，并探究各种生物对生物多样性和生态环境的重要作用	

续表

研究内容	
良乡地区植物种类有哪些？	
良乡地区动物种类有哪些？	
对观察的植物进行分类（植物的类型：苔藓类植物、蕨类植物、裸子植物、被子植物）	
对观察的动物进行分类（动物的类群）	
植物对生物多样性的影响	
动物对生态多样性的影响	
生物多样性对生态环境的影响	
在搜寻资料/小组合作的过程中，你都遇到哪些困难或者存在哪些疑惑？	
通过本次研究活动，你有什么感受？（或写一篇研究过程故事）	
评语	

良乡的红色文化

研发团队：丁顺红老师、学生、家长
研究形式：网上学习、区档案馆查阅资料、《良乡县志》等文献学习、家长介绍
研发时间：2022年4月—2022年9月
材料撰写：丁顺红老师及学生整理

班级		研究者姓名		评价人姓名	
研究项目		良乡地区红色记忆			
研究时间		2022年4月—2022年9月			
研究目的		了解良乡地区红色文化			
研究内容					
良乡地区在抗日战争、解放战争和社会主义建设中有哪些英雄模范人物？（每个时期选择2—3个）					
良乡地区有哪些抗日战争、解放战争和社会主义建设中感人故事？（每个时期选择2—3个）					
选择一个英雄模范人物/故事，写出人物的事迹或者故事					
通过你了解的事迹或者故事，你有什么感受？					
评语					

良乡规划问卷调查

研发团队：洪阳老师、学生、家长、亲友
研究形式：问卷调查
研发时间：2022年9月—2023年4月
材料撰写：洪阳老师及学生整理

问卷

姓名		性别	
年龄		所住地址	
调查方式			

1. 您在良乡地区居住多久？（　　）
   A. 小于一年　　　　　　　　　B. 一年以上三年以下
   C. 三年以上五年以下　　　　　D. 大于五年
2. 您认为良乡是哪种类型城市的潜力股？（　　）
   A. 宇宙中心　　　　B. 文化城市　　　　C. 经济城市
   D. 旅游城市　　　　E. 科技城市　　　　F. 其他（　　　　　　）
3. 您觉得良乡地区建设应注重哪些方面？（　　）
   A. 文化建设　　　　B. 经济建设　　　　C. 环境建设
   D. 教育建设　　　　E. 生活建设　　　　F. 其他（　　　　　　）
4. 您对良乡地区的印象如何？说出理由。
   A. 非常好　　　　　　　理由_____
   B. 一般、没什么感觉　　理由_____
   C. 差　　　　　　　　　理由_____
5. 请简要描述您所在的村落/街道的历史。
6. 请简要描述您所在村落/街道市民氛围。
7. 请简要描述您所居住的村落/街道有什么变化？
8. 您认为您所居住的村落/街道需要增加哪些公共性的设施？
9. 您认为您所居住的村落/街道一些公共性设施还需要在哪些方面需要加强？请提出合理化的意见和建议。
10. 随着老龄化的加剧，科技化和大数据融入生活，很多老人不会用手机买菜，您对这种情况有什么好的意见或者建议？
11. 您对您所居住的村落/街道在生活上的不便之处有哪些意见或者建议？
12. 您对您所居住的村落/街道的发展有哪些意见或者建议？

13. 房山区正在进行文明城市建设，您认为在创城工作中，我们还需要在哪些地方进行建设并写出合理化建议。

14. 结合您自身情况，您对良乡地区进一步发展有什么建议？

15. 在党的正确领导下，良乡地区的发展越来越好，请您简要描述您认为的未来的良乡是什么样的。

五、"人力资源"的整合利用

（一）依托校内教师资源，开展跨学科课程建设（表18）

学校将音乐、美术、劳动技术、信息技术四个学科组合成为一个教研组，根据教研组内各学科教师特长，结合学科内容，以"京剧脸谱"为主题，教师们一起研讨、交流、资源共享，设计跨学科的"制作京剧道具、设计京剧舞台、画脸谱、唱脸谱"系列学习活动。既利用了教师自身的学科背景、技术特长资源，又整合学科的知识和技能，课程内容更加丰富，课程间的交叉点越多，构建的联系性越多，随之意义也就越加深化。

课程实施时，在教师的引导下，学生通过不同学科的交叉渗透对知识形成整体性和系统性的认知，开阔了视野，增进了对京剧知识的理解和掌握，且有利于学生系统学习方法的习得和辩证思维方式的养成，这对于学生综合能力的提高是十分有利的。

表18 "京剧脸谱"主题跨学科综合实践课程

课程主题	负责人	课程任务
制作道具	劳动技术教师	完成唱脸谱所需道具制作
制作场景	信息技术教师	完成京剧场景动画的设计与制作
绘脸谱	美术教师	完成脸谱的绘画
唱脸谱	音乐教师	完成京剧演唱表演

（二）整合校内外教师资源，建设拓展型课程（表19）

为了满足学生的多元发展需求，学校挖掘校内外教师资源，以校内教师为主，辅以校外指导教师，努力做到以学生的发展为核心，尊重学生的选择，建设拓展性课程。拓展性课程开发与实施避免了学科考试知识的讲授，实施中让学生在情境中学习，在实践中学习，在探究中学习，在体验中学习。以学生发展为本，最大限度地挖掘和利用校内外的课程资源，为拓展型课程实施创造条件。

表19 学校拓展类课程一览表

序号	课程名称	授课总学时	必修/选修	课程领域
1	足球	60学时	必修、选修	体育与健康
2	趣说汉字	60学时	选修	语言与人文
3	英语话龙乡	60学时	选修	语言与人文
4	楷书书法	60学时	选修	艺术与审美

续表

序号	课程名称	授课总学时	必修/选修	课程领域
5	无人机	60学时	选修	科学与技术
6	舞蹈	60学时	选修	艺术与审美
7	朗诵	60学时	选修	艺术与审美
8	剪纸	60学时	选修	艺术与审美
9	根与芽	30学时	选修	科学与技术
10	诗风词韵	40学时	选修	语言与人文
11	史学之窗开在眼下	60学时	选修	艺术与审美
12	读书节系列课程	30学时	选修	语言与人文
13	科技节系列课程	30学时	选修	科学与技术
14	体育节系列课程	30学时	选修	体育与健康
15	艺术节系列课程	30学时	选修	艺术与审美

（三）利用校外教师资源，完善学校足球课程体系

利用校外专业教练，完善学校足球课程。2017年我校被认定为"全国青少年校园足球特色学校"，学校抓住特色校建设资源，紧扣"明礼、博学、健体、立责"的校训，确立了"以球育德、以球促智、以球健体、以球益校"的足球运动发展理念，把足球运动开展作为育人目标达成的重要途径。学校积极构建足球课程体系，进一步完善了足球管理、课余训练和竞赛、运动安全防范、校级足球队梯队建设等方面的管理制度。整合社会资源，聘请足球俱乐部的专业教练，为全体学生上足球普及课，激发学生对足球运动的热情，普及足球基本知识与基本技能。把足球列入学生体育学业成绩考核内容，引导全体学生重视足球运动，逐步提升学生体质。学校完善校队建队模式，利用课后服务时间开展足球训练与比赛，构建我校基于特色资源、社会资源、校本资源整合利用，既有基本知识、技能普及，又有学生特长、学校特色发展的课上课后贯通的足球课程体系。

（四）充分利用学生资源，助力教学效果提升

在前文的"走进良乡"课程案例中，除了充分利用区域环境、文化资源外，还充分关注了学生在课程开发中的重要作用，调查问卷、评价表的编写都是先由学生研讨后拿出来的初稿。在充分利用学生资源上，老师们也进行了很多探索。

1. 激活体验，挖掘学生内生性课程资源

每个学生都有不同的先天素质和生活环境，有自己的爱好和长处，也有自己不同的经历和体验，他们本身就是很好的资源。通过日常生活中大量的体验和经历，能使学生较容易接受所学习的知识，帮助他们理解概念和原理。学生的生活经验存在于学生的头脑中，需要教师认真挖掘。教师可以通过课前课后的交谈、问卷调查等方式，了解学生的生活经验，从中寻求课堂教学的切入点。在教学过程中，还应当鼓励学生相互交流，取长补短，集思广益。

如殷玉霞老师在教授"交通运输"一课时通过问题链设计，激活红色体验，挖掘学生内生性地理课程资源。

活动1　选择合适的交通运输方式及依据：
（1）两箱急救药品从乌鲁木齐运到北京。
（2）两吨活鱼从密云水库运到北京。
（3）500吨钢材从上海运到济南。
（4）3000吨大米从武汉运到上海。

问题1　看看哪种交通运输方式占比例最大？

问题2　你知道铁路干线是怎么命名的吗？

问题3　从地图上，你能找出我国铁路干线重点站名，并说出铁路干线的延伸方向吗？

问题4　根据上述知识，完成以下问题：
（1）从北京去上海看世博会要走哪条铁路线？
（2）从北京去广州看亚运会要走哪条铁路线？
（3）从北京去香港购物需要走哪条铁路线？
（4）从北京去哈尔滨看冰雕乘坐哪条铁路线？

追问：如果我们要从哈尔滨到南京、从乌鲁木齐到成都、从武汉到贵阳又需要经过哪些铁路干线呢？

活动2　我的出行我做主：根据下面提供的情境，完成问题5、问题6。
（1）我要去西藏。
（2）我来当导游。

问题5　从北京去西藏途中要去西安看兵马俑，去洛阳看牡丹和龙门石窟。应该怎么安排旅游线路呢？

问题6　说出自己的家乡（或籍贯）在哪里？可以选择哪些铁路干线到你的家乡旅游？顺便再请你介绍一下你家乡的旅游景点。

2.利用课堂"错误资源"，因势利导

如黄金粉老师在教授"一元二次方程根的判别式"一课时，充分利用学生"错题资源"因势利导。

教学瞬间

判断下列方程根的情况：

(1) $16x^2+8x=-3$　　(2) $9x^2+6x+1=0$
(3) $2x^2-9x+8=0$　　(4) $x^2-7x-18=0$

学生1错解：$16x^2+8x=-3$

解：$a=16$，$b=8$，$c=-3$

$b^2-4ac=64-4\times16\times(-3)=256>0$

所以此方程有两个不相等的实数根。

这个学生没有注意一元二次方程的一般形式，上来就确定 a、b、c，导致 c 的值出错，进而导致结论出错。

学生 2 纠错：$16x^2+8x=-3$

解：$16x^2+8x+3=0$

$a=16$，$b=8$，$c=3$

$b^2-4ac=64-4\times16\times3=-128<0$

所以此方程没有实数根。

学生 3 错解：$2x^2-9x+8=0$

解：$a=2$，$b=-9$，$c=8$

$b^2-4ac=-81-4\times2\times8=-145<0$

所以此方程没有实数根。

因为基础不扎实，这个学生对 b^2-4ac 中的 b^2 计算，负数的平方还是负数导致出错，进而导致结论出错。

学生 4 纠错：$2x^2-9x+8=0$

解：$a=2$，$b=-9$，$c=8$

$b^2-4ac=81-4\times2\times8=17>0$

所以此方程有两个不相等的实数根。

学生 5 错解：$x^2-7x-18=0$

解：$a=1$，$b=-7$，$c=-18$

$b^2-4ac=49-4\times1\times18=-23<0$

这个学生是对 b^2-4ac 中的 $-4ac$ 的"减号"和"-18"的负号混为一谈，导致计算出错，进而导致结论出错。

学生 6 错解：$(2m^2+1)x^2-2mx+1=0$

解：$a=2m^2+1$ $b=-2m$，$c=1$

$b^2-4ac=-4m^2-4(2m^2+1)=-16m^2-4=-4(4m^2+1)<0$

所以此方程没有实数根。

这个学生雷同于学生 3，对 b^2-4ac 中的 b^2 计算因为基础不扎实，导致计算结果出错，结论正确只是凑巧。

学生 7 纠错：$(2m^2+1)x^2-2mx+1=0$

解：$a=2m^2+1$ $b=-2m$，$c=1$

$b^2-4ac=4m^2-4(2m^2+1)=-8m^2-4=-4(2m^2+1)<0$

所以此方程没有实数根。

这个学生类同于学生 3 的错误，对 b^2-4ac 中的 b^2 计算因为基础不扎实，导致计算结果出错，结论正确只是凑巧。

本节课的内容，与前后知识的联系以及它在教材中的地位，能起到提纲挈领的作用。上述课堂瞬间都是实操中计算细节出现的不同问题。"细节决定成败"，成败即效果，因而也可以说是"细节决定效果"。数学的结论取决于环节的把握，而这个环节大多数不是本节课的知识理解造成的障碍，而是前期学习没有达标导致的牵绊，就像汽车的零件，有一个质量不达标就直接影响整个车行状况。

3. 抓住思维火花，深入挖掘

在课堂上，教师及时捕捉学生的想法，进行一系列的追问，促使学生寻求解决问题的方法，从而让学生主动完成学习内容的探究。在此过程中，增进学生的思考深度，提高学生的质疑能力；教师逐步完善问题之间的内在逻辑，让问题能够更好地推进活动，从而促进生成性资源的开发与利用。

如王新华老师在课堂中是这样做的。

甲生：展示其去分母一步的解答过程：$\dfrac{x-2}{5} = \dfrac{x+3}{2} - 1$

$$解：2(x-2) = 5(x+3) - 1$$

师：请看这位同学的解法，说一说你的想法。

乙生：老师，他的解法是错误的，1没有乘以10。

甲生：1不用乘以10，他没有分母。

乙生：1必须乘以10，我们运用的是等式的基本性质，两边都要乘以10。

甲生：我两边都乘以了10，1没有分母所以不用乘。

乙生不知道如何回答……

师：大家来思考一下，甲乙两人谁的想法对呢？能够结合去分母的依据去解释吗？

乙：老师，我知道了。我们运用的等式左右两边同时乘以同一个数，等式仍然成立。而这道题等式的右边是$\dfrac{x+3}{2} - 1$这个整体，$(\dfrac{x+3}{2} - 1) \times 10$运用分配律，所以1必须乘以10。

师：乙同学解释得太棒了！理由充分，解释清晰，你们同意吗？

生：同意！

教学过程中，教师及时抓住课堂中出现的错误，引导学生去思考，以学生为本，让学生去叙述自己的观点，找出学生错误的原因，同时教师也收获了教学中需要强调的部分，让错误资源得到更有效的利用。课堂教学过程是一个动态变化的发展过程。学生间每一次的争论，不经意的"插嘴"，都会闪现出创造性思维的火花。教师要关注学生的独特感受，善于发现、捕捉那些看似平凡而又有价值的问题或建议，调整教学航向，引导学生进一步思考，深入地交流讨论，让课堂闪现出创造的光辉。

4. 充分利用小组活动，调动学生积极参与

刘瑞娟老师认为学生在课堂上参与度不高，究其原因是有的学生已经掌握了老师讲授的内容，缺乏兴趣，而有的学生因为基础差还一头雾水，不知老师在讲什么。那就把英语

优秀的学生作为优质资源吧。刘老师根据调研结果，选出15个相对优秀的学生，每人负责一个相对较弱的学生，成为师徒，组成学习小组。课堂上师父掌握之后就开始教徒弟，这样每个学生都有事可做。师父在教的过程中得到了巩固提高，徒弟在学的过程中，因为是一对一的因材施教，多多少少都能学到一些，不再是以前的跟不上、听不懂，甚至茫然不知所措了。学生的积极性高了，课堂效率自然提高了。学生的师徒关系不仅仅在课上，课下的师父也会追着徒弟检查单词，辅导作业。这样一来，老师就有了更多的时间和精力来设计每节课的练习活动。

高东星老师也强调：在查找、利用和整合学习资源的时候，一定不要忽视"学生"这个最重要的资源。充分地了解学生资源是上好课的前提条件。以物理课为例，书中的一些插图，比如说樟脑丸升华，冬天冰冻的衣服变干，还有灯泡发黑的问题，现在的学生在生活中已经很少能够看见这样的现象。如果在课上给学生讲这样的事例，反而会对学生理解概念造成困扰，所以在课前对学生进行学情分析，了解学生掌握的生活经验后，教学才更加游刃有余。在教学的过程当中，多利用视频、图片和实验资源，会使学生理解概念更为深刻。老师只讲课，学生就只用到了"听"的能力，如果再配合上图片和视频，学生就利用了"听"和"看"的能力，如果再配上动手操作的实验或记笔记，学生又加了"动手"，充分刺激了学生的感官，学生的记忆会更加深刻。多利用图片和视频教学，还有一个好处是学生和老师指代的事物会较为统一，就不会出现问学生苹果什么颜色时，学生和老师概念不统一的情况。现在学生接触面比较广，老师认为学生不知道的东西，学生可能了解得比较清楚，反而是那些老师认为学生很清楚的内容，好多学生不知道，容易造成误判。

六、教师专业发展资源的整合利用

教师专业发展资源是具有多样性的，但以往我们重视不够，尤其是不够注重其生成性、即时性、互动性。通过以下几个案例初步呈现一下我们对教师专业发展资源，特别是校长对于生成性资源的利用。

（一）来源于教师教学现场

案例1：鲁玉荣老师的一句课堂用语引发的思考

那是2020年1月8日清晨，我从初一（4）班教室走过，看到鲁老师站在学生中间，面带微笑，学生注视着她（估计是刚做完了考试答题技巧的提示）。随后，听见鲁老师问："我表达清楚了吗？"学生或点头，或答曰："清楚。"多美的画面！

一句"我表达清楚了吗？"让我由衷地为鲁老师点赞！简单的一句话背后体现了不同老师的教师观和学生观。自我诊断一下，咱们说得多的是"我表达清楚了吗？"，还是"你听明白了吗？""你听懂了吗？""你怎么还不会？"，树人先树心，育人先育己！

我把这句问话对我的触动发到了同事群里，鲁老师下课看到了信息也进行了简短回复："谢谢校长鼓励！育人先育己！"后来她还告诉我说，其实那天给她的触动特别大，原来根本也没想这么多，在看到我的肯定后，觉得自己作为教师，真还有很多要学习的，得自己不断成长才能真的助力学生成长。

后来，我在微信群里补充道：向老师们学习！这也让我想起了英语的一个难点表达，"make myself understood""make myself heard"等，其实这种表达，也是从自我出发，斟酌和探究我自己在帮助学生听懂、理解、会用方面到底起着什么样的作用。感谢鲁老师在这个阳光明媚的冬日提供了这样一个温暖的"教育现场"！

从那天起，我就开始习惯把巡课过程中的所见、所闻、所想发给老师们，既对闪光点进行了肯定，也从更理性的角度对现象、行为进行了分析。有时也是提出问题，供老师们思考。我并不急于要求老师们做回应，不过我知道，老师们都在看，都在想，也试着实践。

案例2：

巡课中，听见付兰华老师在讲"桥"，或许是在讲《赵州桥》吧，突然联想到下周学校将会组织学生去故宫社会实践，又想起故宫其实也有很多桥，是不是可以由此做些任务设计呢？我随手拿起手机，给付老师发了条信息："讲桥呢？可以留个任务，让学生观察故宫的桥。回来也可以写写。"随后又顺便发给付老师一段我之前刚好看到的介绍。

"故宫趣闻：你知道紫禁城里哪座桥最美吗？可是这座桥却不能让皇帝看见，皇帝路过的时候一定要用黄布遮上，这又是为什么呢？这就是断虹桥，来故宫必去的地方。桥上20根望柱上雕着翻转折叠荷叶，连珠莲花须弥座，座顶34只大小石狮姿态各异，筋骨毕现，颇具古风。18块栏板以双龙戏珠为主题，衬雕牡丹、荷花、菊花等十余种花卉，上部透雕莲花盆景，下部双龙嬉戏追逐于香花浮雕之间，穿梭于云雨雾霭之中，经几百年沧桑尚且完整，可见鬼斧神工，亦可知用材之考究。但这样的设计，犯了皇家大忌。都知道古代龙是至高无上的，怎么可能让狮子踩在脚下呢？所以明清两朝皇帝路过此桥的时候，一定要用黄布遮上，怕被皇上看见龙颜大怒，但这样一座桥又怎么会出现在紫禁城内的呢？

"故宫最美的断虹桥有专家判定是元代皇宫的御路桥，当年应该有三座桥，叫舟桥三虹，后来建明清紫禁城时，拆去了两座，所以三虹断去两虹，就起名叫断虹桥了，因此这座桥才会出现狮子踩龙这样的设计……"

10点59分，付老师下课后看到我的信息，回复"收到"。我以为此事便告一段落，可是下午3点41分，我便收到了付老师设计的学习任务单：故宫的桥——社会实践活动学习任务单。

记录人：＿＿＿＿＿＿＿＿＿＿＿＿＿＿＿＿

任务一：请把你在故宫中所观察到的桥，记录在下列表格中。

桥的名称	所在位置	外形、材料	修建时间、装饰等	给你的感觉

任务二：参观完后，请你从自己所看到的桥当中，选取一个你最喜欢的写出来（不少于100字），介绍给大家。格式：我最喜欢故宫中的桥，因为它外形……看起来……据说……

任务三：在班内以小组为单位，介绍"最爱"，每组推选1～2名同学在班上发言交流。主题为《向你推荐——故宫最美的桥》。

这太出乎我意料了，我的一个建议，付老师马上就付诸行动，而且很实用，我赶紧安排看看是否还来得及将这个任务单放到学生的实践手册里（前期，以历史学科为主，设计了一个实践手册）。其实，在此之前，我的确也考虑过让各学科老师都想想本学科可以利用故宫做些什么文章，但副校长觉得老师没这意愿或者时间，我也没再强求。可现在看，老师应该还在于我们的调动和唤醒。这个过程中，一是要选准对象，任务交给谁很重要，是否具备意愿、能力和行动力。二是要给具体的方向，之前我跟各相关学科组长都说过，想想在故宫这个场景，如何体现各自学科？学科组长其实也都是很有思想的人，但没拿出任何意见，可能是我的指令不够具体，太宽泛了。而付老师就事论事，直接就点明了主题"桥"，似乎方向就很清晰了。然后又因为本身学科也在设计相关的学习成果输出，便有了很好的结合。三是不可忽略老师的创造力，不能总是以末位推动的方式推动教师队伍成长，力争让每个老师都有自己的任务，都能够在团队中展现自己的能力，不期待所有人都能动起来，但也不能放弃任何一个能够调动老师参与课程建设的机会。

（二）每日分享，点滴成长（零星时间碎片资源成长不断）

2020年12月3日，星期四，我看到一段文字，感觉挺有价值，便想发给老师们讨论一下。其实一直以来，我看到好的文章都想转给老师们看看，不要求老师们做回复，一是不想给老师们带来负担，二是也不确定老师们会不会打开看，只要打开看了，总归有触动吧。可就在这天，我突然觉得，如果每天大家能就同一件事儿，产生一些碰撞，不就是学习、提升吗？不就是利用零散时间来学习思考吗？不强求每位老师给予反馈，但希望每日潜移默化地引领、碰撞，让老师成为爱学习、爱思考的人。

于是，就有了第一期的《每日一读一思一悟一提升》。

"印度哲学家克里希那穆提有这么一首诗：'真正的老师只对他自己下功夫，就像磨一面镜一样，他把自己最终做成了镜子。但他是一面没有目的的镜子，它并不去有意寻找谁的脸来照。它只是在那儿，但来到面前的人看到了他自己。真正的老师反射你的光，如果你借着他看到了光明，那也只不过是你自己的光照到了你自己的黑暗……'

"各位老师，请写写看，这段话里给您的第一触动有什么？可长可短，真实感受，在线期待……"

很快就收到了老师们的回复，以下是部分摘录：

- 水滴石穿，有恒心，有毅力，坚持不懈，成就自己也成就别人。
- 教育的意义是帮助学生从小就开始做自己，认识自己，接纳自己。认清真正的自己，就会开始蜕变，照亮并影响他人。
- 教师对学生的影响，更多体现在教师日常行为上，身教胜于言传。
- 这段话反反复复看了好几遍。第一遍看，觉得是在说，教师的榜样作用，自我的琢磨以及高度的自律呈现出来的人格魅力是会感染学生的。再度关注到这样一句话"真正的老师反射你的光，如果你借着他看到了光明，那也只不过是你自己的光照到了你自己的黑暗"，给我的感觉是，老师应该是一缕阳光，充满正能量的角色，用自己的光照耀孩子们，即使有黑暗，也能变为光明！
- 教师要终身学习，提高自身的修养，完善自我，超越自我，这样才能更好地引导学生，影响学生，启迪学生。
- …………

看到老师们的思考，我再次追问："'但他是一面没有目的的镜子，它并不去有意寻找谁的脸来照。它只是在那儿，但来到面前的人看到了他自己。'又让您想到了什么？"

- 接纳一切孩子！并使孩子知道自我价值所在。
- 教师首先应该修身，不但在专业水平上有高深的造诣，从道德修养上也要严格要求，全方位地塑造自己，对学生言传身教，就像一面镜子，人站在镜子面前可以照出自己的瑕疵和不足。即：正人先正己。
- 教师将自己磨炼成一面镜子，反射学生的光芒。
- 教师应该不断自我完善提升，潜移默化地影响着学生，让学生在和老师的相处中，认知自己，从而也不断提升自己！
- 教师要在实践中不断反思提升自己素质，用自身魅力去吸引学生，做学生的灯塔，引领其远航。

不到五分钟，就收到了10余条回复，看样子，老师们不是没有思想，是没有提供产生思想的平台！我继续鼓励："感谢以上老师的分享。基于同一段文字，不同老师的关注点各有不同，必然就会产生一些碰撞小火花，这些小火花就是我们的日常，抓住它们，保护它们，辅以实践助燃，定会燃起成长之火焰。欢迎其他老师继续分享！"

- 教师要时时刻刻打磨和锻造自己，提升自己的内功，然后去为人师表，用一言一行感染和塑造人才。让自己成为一束光，去照亮学生前行的路。
- 印度哲学家克里希那穆提有这么一首诗："真正的老师只对他自己下功夫，就像磨一面镜一样，他把自己最终做成了镜子。"我认为与其说"把自己做成了镜子"，不如说"教师这辈子都在为把自己磨成一面完美的镜子而努力"，教师这个行业没有"完美"可言，随着时代的发展和个人修养的锻炼，应该是不断完善自己的过程。终身学习不仅是国家对教师的职业道德修养的要求，更是每一位教师应从内心去遵从的优秀品德修养。古语有云：格物、致知、诚意、正心、修身、齐家、治国、平天下。教师若想要治好自己的"教育"之国，也应先做到格物致知（探究事物原理，学习科学知识），诚意正心（意念诚实，除去教学中的不良情绪），修身齐家（提升自己的品德修养，家庭和顺），想要成为一名合格的教师，还要学习的有如此之多，何况在时代如此迅速发展的当下，还要时时顺应时代发展，跟上时代的脚步和潮流，教师更不应停滞不前。

- "它只是在那儿，但来到面前的人看到了他自己。真正的老师反射你的光，如果你借着他看到了光明，那也只不过是你自己的光照到了你自己的黑暗……"教师能起到的微不足道的作用，是帮助学生"发现自己的光"，而不是带着他"寻找光明"。教师只有做到了尽量趋近于"完美"，才能"反射"学生的光。教师对学生有潜移默化的影响作用，大部分学生都会下意识地关注、模仿教师的行为，若教师散发着"光芒"，必然能引出那道"光"。光明从来不是教师给予或者帮助学生"找寻"到的，而是光明本身就存在于黑暗的背后，教师心中那束光驱散了学生内心的黑暗，光明自然而然就照亮了学生的心灵。这就要求教师应严格要求自己，才能使得自己心中有光，使这份光明驱散千千万万的黑暗。

…………

老师们的思考越来越深入，谁能说这不是一次成功的教师集体研修活动呢？从这以后，我们还以类似方式交流过不同专家、学者的表达，如德国教育家赫尔巴特说："道德普遍地被认为是人类的最高目的，因此也是教育的最高目的。"美国教育家内尔·诺丁斯说，一个在伦理上有考虑的教师，首先是道德教师。道德事业，超越了教育是科学、教育是艺术的认知，科学、艺术倘若没有道德的充盈和支撑，就不可能是真正的教育。同样的，道德教师超越了学科，所有学科教师都应该首先是道德教师。李希贵说："教师不是教学科的，是教人的。"苏霍姆林斯基说："道德是照亮全面发展的一切方面的光源。"蔡元培认为："若无德，则虽体魄智力发达，适足助其为恶。"第斯多惠指出："任何真正的教学莫不具有道德的力量。"甚至还讨论了道德与幸福的关系、道德与智慧的关系、道德与法律的关系、道德与人的全面发展的关系、道德与教学的关系……或许这些交流都还不够充分、不够理性、不够系统，但成功营造了教师专业成长的"学习共生体"，共同学习，共同生长。

（三）"见字如面"，真情交流

2020年2月12日，原定正式开学的日子，可受疫情影响，已经明确学生延期开学，但教师正常上班，只是上班的形式和内容发生了变化，学校需要根据学校实际情况进行相关的安排。在这一天，我在原定召开全体教师会的时间，利用学校的工作群，上传了我早已准备好的"开学致辞"——见字如面（以书信的方式跟老师们交流，并在后续很长一段时间内，成了沟通的重要载体），同时上传了学校计划等文件供老师们学习。以这种方式总结了那个特殊的假期，明确了近期的工作重点以及对未来的期待。通过总结表扬、肯定、激励，同时也就是明确未来工作的标准。希望全体教职工们振奋精神，提前准备，带领学生们迎接即将到来的特别的新学期。致辞全文如下：

特殊假期，特殊开学

亲爱的老师们，欢迎大家平安"归来"！

2019—2020学年度第二学期在这样一个特殊的氛围启动了。非常高兴看到（知道）每一位教职员工和家人都是安全的，非常感谢每一位教职员工做好了投入新学期工作的准备。身虽未至，但"心"已归来！

这个春节假期是最清净的，少了走亲访友，少了聚会游玩；这个假期是不平凡的，每日的必做功课是了解疫情防控工作的进展，在各种群里接龙、回复、上报。这个假期给了我们更多时间思考，这个假期也让我们有了新的成长。我想从感谢与感动、规范与完善、任务与期待三个方面对刚刚过去的"假期"进行小结，对延期开学阶段的重点工作跟老师们进行一下交流。

一、感谢与感动

首先感谢那些奋不顾身，奔赴前线，坚守一线的医务工作者们。他们完美诠释了什么是职业操守、理想信念、大爱无疆！这其中也有王雪峰老师、李宏柏老师、朱春梅老师、赵国强老师、苗丽娜老师、张进来老师等的家属，请转达对他们的感谢与敬意，也请接收对你们的感谢，因为你们是他们的坚强后盾！

感谢良乡四中领导团队。第一时间，迅速成立疫情防控工作领导小组，做好疫情防控工作方案。张进来主任带队做好防控物资的准备，值班室、门卫室消毒；刘金玲校长带领政教处、团总支、年级组做好家长动员，开展日报及各类相关数据上报工作；李宏柏校长组织教研组、备课组积极应对延期开学可能带来的学业问题；杨志杰主任起草党员承诺书，制定特殊时期支部工作方案……

感谢良乡四中的每一位干部教师。在特殊时期，每位教师都能按照预先安排提前到岗值班，没有任何推诿；每一位干部都坚守在值班岗位，无论除夕、初一还是十五；每一位班主任每天督促上报，解释、解释再解释，耐心、耐心再耐心，同时还要承担起学生心理疏导工作；很多老师积极投入到实时指导，督促孩子们的学业和生活中。

感谢良乡四中的每一位党员。刘金玲同志作为疫情信息汇总上报负责人，必须及时、准确，所以虽然理解班主任工作的难度，但也不得不反复强调、反复催促；李宏柏同志大年三十就给我发信息，"疫情严重，有需要立即返程"，尽管我回复了暂时不用，他大年初三还是提前返京，自觉居家隔离，并开始投入工作；齐文水同志最早参加了社区防控值守，同时主动提出，学校如果需要，他可以立即到校值班；张进来同志经常到学校巡视，补充物资，做好消毒工作，承担了退休人员和临时用工人员的日报工作；杨志杰同志大年三十晚上放弃与家人的团聚，主动到学校，参与到值班工作中；齐文水和刘瑞娟还主动承担了校门口值班的顶替工作。到目前为止，党员已经有16人次参与到社区防控中。

二、规范与完善

（一）工作标准和程序进一步规范与完善，工作思路进一步打开，开放办学的意识进一步提升

1. 出台大门口值班的处置程序。大门口值班记录先后调整了三版，以应对不断变化的疫情防控需要。大门口值班做到了"三测一问"，详细记录。

2. 动员了家委会的力量，下发了《良乡四中家委会关于新型冠状病毒感染肺炎疫情防控的倡议书》。发挥了团总支、少代会的作用，发布了《行动令》，各班制作了美篇，调动团员、少先队员做好自我防护、自主学习、加强锻炼。

3. 发布了《应对延迟开学致家长一封信》，稳定家长焦虑情绪，提示家长做好延迟开学期间的系统安排；给孩子们写了《学习、思考、做事、锻炼——致可爱的孩子们》，鼓励孩子们自强、自律，成长为更好的自己。

4. 制定了《良乡四中2020年春季开学延期开学工作方案》《良乡四中2020年春季开学延期开学党支部工作方案》《良乡四中2020年春季开学延期开学教育教学实施方案》《良乡四中2020年春季开学延期开学疫情防控方案》《良乡四中2020年春季开学延期开学后勤保障方案》，确保延期开学期间学校工作一盘棋，思想统一、措施明确、责任清晰，也得到了领导的充分肯定。

（二）工作措施及时有效

1. 做好宣传教育，提高师生防护技能。按照上级和疾控部门的宣传口径，及时通过同事群、班级群、公众号开展宣传教育，指导师生掌握科学防护技能，加强锻炼和饮食调节，提高免疫力。

2. 做好排查及信息上报。建立防控及排查工作小组，刘金玲校长负责信息汇总上报。班主任负责各班学生排查，年级组长负责年级教师排查，总务主任负责职员工人、退休教职工、临时用工的排查。

3. 应急处置到位。制定工作方案、应急预案，明确职责，强化落实。离京返京人员按要求14日居家隔离，监控体温。临时调整值班人员安排。

4. 强化舆情引导。通过多种渠道教育师生听从官方媒体信息宣传，采用正确方式应对疫情防控。关注本单位情况，及时做出反应。

5. 初三率先启动。对于毕业年级，没有可以浪费的时间；对于毕业年级，任务艰巨、压力巨大。如何把不利因素尽可能地转化成有利因素，需要领导团队的智慧，需要初三团队的落实，需要初三学生的自律和自强。2月10日，初三年级教师视频会按计划召开，对本周和延期开学阶段的任务进行了明确，相信此时此刻初三老师收取作业、反馈评价正在如火如荼地进行。也希望初三老师这周的探索，能给非毕业年级后续的工作提供一些可借鉴的经验。

6. 充分发挥党组织的战斗堡垒作用。全体党员签署《良乡四中党员抗击疫情承诺书》，按照干部、党员责任区的责任清单落实工作；组织全体干部、党员、教师学习了

《关于疫情防控期间党员干部、公职人员落实"八个严禁"的纪律规定》；动员全体党员主动参加"艰难、危险、琐碎"的工作，不计报酬，只讲奋斗，坚定地走在队伍的最前面，真正体现这支队伍的战斗性和先进性！

短短的假期，做了这么多工作（其实还有很多细碎的工作没有罗列），难怪我时不时地觉得我过了个假"假期"。对于很多干部来说，正常工作期间还有休息日，但这个假期连周末都没有。真诚地道一句，"各位辛苦了"！

三、任务与期待

这样特殊的开学给我们的工作带来了很多不便，学生延期开学，教职员工正常上班，只是工作方式多元化。面对变化了的工作场景，工作内容、工作目标、工作形式都会相应地发生变化。对于这些，我们做了预设，设计了实施方案，尽可能地为老师们的工作提供支持，但无论怎样超前思考，提前准备，我们也不会预知所有的困难。但我始终相信，作为一个优秀的团队，每一位老师都有无穷的智慧和潜力，只要我们齐心协力，就一定能克服各种困难，取得最终的胜利。老师们，从此刻起，调动我们每一个人的聪明才智，动员每一份力量，全身心地投入新学期的工作中去，真正做到守土有责、守土负责、守土尽责。

首先问自己三个问题：在这样的情况下，学生（学校）需要我做些什么？我怎样做到？我怎样能做得更好？

（一）恢复工作状态

尽管这个假期很多干部教师不像是放假，一睁眼就有很多必需的工作要完成，但毕竟与正常的工作状态不一样。从今天（12日）起，全体干部教职员工按原定计划正式开工。依据各岗位工作特点，按照主管领导的要求，采取灵活多样的办公方式，完成指定的工作任务。

（二）制定工作计划

1．认真学习学校及各部门的延期开学期间的工作计划，制定各年级组、教研组、备课组延期开学期间工作计划，计划先按照四周进行设计，近两周的工作任务要细化到天。（14日完成并上交）

2．每位教师完成个人的工作计划，近两周计划要细化到每节课（具体任务、目标及实现方式）。每位教职员工要列出每日工作任务清单及细化必要的工作流程。（14日完成并上交）

3．适时完成新学期的工作计划。

（三）落实岗位职责

1．严格做好自我防护，做好自我体温检测，按时完成日报。出现异常立即报告。

2．教职员工在家办公，工作日工作时间不得外出。有事外出，按照学校考勤制度执行。

3．因工作需要确须进入学校的教职员工，必须戴口罩。在大门口接受体温测试并记录。

4．依据各年级、各部门和个人的工作计划完成相应的教育、教学、管理、服务工作。

5. 值班要求。感谢各位干部、党员、部分教师承担了学校的值班任务。承担就意味着责任。在特殊时期，承担也意味着更多的付出。无论是校园的值班任务，还是门口的执勤任务，必须做到在岗在位。所有工作环节都有了具体的要求和处置程序，请各位上岗前务必认真学习，完好履职。即日起到正式开学前，校级干部轮流值守，7*24 小时手机保持畅通，确保紧急事件第一时间解决。

（四）保障反馈交流

特殊时期，信息的流转、工作的反馈与交流更多地在线上进行，要通过一定的保障机制（如小程序、会议系统、干部教师的责任心等），确保关键信息准确及时，确保日常沟通的顺畅，问题解决得及时，确保经验的及时分享等。深入研究发挥家长委员会的作用的方式和途径，发挥学生组织的作用，利用公众号做好对外宣传推介工作。

（五）为随时开学做好准备工作

目前尚不能预知正式开学的准确日期，所以我们在延期开学的日子里，还要为随时开学做好相应的准备。月底前，各部门、处室要做正式开学前的相关准备，如：校医每日工作流程、消毒每日工作流程（公共区域、个人区域）、日报每日工作流程等防疫所需的必要工作流程设计，教师上课前的必要备课工作，各种工作项目、教学活动、教研活动的推进日程安排等。

以上这些，说的都是具体的工作安排和提醒。其实，在这个特殊时期，作为教师，我们要利用好这个"资源"，让爱国主义教育有根基，无处不在；让生命教育有载体，敬畏生命、敬畏自然、尊重生命；让社会责任感教育能落地，让学生感悟何为"明礼担当"四中学子。还有规则教育（私自返校大学生受处分等）、爱与感恩教育……总之，在过去的这个假期里，我们所感受到的，学生是否有感受？我们没感受到的，学生又有哪些话想说？让孩子想表达的时候，能表达，能准确地表达，有分享的平台，有老师家长的引导；让孩子可以思考的时候，深入地思考，辩证地思考。"逆行"本是交通违章，为何我们为"最美逆行者"感动？他（她）们逆的是什么？行的又是什么？在感动之余，我们又还需要想些什么？让思考赋予生命更多的意义……这一切，都是你我的责任，让我们不断地思考、成长，帮助孩子们健康地成长，成长为中国的脊梁！谢谢大家耐心看完了这些，谢谢各位的付出！新学期已来，继续加油！

李俊
2020 年 2 月 12 日

部分老师的回复：

很同意李校长在文末最后的观点，这个特殊时期，本身就是特殊的"资源"，如何巧妙地利用这个"资源"，或以此为抓手，为我们的语文教育教学服务，以从多方面提升学生的核心素养，是一段时间以来我要思考的问题，我想这也是一个教育人应该思考的问题！新学期，思想先行，行动起来吧！

读完校长的新学期发言，心里充满了感动和感慨，我要向在疫情期间作出无私奉献的领导、党员、班主任和各位教师学习，并表现在实际行动上。我要认真思考设计英语每节课的学习目标、任务和检测形式，既要有效果还要能达成，既要有提高还要考虑与未来课堂的对接，既要组织好学生又要减少学生对眼睛的伤害。我要和学生多沟通，本着对学生负责的精神，认真完成教学任务！

谢谢校长！我已认真阅读学习"特殊时期，特殊开学"，真的是身虽未至，心已归位。因为早在一周前就已经做好延学计划，初三毕业年级任务艰巨，压力巨大，时间不容浪费，尽力变弱势为优势就是近几天我思考的最多最大的问题。无论怎样，本着为学生着想原则，加大力度充分调动学生的积极性，争取让课堂实效最大。

特殊时期，综合线上资源、备课组力量，做好延学计划，充分利用小组学习，想办法积极调动学生积极性，争取让每一个学生在家学习都有效。

谢谢校长，我认真学习了学校各项方案文件，一定认真执行，根据学校要求和指导思想，我和赵老师共同备课，安排学生在家学习的具体内容，并指导学生方法，答疑解惑，充分利用资源，督促学生学习。作为班主任，我会同时组织好本班学生做好各项防控。

谢谢校长，今年迎来了从教以来最特殊的一个开学，虽然不想，但不能不面对。根据校长的要求，一定认真进行线上教学，线上辅导，把对学生的损失降到最低。同时认真做好值班工作，确保校园的安全。并认真做好本班学生的健康日报工作，上传下达工作，配合任课老师工作。

新学期终于开始了，虽然是在家中上班，但是看完校长的发言，感觉回到了温馨和谐的校园，面对校长发言中提到的问自己三个问题："在这样的情况下，学校学生需要我做什么？我怎样做到？我怎样能做得更好？"我进行了思考。结论是我会实时关注，会时刻准备着，学校、学生需要我做什么我就做什么，毫无怨言，责无旁贷，在家上班严格遵守学校考勤等相关要求，做到离校不离岗，坚守自己的本职，也会精心设计组织活动，让学生感到老师时刻在关注他们，总之，特殊时期，恪尽职守，责无旁贷！

谢谢校长，我已认真阅读文件。这个开学很特殊，对教学也是一种挑战。我会充分发挥主观能动性，让学生在家期间能有所收获。同时，我也将严格要求自己，恪尽职守，并做好各类安全防控。最后也祝愿"阴天"尽快散去，阳光早日洒满大地。

首先感谢校长！认真读完文件，有感动，也有触动！也要向所有奋战在防疫一线的同志们致敬！在这样特殊的日子里，我们面临的是挑战也是机遇，在接下来的日子，我要恪尽职守，认真完成学校安排的任务！也祝愿疫情尽快散去，春光洒遍神州大地！

谢谢校长，我已经认真阅读了学校的各项方案。特殊时期，学校领导、教师、家长与学生一起度过。尽管看着每日增长的确诊数字心中有痛，但是看着孩子们的努力与坚持，还有家长们的支持与配合，心中又很温暖，尤其是看到救援一线传来的一幅幅感人的画面，一篇篇感人的文章。有这样伟大的祖国，有这样优秀的学校，我一定认真思考，从自身做起，与各位老师一起，带领学生做好防控，按时学习，积极锻炼，充分利用在家的每一分钟。相信疫情很快就会过去，风雨过后是彩虹，伟大祖国会越来越繁荣昌盛！蛰伏了一整个假期，终于以这样一种特殊的形式开学了。虽然各自在家，但无论是我还是我的孩子们都做好了在家学习的准备，初二和初三一共四个QQ群已经集结完毕，学生也已经主动承担了学习任务，接下来我会利用好区里各种共享资源，充分发动学生的自主性，加强监督和落实，真正做到学有所得。最后，期盼早日和大家相聚在美丽的校园！

谢谢校长，感谢校长对医务工作者的关心，作为一名医务工作者的家属，我很骄傲，他们随时待命，随时准备去前线，我已充分做好后勤工作；作为一名教师，认真完成学校交给我的任务，认真指导学生学习；作为班主任，坚持完成学生的健康日报；作为良乡四中老师，时刻待命，如果学校有需要，请随时给我打电话。期待疫情早结束，大家校园再相聚！

谢谢李校长，我已经认真阅读文件。在这个特殊的开学季，一定坚守岗位，严格要求自己，发挥自己力量，做好全体团员和少先队员的思想引领。在教育岗位上认真备好每一节课，指导学生线上线下积极备考，充分利用一切可以利用的资源为学生服务，争取在这次中考中取得好成绩！有信心便是晴天，阴霾定将散尽，归期指日可待！

谢谢校长，我已阅读文件。假期中从群里就看到党员干部们、班主任们早已投入到了紧张繁忙的工作中，向他们致敬！

在这特殊的形势下，我也一直在思考：面临新的挑战，该怎样不断更新思想观念，学习新的现代化教学手段和技术，以应对今后更多元化的教学。我会认真完成学校布置的各项任务，恪尽职守，随时听从学校的召唤。期待疫情结束，早日走进我们美丽的四中校园。

谢谢校长，我已认真阅读文件。在这特殊的教学时段，我在认真思考并调整如何实现网络指导教学，努力利用好现有的资源，引导学生在家学习，调动学生的自学积极性，尽职尽责认真做好本职工作。我和我的同学们都做好了在家学习的准备，初二建立三个微信群和三个QQ群已经集结完毕，学生也已经主动承担了学习任务，接下来我会利用好区里各种共享资源，充分发动学生的自主性，加强监督和落实，真正做到学有所得。最后，期盼早日和大家相聚在美丽的校园，盼望疫情很快过去，尽早恢复正常的教学活动。

谢谢李校长，我已认真阅读文件，在这特殊时期，停课不停学，认真做好备课计划，细化每一节课，监督和指导学生学习，争取利用网络等多种学习资源，选择优化运用到教学中，以高度的激情和热情保证学生的学习，也期待早日战胜这场没有硝烟的战争。

我已认真阅读李校的发言，感慨良深。我们能做的唯有做好本职工作，在这个特殊的时期如何运用新的教学方式、教学手段完成教学任务，让学校放心，让家长安心，我要努力了。

现在再读老师们的反馈，我依然心潮澎湃，内心充盈着感动与欣喜，我们能清楚地感受到：从此时此刻起，老师们对自己的专业发展有了更明确的要求，对自己所承担的责任有了更清晰的认识，对课程资源有了更深刻的理解和认识，终于能逐渐摆脱教辅资料的限制，能主动把网络资源，特别是"社会"这本大书作为重要的课程资源加以合理开发、利用，主动与不同学科合作，将政治事件、社会热点转化为适合的课程资源，通过适当的组织形式，综合性地实施。

七、课程资源的一体化设计、应用

课程资源无处不在，但人的时间精力总是有限的，如何让校长、班主任、任课教师、家长共同利用好已有的资源，形成一致的"教育场"，也是我们探索的命题。还是以一封信、一次升旗仪式为例吧。

致孩子们的一封信

亲爱的孩子们：

大家都还好吗？是否对每天"居所一日游"有点儿不耐烦了呢？是否开始想念有规律的学校生活，想念成天"叨叨"你的老师，想念时而"黏得起腻"，时而又"横眉冷对"的同伴？老师们可是天天记挂着你们呢！

看，班主任们一天也没休息，每天第一件事儿就是看看群里同学们的身体状况，每天最后一件事儿还是看看群里，还有什么特别事儿要嘱咐。

瞧，为了你们的健康成长，不同部门都在行动。学校第一时间制定了"疫情防控工作方案"和"应急预案"，通过学校公众号发布了"良乡四中关于应对延迟开学致家长一封信"，团总支发布了"良乡四中全体共青团员和少先队员行动令"，家长委员会发布了"关于新型冠状病毒感染肺炎疫情防控倡议书"等。不知你们都按要求做到了吗？在学校党员群、教师群里每天发布各种课程信息，老师们都在思考如何帮助同学们过好这个特殊的假期。或许现在就有老师们天天催促你作业的完成情况吧？学校现在还在完善"良乡四中应对延迟开学工作方案"，后续在每天常规的健康接龙之外，关于你的学习，恐怕要更加认真起来了。

学，学生的主责。向老师们学习，把慵懒的时光赶跑。相信你们也已经感觉到吃吃睡睡的日子很无聊了吧？今天开始，认真学习起来吧！建议你先做好以下准备哦（清单改编自网络资源）。

准备清单：开启在家学习模式
[] 开辟一片学习区域。最好是一个远离卧室、沙发和电视的地方，将生活空间与学习空间分开。
[] 安排好学习和休息时间。省去路途时间，其他时间尽量与在学校时间保持一致。
[] 不要穿睡衣。将你的仪表整理成和要去上学时一样，能很有效地把大脑转换成"学习模式"。
[] 列出每日待办事项，做好每日工作计划。列好今天需要在什么时间完成哪项工作，有规律有计划，将会大幅度地提升你在家中的学习效率。记得要把家务、锻炼、眼保健操都放进去哦！
[] 避免多任务同时进行。一次做一项以上的任务反而会对工作效率产生负面影响，与其摆一桌子的书籍，不如掌握自己的节奏，完成一项再去查看新的任务。
[] 掌控自己的目标与工作量。你可以从待办清单中那件你最不想做的事情入手，因为一旦完成这些事，你就会缓解掉至少一半的压力。

一切就绪，就开始按计划学习吧！老师相信你哦！坚持不了的时候，组建一个学习小组，互相督促吧！有问题的时候，别忘了，老师一直在线哦！

想，这个特殊的假期带给你怎样特别的思考呢？我在微信朋友圈里看到了一篇主题为《为什么要读书、学习？"武汉疫情"给出了最好的答案》的文章，不知这篇文章是否也打动了你？此时此刻此地，希望你能记录一下内心的思考，或是对"逆行者"的敬佩，或是对"生命"的敬畏，或是对"生活"的期待，抑或是内心的彷徨与恐惧……拿起你手中的笔，记录一下你的思考与困惑，发给你的班主任或语文老师，如果你愿意，作品会在学校公众号上分享。当然，你还可以通过写信、绘画、做手抄报、录视频等方式，宣传防疫健康知识，向奋战在疫情防控一线的先锋们致敬或向自己奋战在防控一线的亲人们说几句话哦！可以直接在公众号最后留言哦！

做！有大把可自己支配的时间，可做的事儿很多。比如说，对大多数同学来说，这是一个与家长共处时间最长的假期吧？不知你和家人们相处得如何呢？学着做了哪些家务？学会了几道菜？可否独立为家人准备好一顿大餐？如果还没有，现在开始设计一下吧。选择一个特别的日子，设计一张特别 Menu，给每道菜起一个或"雅致"或"响亮"的名字。留下珍贵的图片、视频资料，后续我们要进行"大比拼"哦！

练！对，加强体育锻炼。我们之前发布过假期自主锻炼最低要求。从今天起，带上你的家人，一起从做广播体操和眼保健操开始。记住，每天上午下午各一次。动作一定要标准，检验方式很简单：认真做完一套操，肯定会出汗的哦！同学们在家都好好练习，力争开学后在广播体操比赛中取得好成绩！

今天也是个特别的日子！今天是大年初十，祝孩子们、家长朋友们十全十美！

2020年2月3日，大年初十

这封信说是《致孩子们的一封信》，但其实是要求亲子共读，老师导读的。以这样一种方式，教师、家长、学生都知道学校的整体要求，都知道哪些表现是学校提倡的，哪些行为是要修正的；通过这样一种方式，大家有了共同的参照，教师、家长的教育引导可以更好地形成合力，不仅促进孩子的成长，也是促进教师、家长互相学习，学习先进，共同成长的过程。

第一次线上升旗仪式

2020年3月16日，星期一，原定的开学时间已经过去了一个月，何时开学仍未可知，同时，也是距原定中考100天的日子。我在支委会上提议召开一次线上升旗仪式，整体升旗仪式之后，各年级开展主题教育，进行爱国主义教育，给同学们加油、鼓劲儿！

升旗仪式由政教主任主持，升旗手是初三年级组长，护旗手是两位校级副职，从形式上代表学校各部门为初三的后期备考保驾护航。升旗仪式邀请了全体师生和家长们参加。因为受疫情影响，家校的联系比以往更加密切，焦虑、困惑等情绪在每个人身上都或多或少地存在，所以我的讲话就分别对教师、家长、学生的辛苦表示了理解和感谢，对后续工作和学习提了些建议，最后对初三的学子们表达了良好祝愿。此后的每天清晨，我亲自在校园升起五星红旗，等待疫情过去，师生返校的那一天。

尊敬的各位家长，亲爱的老师、同学们：

大家上午好！很久不见，甚是想念。知道每一位同学、每一位老师及你们的家人都身体健康，一切安好，又甚感欣慰。

今天，我们以这样一种方式，举行良乡四中2019—2020学年度第二学期第一次升旗仪式。我们想以这样一种仪式感谢全体师生和家长朋友们在延期开学期间所付出的巨大努力，以这样一种仪式感恩我们强大的中国，庇佑我们平安，以这样一种仪式警醒我们自己，时不我待，奋发图强！

亲爱的老师们，看着你们忙着备课、上课、答疑、心理疏导，听到你们私下说，"我们太不容易了"，我真的很心疼。我知道，这里的"不容易"包含了太多的内容，因为我们本不是"全能"，但现实"逼着"我们要成为全能，精心编制课程，设计新颖活动，探索陌生的"直播"领域……疲惫之余，还不忘反思、领悟、提升，一切只为学生的健康成长，并使之成为德、智、体、美、劳全面发展的合格的社会主义建设者和可靠的接班人。是的，太不容易了！但这正是我们的职责所在。

作为一名教师，我们理应学政策，依法执教；学理论，提升素养；勤探索，业务精良；读经典，守正创新。我们理应时刻牢记我们要做学生锤炼品格的引路人，做学生学习知识的引路人，做学生创新思维的引路人，做学生奉献祖国的引路人。我们理应努力使自己成为先进文化的传播者、党执政的坚定支持者、学生健康成长的指导者。不容易，所以我们一直在奔跑！

尊敬的家长朋友们，我也知道，你们也是不容易的。有的家长一边在远程完成着自己的本职工作，一边跟自己的孩子斗智斗勇；有的家长担心着自己的工作，不知何时能复工；有的家长一直在"抗疫一线"，一整天得不到休息……

在这个特殊的时期，我想，作为孩子的第一任老师的我们要学会做一个更优秀的家长。陪伴是最长情的告白，和孩子们一起做计划，看看老师的安排，关注孩子的爱好特长。如何做才不辜负这独特的亲子时光？和孩子们一起做运动，此时应该更能体会到健康体魄的重要吧。和孩子们一起看新闻，谈天下：如何看待疫情始末？如何看待"岁月静好"？如何看待"逆行英雄"？如何看待"生死"？如何看待"一声令下，举国响应"……太多的素材。中国让世界钦佩，身为中国人的我们，没有理由不为之骄傲和自豪！让我们与孩子携手，一起学习，一起思考，一起讨论，一起成长吧！

亲爱的同学们，此时我不想再称呼你们"孩子"。因为"孩子"就让人联想到依赖，联想到被照顾。此时的你们，是不是对自己有了更准确的认知与定位？是不是更加清晰地知道自己为何要读书？是不是已然追到了你心中那颗最耀眼的"明星"，已经萌生了鸿鹄之志？是不是对成长与成才有了更多的期待？是不是为我们日益强大的国家由衷地感到自豪？

设想，15年后的自己，会在什么样的岗位上建功立业？反思当下，自己是否做到了"只争朝夕，不负韶华"？请拿出你的计划，"吾日三省吾身"，看看上周做得如何，有哪些收获，又有哪些遗憾？站在新一周的起点，认真对照老师的建议，查漏补缺，奋起直追。每天坚持学习，学习书本知识，学习生活常识；每天坚持锻炼，锻炼身体，磨炼意志；每天坚持思考，思考得失，思考责任。每天进步一点点，每天成长一点点！

同学们，老师还想说几点希望：

希望你们能从疫情中学会感恩。感恩父母，感恩老师，感恩社会，感恩一个个坚守岗位的白衣天使，感恩一队队临危受命的最美逆行者，感恩他们为你们撑起的晴空万里，感恩我们拥有的一切。

希望你们学会敬畏。敬畏生命，敬畏自然，敬畏规则。不因年少而自恃，不因勇敢而无畏。

希望你们学会思考。多读书、读好书。读时政新闻，思考事件的真相，不被谣言蒙蔽；读传记看故事，看人生百态，定自我志趣；读经典，品名家，找寻生命意义。

希望你们学会自律。规划好自己的每一天，实现追赶超越，不断提升自我。

希望你们学会担当。对自己、对他人、对社会、对国家既勇于负责，又有能力负责。身为00后的你们，要牢记当前保护过你们的祖国，牢记那一个个前赴后继的身影，如果未来一旦灾难来临，你们也要有能力去保护他们，承担起应该承担的责任。

希望你们学会乐观。无论在什么条件下，都能尽力把生活过得生动、有趣、有意义。

希望你们学会理解、学会珍惜、学会坚持、学会生活、学会……太多的希望化成一句话：希望你们不辜负这背负着太多不易的"宅家"时光，只争朝夕，不负韶华，做良乡四中"礼·责"好少年。

初三的同学们，今天，于你们，还是一个特别的纪念日，距中考还有整整100天。请相信，只要你愿意，100天，你们可以大有作为！振奋精神，紧跟老师，查漏补缺，以终为始。时不我待，奋发图强！请记住，良乡四中就是你坚强的后盾！

各位老师、家长、同学们，从今天起，每天清晨，国旗将在良乡四中的校园升起，看着你们成长，期待着你们归来！让我们一起，加油！

李俊
2020.3.16

因为是线上升旗仪式，反而可以邀请更多的人参与，老师、学生、家长们都可以一同参与，所以发言内容中包含了对这三类人群在特殊时期各种状况的理解和由衷的感谢，更表达了对老师、学生、家长们的不同期待。升旗仪式结束之后，立即在微信公众号上发布了文章，也动员老师、家长们按照发言稿的要求再次动员、引导、指导学生，形成持续的教育场。通过这样一次特殊的仪式教育，实现了价值引领，促进了家长、学生和学校间的情感沟通，更明确了后续一段时间教育的途径和目标，凝聚了共识，让一次教育活动的效益持续发酵。

再来看看教研组对教师资源的充分利用是怎么看的。张妍老师如是说：

我们在教研中成长

教研是一种重要的学习、交流经验的方式,"他山之石可攻玉"。教研活动可以相互学习并借鉴别人的经验、理念和教学方法,从而在教学实践中去改进自己的教学,形成自己的教学风格和教学特色。有时候对某一个问题,通过交流,会使我们仿佛有豁然开朗的清爽之感觉,这样在学习、交流、反思中不断提升自己,而我们每个人都成了其他人的"学习资源"。

"教而不研则愚,研而不教则虚。"教与研本应是互为依托,相互促进。教乃研之基础,研乃教之利器,教学与教研犹如两扇翅膀,是平衡教师专业发展的经纬,可以推动教师专业水平的提高,进而提高学校的教学质量。

教研活动,是教学活动中不可或缺的,教师只有通过参加各种类型的教研,像蜜蜂采蜜一样,采得百花方可酿成蜜,否则就会故步自封,甚至夜郎自大。教师参加教研活动,必须以积极正确的态度去参与其中,一定要弯下腰来,俯下身来虚心学习,不可骄傲自大,更不可居高临下,要谦虚,要真诚。田野里,只有成熟而饱满的麦穗才是低下头的,而那些昂首挺胸的往往是不成熟不饱满的穗子。成熟的教师也应该是这样,明亮而不刺眼,只有把自身的素质提高了,才能游刃有余地在三尺讲台上任意挥洒。只有通过教研的提升,教师的专业成长才能迅速,否则就会步履蹒跚,举步沉重;只有能力得到了发展,才能居高临下一览众山小。教而不研则浅,没有教研的指导,没有教研的氛围,缺乏教研和探索的气息,就达不到可持续发展的科学高度。

教研活动中应充分发挥每个人的特长,凝聚集体的力量,形成教研活动共同体,在教中研,研中教,同教研,共进步。本着教研服务教学的原则,选择实践中带有普遍性的突出问题,实事求是地开展研究,教研的形式也丰富多彩,不拘一格。

今年是"双减"落地的第一年,同时也是面临抗疫、防疫的特殊时期。虽然是居家办公,我们也没有停止教研,群策群力,开展线上教研,让教研无处不在。首先我们组全体教师积极响应,加强学习,为了更好地开展网络线上教学,尽快尝试并进入了 Classin 软件的使用,遇到问题时及时沟通,求助。为了更好地熟练操作 Classin 软件,提高我们的课堂教学效果,我们利用此软件在 5 月 10 日已经开展了第一次教研活动。利用微信进行沟通,确定时间。活动前提前确定交流的主题。为了更好地服务学生的线上软件操作,一位老师开设课堂,其他老师以学生身份进入,体验学生端的操作,便于随时能够辅导学生的课堂操作。线上教研活动如期开展,老师在活动中,结合自己在软件使用的各种工具进行了示范交流,极大地促进了我们的熟练应用,就我们提出的各种问题,高东星老师结合屏幕共享进行了展示。

在教研活动中,我们还对关于 Classin 软件的使用技巧和线上分层教学进行了研讨和交流。例如高老师分享了使用此软件的好处。

1. 与班主任确定学生摄像头使用情况,坚持设备无误的情况下全员开摄像头,保持学生上课状态。

2. 上课利用 Classin 答题器，可以检查学生听课掌握情况，同时检测学生是否"挂机"。

3. 及时批改作业，对错误题目要求学生订正，再批再改。

4. 利用 Classin 的小黑板，对简单能画出的题目，让学生全员动手，答题后给予点评，增加学生参与率。

5. 与家长做好沟通，及时与听课状态不好、不完成作业的学生家长沟通，获得家长支持。

李老师分享了目前遇到的问题和解决的办法（表20）。

表20　Classin 解决问题的操作办法示例

	问题	解决办法（具体实招）
1	考勤问题	利用 Classin 视频墙，在家长群中及时通知迟到的，让家长叫孩子及时上课
2	学生参与度	通过 Classin 举手上台功能，回答问题后以小奖杯进行奖励，课后汇总，在群中集中表扬。通过回答问题的功能，让学生在规定时间内进行选择，督促孩子进入课堂学习
3	作业	通过 Classin 作业提交，统计得非常清楚。作业布置要适量，让学生在 10~20 分钟内可以完成。对作业情况及时统计，联系有问题的学生家长，争取家长的支持

实施效果

（一）资源库结构科学、内容丰富

在指向优质资源整理利用的课程建设过程中，教师形成了符合新课程理念、满足学生需求、有利于学校育人目标落位的优质课程资源观；在各学科组课程建设中形成了学科组收集、筛选、整合、利用优质资源的具体流程与标准，形成了符合学科特点的可应用、可传承的优质课程素材、习题、作业的结构化资源库；初步探索形成跨学科资源库、项目式主题学习资源库等；课程资源库的内容与形式越来越丰富，如语文组教师开发了"诗风词韵"晨读资源，历史组印制了"初中历史学生学习手册"，化学组印制了"良乡四中学生化学学习指导手册"，英语组围绕着听说课，进行课程资源整合，完成了课件、案例、设计、视频等课程资源的梳理、归类、汇总，数学组完成了基于学科知识点的分层作业设计合集，物理组"初中物理必备实验操作手册"持续开发中，干部教师培训资源持续丰富中……

（二）学校课程建设持续推进

以优质资源整合利用为突破口，学校的课程体系进一步优化。学校"礼·责"课程建设遵循"全面均衡兼顾个体发展，整合优化兼顾科学有效"的原则，围绕"人文底蕴、科学精神、学会学习、健康生活、责任担当、实践创新"六大核心素养，通过"三型七领域"课程的建设与实施，帮助学生成长为明德知礼、乐学雅趣、自信阳光、担当力行的优秀中学生。对学生发展目标进一步细化，从目标维度、目标向度和目标要素三个层面进行了立体化建设，为课程目标的进一步细化奠定了基础，努力实现课程目标、育人目标以及学校文化的完好对接。

课程开发与实施过程中，强调优质课程资源的重要作用，特别是用好身边的现实资源，如冬奥成功举办、神舟十三号任务圆满完成等，既是学科资源的有益补充，也是主题综合实践课程的重要来源，更是"大思政课"的绝佳素材。丰富多彩的课程资源，有利于各学科老师探索实践不同的教与学的方式，促进了教学方式多样化，提高了教学效果，反过来又可促进教师对课程的深入理解。

（三）教师课程领导力整体提升

全体教师形成了符合学科特色、学生特点的优质资源观，并且在实践过程中总结梳理了本学科整合利用优质资源的思路与策略。教师深刻认识到优质资源整合利用是学校课程建设的价值取向。指向优质资源整合利用的研究推动教师深入理解学校课程、学科课程、课程实施与评价的内涵。一方面，学校课程建设丰富了教师的专业发展路径，促进了团队专业能力的整体提高；另一方面，团队专业能力的整体提升促进了课程建设的持续优化。随着课程建设的推进，教师的活力得到了进一步激发，促进了行为的改变。在项目组的带领下，以学科组为单位，100%的老师都参与了课程资源开发与实施的整个过程，全体教师自觉进入了课程建设的研究实践中。老师们对待课程建设的成果呈现出系统性、有序性的理性思考，既能结合自己的教学实际，有效地整合优质课程资源为我所用，也能对自己生成积累的优质资源，在使用、传承、修正、再使用的过程中给予了课程资源价值层面上的深入思考。在各个学科组，教师间不断交流、积极展示，形成一系列通过优质资源的有效利用实现"减负提质"的策略和方法。

（四）学校教育教学水平明显提升

学校本着"以师生发展为本，为师生成长奠基"的课程理念，基于课程建设的研究与实施，以"礼·责"文化为引领，坚持"立德树人"的根本任务，五育并举，积极培育和践行社会主义核心价值观，传承和弘扬优秀传统文化，进一步丰富了"礼·责"课程内容，拓宽实施路径，评价更加科学，学校的办学目标更加清晰，育人目标更加坚定。学校教育教学质量得到提升，成为区域内首批通过课程领导力特色达标项目验收的三所中学之一，申报示范达标的两所学校之一，获得了"2020—2021学年度北京市基础教育课程建设先进单位"称号。标志着良乡四中在课程建设领域，已经走在了区域前列。在课程建设和课程实施过程中，全校师生的成长可见。本年度实现了教师申报市级课题零的突破，北京市"十四五"规划课题成功立项，北京市校外教育"十四五"规划课题成功立项，还有两项区级课题成功立项。近一年来，共有6篇文章在核心期刊上发表，29名教师的论文、21名教师的教学设计获得市区级奖项，18名教师做了区级公开课，累计8人做了市区级讲座，5名教师制作的微课在区级评比中获奖，8名教师在房山区教师基本功大赛中获奖，学生累计121人次在市区级活动中获奖等。

特　色

（一）以优质资源建设为切入口，实现学校教育"减负提质"

本研究以优质资源建设为切入口，深入推进了学校课程建设，优化了课程体系，丰富了课程内容，促进了教学方式变革，提升了教育教学效益。教师结合学科特点，基于学科课程标准，把多年积累的课程资源进行甄别、筛选、整合，形成校本优质课程资源库，通过优质课程资源的有效利用，实现"减负提质"的目标。通过确定优质课程资源标准，探索优质课程资源的准入机制，搭建优质课程资源库的合理结构；通过优质课程资源的共享、传承、应用，减轻教师重复备课的时间投入，加强学情与学习方法的研究，提高课堂教学效益；通过优质例题、习题、作业资源的共享与应用，提升习题与作业的典型性，减轻学生的学业负担；通过优质资源的应用，推动教师教学方式的变革，让学习真正发生在学生身上；通过优质课程资源的调整、修正和丰富，提高教师的课程资源筛选、整合、构建的能力，进一步提高教师的课程领导力。

（二）以校本化推进为策略，实现课程建设持续深入

通过实践探索，形成了"组织保障、协调推进——问题导向、过程推动——尊重差异、分层推进——强化研修、精细管理——基于校情、特色发展"的校本化学校课程建设推进策略。学校既重视课程改革的协同推进及其普遍性特点，全领域全学科进入课程建设，同时也尊重不同领域、不同学科发展水平、研究水平的差异，在一定期限内允许差异化、有梯度地进行实践探索，确保在原有基础上有所发展。由语文学科先行探索实践，总结经验，示范引领，到现在全学科的进入，推动学科课程建设步步为营、稳步推进。

（三）以管理创新为突破口，实现课程教学变革内在动力的激发

1. 管理理念从"管控"走向"引领"

努力从行政化的"管控"走向专业化的"引领"。这种引领不仅包括对学校价值导向的引领，让全体师生形成共同的发展愿景，而且要进行专业的引领，为教师"赋权"和"增能"，将所有干部教师卷入到这场新的课程教学变革实践中，将学校育人理念有效转化为教师的集体行为，推动教师整体的专业水平和行动能力的成长。

2. 管理结构从"垂直"走向"雁阵"

充分发挥科层制行政组织与扁平化学术组织的优势，改变教学、德育部门分设的常态，整合为课程与师生发展指导中心，一个主管校长牵头，根据需要下设项目秘书协同推进课程体系与课程实施的优化。如同雁阵一样，不断根据"体力"需求，及时、积极、灵活地变更"领头雁"，保证"领头雁"位置的"体力"能够一直充沛，取其所长，用其所长，保障先进性，同时也锻炼出更多的"领头雁"。

3. 管理方式从"督促"到"激励"

充分尊重师生的自主性、创造力，相信师生的潜力与潜能，提供适合的平台，激励师生不断达成目标，不断提出新问题。倡导人人都是管理者。将检查、督促、评价的管理方式，转向发现、激励、导向为主。把每一位教师放在合适的位置上，让每一位教师都有明

确的目标和任务，并辅之以充足的资源、工具和专业支持，让每一位教师都最大限度地发挥自己的潜能。

（四）以建设目标为牵引，实现了全员"卷入"式课程建设

学校课程建设工作骨干力量是教师，将教师"卷入"到课程建设中来是学校发展的关键。以"优质课程资源整合和利用"为抓手，将不同学科教师、将学校全部教师带入进来，协同参与课程建设，并围绕课程建设项目开展主题式研修活动，教师们获得了跨学科、跨时空研究的聚焦点和突破点，并在实践研究中实现如下几个目标。

在论证"优质资源整合和利用"这一课程建设突破点的过程中，教师有了将学校课程目标、育人目标与本学科的课程教学设计主动对接的意识。

在研究"优质资源"的过程中，促进学科课程建设的不断深入，实现课堂教学环节的优化与学生学习方式的对接。

在存续"优质资源"的过程中，实现对"资源"更全面的理解，实现对学生更充分的认知，实现教师对自身资源的充分重视与利用。

（五）以专家领导指导点评为基点，实现"脉冲式"可持续发展

学校充分利用项目组的每一次入校指导、每一次线上答疑的机会，统筹设计每次指导的具体目标，认真设计每次指导的全流程，力争每次指导至少解决一个关键难点问题，每次指导锻炼一个"小团队"，让项目组专家团队的每一次指导都成为学校发展的一个"加油站"，诊断—定位—解惑—再出发，实现"脉冲式"可持续发展。

首席专家韩立芬主任为良乡四中量身定制了多场"微讲座"，从什么是课程讲起，讲"课程资源"，讲"项目研究"，讲"项目式学习"，讲"案例写作"，讲"课程故事"，讲"成果梳理"……手把手教我们如何写课题申报书、研究报告书，针对汇报中出现的问题逐一提出修改意见，交流经常持续到深夜。良乡四中课程建设取得的成果正是源于韩主任的高屋建瓴地引领、细致全面地指导、亲力亲为地督促、毫无保留地鼓励。

原房山区进校课程与教育科学研究室主任周长凤用"三大亮点""三种力量""三大获得"高度概括参加学校项目组活动的收获与思考。

"三大亮点"：①切中主题。无论是汇报，还是课后的评课，均围绕着研究的主题而进行，均体现了与项目的精准对接。②团队投入。无论情感方面还是思维呈现，都能折射出研究团队的专业精神和高度投入的热情。③专业表达。这体现在教学的专业上与项目研究的专业上。

见证了"三种力量"：①项目的力量。通过一天的活动，真切地感受到了课程领导力提升这一项目给学校以及师生带来的微妙变化，这种变化是"润物细无声"般融入学校、师生的内涵发展中。②团队的力量。良乡第四中学的项目研究采用"尊重差异 梯次推进"的研究策略，分梯度、分批次逐渐加入研究的队伍中来。目前，研究已经是每个人的事情，大家凝心聚力，长期研究的结果必然促使学校、老师、学生实现可持续的正向发展。③精神的力量。领导力提升项目在良乡第四中学落地生根离不开校长的倾情付出与高站位的精神引领，这是学校持续发展的源源不断的动力。

实现了"三大获得":获得了项目主题式研修的范式;获得了课程视域下的课堂教学改进的路径;获得了"四位一体"教、学、评一致性的研究策略。

房山区进校课程与教育科学研究室主任魏淑珍指出:课程领导力提升工程似一股清泉注入良乡四中,恰与校长的"唤醒"思想相融合,学校开启了一场以"课程领导力提升"为核心课程建设的"筑梦"之旅。三年行动唤醒了干部教师的课程意识,激活了课程建设的生长空间,在多个方面都发生显著变化。

一是干部教师的课程意识由模糊逐渐走向清晰。学校干部团队深耕课程实践,带领教师全员卷入,并不断唤醒教师的课程意识,凸显专业自主,构筑教学共同体,助力干部教师的课程思想力、设计力、执行力、评价力得以显著提升。

二是学校课程建设由零散碎片化走向系统建构。合理构建了立足学校实际,坚持"五育"并举,彰显学校文化特质的"礼·责"课程体系,提升了学校课程整体育人、综合育人水平。

三是课程实践从顶层设计到创新实践再到生态发展。学校以学习者为中心,以立德树人为根本遵循,多维度、多路径、立体化、创造性探索"礼·责"课程实践体系,逐渐形成良好的课程建设生态,全面服务学生的健康成长。

同时,也期待学校进一步唤醒教师的课程意识,完善学校的课程实践体系,强化科研的助力作用,持续扩大课程建设的示范力、引领力、影响力,在沉浸式课程改革实践中发展干部教师的课程领导力,以高质量课程助力学校高质量发展。

房山教师进修学校王徜祥副校长指出项目研究的行进路径,即:"三全"——全程设计、全员卷入、全心研究;"四一"——一个支点、一个动力、一条路径、一种研究方式;"五有"——课程有品质,课堂有活力,师生有成长,评价有导向,前后有关联。

房山区教育工委杜成喜书记也在参加了学校课程领导力评估活动后,围绕"精气神""学术味儿""路线图"三个关键词发表了个人对教育研究的理解和对学校未来发展的期望。

正是有这么多领导、专家的悉心指导,全程跟进,才有了良乡四中课程建设的初步成果,点滴进步都饱含着专家领导的心血,饱含着干部教师的汗水。

八、干部成长课程资源

干部队伍作为教师队伍中的关键,其专业成长的重要性毋庸置疑。我们采取集中学习,在工作中提升,实践中锻炼,反思中成长的策略,系统设计干部成长课程,集中学习与分散实践相结合,促进干部队伍尽快实现高素质专业化的目标。集中学习的内容各校关注得比较多,这里不再做赘述,还是以常规工作中我们的两次会议安排,来呈现一下我们如何让每项常规工作不常规,为实现干部成长助力的。

1. 第一次干部交流会

2020年1月18日,在干部上班的最后一天,组织召开了2019—2020学年度第一学期干部交流会。之前发布的交流要求是:不记流水账,谈自己对自己岗位的认识、工作收获和困惑以及后续的努力方向等。

在干部们交流完毕后，我指出了干部交流中存在的主要问题：只看见了事儿，没看见人，更没看见事儿背后的思考。针对这个问题，我就做了一个微培训"让我们的工作真的拥有意义"。我希望干部们能够针对性地做个自我反思，反思自己工作中的问题，反思解决问题的态度和能力，通过反思促进自身成长。

2. 线上开学一周后的交流学习会

2020年3月8日8点30分，我主持召开延期开学阶段工作推进会暨中心组交流学习会（视频会议）。会前要求两位主管校长进行前一阶段工作总结、后续工作推进及长线工作的提前部署。可以看出这次德育校长准备比较充分，有思考有推进，教学校长忘了会议时间，估计也没做准备，显得不够充分。但两位都对长线工作的提前思考、设计意识不足，涉及很少。这在我的意料之中，也是我开这次会的原因之一。

结合两位总结部署的情况，我先梳理了延期阶段的特殊性，带着大家学习了房山区教委2020年工作计划，明确房山教育的价值追求以及本年度的目标，学习了学校本学期的工作要点，明确了工作主线、工作原则以及工作重点。

通过这样的梳理，得出这一阶段的管理特点必然是处理好常规工作、重点工作和难点工作的关系。对于常规工作要进行现实调整、创新落实；对于重点工作要提前研究、精心部署、在线督促、及时反馈、迅速改进；对于难点工作准确归因、集体攻关。这个团队还没有认真研读上级文件的习惯，需要培养。了解大方向，才能更好地对接现实工作，减少走弯路。

第五部分　师生发展

学校课程建设过程中的"起名"事件引发了笔者的深入思考，也对学校新一轮的课程建设之旅满怀期待。下文"学生立场，师生成长"，饱含着新时期先进的课改理念，也贯穿了课程领导力项目在良乡四中落地、生根、开花、结果的全过程，更重要的是学校课程建设中一直主张与追求的研究理念——为了师生的发展而研究。

回想这几年课程建设的经历，有困惑、有收获、有顿悟、有惊喜、有期待……各种感受掺杂在一起。思来想去，此时此刻笔者最想表达的还是"学生立场，师生成长"。在这一轮课程建设与实施的思考与实践过程中，笔者觉得老师们最大的变化就是越来越站在学生立场，从思考课时教学到实践单元教学，再到课程引领，老师们的变化是怎么产生，何时产生的呢？笔者想，是不是应该追溯到给学校课程命名这个关键事件上呢？

一直以来，我似乎觉得学校课程应该有个响亮的名字。一个好名字，或能形象概括课程的特色，或能抽象课程的理念。命名还真不是一个容易的事儿，特别是对于一个新校长，毕竟对学校的课程发展历史不是特别清晰，那就组织干部教师一起讨论吧。

第一个主意，既然学校文化是"礼·责"文化，比较直接的就叫"礼·责"课程，这是个取巧或者说偷懒的做法。表面上对接了学校文化，但对"礼·责"需要有太多的解释，也不太能清晰地表达良乡四中课程的全貌和特色。

第二个想法：唤醒课程。"唤醒"，是笔者走进这所美丽的校园，看到老师和孩子们之后，浮现在脑海的第一个词。"唤醒，让智慧泉涌。唤醒，让仁爱闪光。唤醒，让活力跃动。唤醒，化七彩成虹。唤醒，用汗水铸梦。"诗一般的语言，对接了德、智、体、美、劳，体现五育并举的思考。具体分析，这里的"唤醒"其实是两个维度的。对听到这个名字的人，第一感觉就是说的"唤醒孩子"，其实笔者最想表达的首先是"唤醒"老师。因为良乡四中的教师年龄结构老化，平均年龄48岁，沉浸于原有的丰富经验中，教学方法较为单一和僵化。笔者希望通过课程建设的过程首先唤醒老师，然后通过老师的觉醒唤醒孩子的智慧、仁爱、活力等，让整个四中校园成为充满活力的校园。其实感觉是一个很优美的表达，就是略微感觉有点儿不是学生立场。

第三个建议：DEVELOP课程（居然是语文老师提出的哦！）。英文DEVELOP是一个词语，其中文含义是发展。学生是不断发展的，老师是不断发展的，课程是不断发展的，学校也是不断发展的。发展应该是学校的永远追求。同时，构成这个单词的每一个字母又都是一个英文单词的第一个字母，每个单词的意思如下：Different（不同的，差异的）、Elementary（基础的）、Victory（成功，成才）、Expanding（拓展的）、Literacy（素养、能力）、Own（自己的）、Person/polite person（人/礼貌的人）。综合起来看，就是想表达课程是要基于不同学生的个性的，要尊重学生的差异，课程既要有基础性课程，也要有拓展性课程，课程是提升素养、促进学生的成才与成长的，课程应该是属于每个学生的课程，最后一个词含义里面又含有"礼"，跟学校文化又有些关联。觉得这个名字有点儿意思了，老师们也太有才了。但又显得太复杂了，表达也不在同一维度上。

经过进一步的讨论，第四个名字出炉了，"DUTY"课程。"DUTY"的中文含义是责任，就是"礼·责"文化中重要的一部分，也可以说是核心。每一个字母所对应单词：Different（不同的，差异的）、Unique（独一无二的）、Thoughtful（体贴的，关切的，为他人着想的）、Young（年轻的，充满活力的）。这些词都是学生立场。学生应该是不同的、独一无二的，每个学生都是年轻、充满活力的，那么课程就应该是基于学生差异的，对每个学生来说都是独一无二的，能够充分发挥充满活力的年轻人的优势。要想培养出来为他人着想、有责任感的学生，老师们应该是个性不同、风格迥异、因材施教、追求卓越的，老师们需要与时俱进，真正地去了解学生、理解学生、帮助学生。而要想支撑起这样的教师团队，培养出这样的良四学子，学校也必须直面挑战、积极创新、尊重差异、发展个性、各美其美、美美与共。在此之上，老师们也对课程的修习方式和教学方法进行了思考，最后将"DUTY"课程与学校文化、学校、教师、学生进行了主动的对接（表22，图13）。

表22 DUTY课程内涵

DUTY课程	词汇	内涵	课程供给	修习方式	教学方式
D	Different	不同的，差异的	基础型、拓展型、研究型	必修、选修	讲授、探究为主
U	Unique	独一无二的	认知、接纳、扬长	选修	引导、实践为主
T	Thoughtful	为他人着想的	礼·责校本课程	必修	活动、体验为主
Y	Young	充满活力的	心理健康、生涯规划	必修、选修	体验、活动为主

图13 DUTY课程内涵

后来，又听到一个专家说，为什么非要起名呢？大名儿国家已经起好了，要起名也就是起个"小名儿"，干吗那么费劲呢？

不管是否给学校的课程起名，或者最终叫个什么名儿，笔者觉得就学校自身而言，老师们坐在一起，给学校课程起名儿这个过程是很有意思也很有意义的。通过这个过程，让老师们觉得"课程"离自己并不是太远，并不是遥不可及。在这个过程中，干部教师对课程的理解更加全面和深入了，同时，也挖掘了老师们的智慧，而老师们也有了满满的成就感。总之，这个过程不就是将学校领导团队、学科教研团队、骨干教师队伍等人员带入学校的重大项目改革实践之中，使之能成为撬动学校变革的杠杆的过程吗？

期待通过这一轮的课程建设之旅，良乡四中老师们的课程领导力进一步提升，学生有更多的获得，学校焕发新的活力，真正成长为一个"小而美、小而精、小而活"的雅致学园，吸引师生们驻足，不愿离去……

教师发展了——

对于教师而言，专业化是职业化进程当中不可或缺的组成部分。教师的专业性是确保持续跟进教育教学发展速度，满足学生培养需求的重要凭证，而教育课题研究则能够从多角度提升教师专业性，促进教师在教学过程中进行学习、反思、发现、进步，获得相应的专业成长。

课程领导力项目落地良乡四中以来，老师们最大的收获便是更新了自己的教育理念，在研究中重构了自己的教育观、课程观、资源观、教学观、学生观，并将收获的教育理念付诸自己教学实践的行动研究中，在研究中进行反思，在反思中不断成长，形成了"理念—实践—反思—成长"的螺旋式上升的发展模式。

发展聚焦一：更新了理念
（一）更新了教育观

教育部课程教材发展中心中国教研网执行总编在给老师们的培训中提到，当今教育必须适应社会发展，教育必须适应学生成长环境的新变化和新挑战，教育必须回应课程教学评价自身存在的问题，教育必须落实党中央立德树人的根本任务，教育必须体现世界发展的趋势。

新课程的教育，针对义务教育的特点，聚焦课程育人本质，从方向、对象、目标、实施机制和育人方式五个方面，明确了课程建设的基本原则遵循：坚持全面发展，育人为本；坚持面向全体学生，因材施教；聚焦核心素养，面向未来；注重课程综合，注重关联；变革育人方式，突出实践。

义务教育阶段新课程标准（2022版）在"指导思想"中这样表述道：新时期的教育要以习近平新时代中国特色社会主义思想为指导，全面贯彻党的教育方针，遵循教育教学规律，落实立德树人根本任务，发展素质教育。以人民为中心，扎根中国大地办教育。坚持德育为先，提升智育水平，加强体育美育，落实劳动教育。反映时代特征，努力构建具有中国特色、世界水准的义务教育课程体系。聚焦中国学生发展核心素养，培养学生适应未来发展的正确价值观、必备品格和关键能力，引导学生明确人生发展方向，成长为德、智、体、美、劳全面发展的社会主义建设者和接班人。笔者在这段描述中找到了"培养什么人、怎样培养人、为谁培养人"的答案。"立德树人""五育并举""核心素养"等成了新一轮课程改革的高频词语，也成了良乡四中全体教师们为之而努力的教育方向。

（二）更新了课程观

课程观是对课程的各种认识和看法的总称，包括对课程的概念、课程的编制、课程的实施、课程的评价等各个方面的认识。

新的课程观是生成的课程观，整合的课程观，实践的课程观，素养导向的课程观。课程内容更注重综合性、实践性、结构化，倡导"任务群""大观念""大专题""大单元教学"，增加跨学科实践学习，强调实践育人，以更好地实现核心素养学科化。

肖梦光认为新课程观包括以下几个方面的内涵：儿童是课程的主体，生活世界是课程内容的范围，课程是儿童通过反思性、创造性实践来建构人生意义的活动，课程的学习活动方式以理解、体验、反思、探究和创造为根本，教师和学生不是课程的简单执行者，而是课程的创生者。

老师们一致认为，新的课程观关注学生发展，主要体现在教学过程中，教师要认真研究课堂教学策略，激发学生学习热情，体现学生主体，鼓励学生探究，高效实现目标。在进行学生教学发展过程中，老师应是一个引导者、方法的建立者，而不是简单的知识传授者，充分发挥学生在学习过程中的能动性。同时认为，新的课程观重视以学生的"学"来评价教师"教"的"以学定教"的评价思想，强调以学生在课堂教学中呈现的状态为参照来评价课堂教学质量。

（三）更新了资源观

学校确定将《指向优质课程资源整合利用的学科课程建设》作为老师们的研究方向后，"课程""课程资源""优质课程资源""优质课程资源整合""优质课程资源整合利用""课程建设"等作为高频词语，成为良乡四中每位教师、每个备课组、每个教研（学科）组等从不同层面、不同维度持续进行深入思考并开展深入研究的主要方向。何谓"课程资源"？"优质课程资源"是否优质的标准该如何界定？"优质课程资源""整合""利用"的路径和方法有哪些？……在研究与实践中，老师们慢慢地找到了一些答案！如果说，老师们以前对资源观的认知用"肤浅"这个词语来形容的话，那么，近三年持续研究的结果，可以用"深刻"来形容，丝毫不为过。老师们在认识"课程资源"，巧用"优质资源"，开发"多彩课程"中成长着！

（四）更新了教学观

在教学方面，通过多种途径的研究与学习，老师们渐渐懂得，一切教学活动，要坚持素养导向，教学目标围绕核心素养制定；要强化实践，从生活实际出发，创设丰富多样的学习情境，设计富有挑战性的学习任务，激发学生的好奇心、想象力、求知欲，培养学生要像学科专家一样思考；要推进综合学习，实现学科内整合学习、跨学科学习；既面向全体，也要尊重差异，真正落实因材施教。

在评价方面，大家努力做到，课程评价既能准确反映学生的学习水平和学习状况，也注重学生的思维过程、思维品质、审美情趣等核心素养的培养；既关注学生学习的过程，也要关注学习进步。同时，也注重评价主体的多元与互动，以及多种评价方式的综合运用，在评价方式上，灵活多样，抓住关键，突出重点，以突出评价的整体性和综合性。

（五）更新了学生观

新课程改革倡导"以人为本"的学生观，核心指的就是以学生作为教育活动的根本出发点，"一切为了每一位学生的发展"。在研究的过程中，每位老师对以下几点深信不疑。

一是学生的身心发展具有规律性。学生发展的规律性主要体现在身心发展上，老师们应当利用这些规律（如顺序性、阶段性、不平衡性、互补性和个别差异性）开展相应的教育教学活动。

二是学生具有巨大发展潜能。"以人为本"的学生观要求教师把学生看作发展过程中的客观存在，用发展的眼光去看待学生，倡导对学生进行形成性评价，做到对每个学生不抛弃不放弃。

三是学生是处于发展过程中的人。作为发展中的人，也就意味着学生还是一个不成熟的人，是一个正在成长的人。实践中，启示教师要以发展的眼光来看待学生，也就是不仅要看到学生身上的不足，还要允许学生犯错误。更重要的是，教师要帮助学生解决问题，改正错误，才能不断促进学生成长。

新课程理念下的学生观，告诉老师们，学生是完整的个体。每个学生都具有自身的独特性，教师要"一把钥匙开一把锁"，根据不同学生的实际特点采用针对性的方法因材施教。在教育教学过程中，学生不是以教师的意志为转移的客观存在，教师要承认并正视现代学生群体特征，以及与成人之间存在的巨大差异性。学生是学习的主体，教师要充分调动学生的积极性和主动性，使得学生积极主动参与整个教育教学活动。

良乡四中全体老师正是因为心怀这样的学生观，才会最大限度地挖掘自身优势，最大限度地发挥自身主观能动性，最大限度地群策群力，开发出精彩纷呈的课程，与学生共成长。

发展聚焦二：大胆地实践

叶澜教授说："如果一个教师缺少智慧，就缺失尊严！"真正的教育智慧来自实践，教师实践是教师智慧生长的沃土。教师不仅要学习新教育理论，牢固树立改革创新意识，还要积极投身教育改革实践，在实践中感悟、反思，形成自己的教育特色。

通过学习和研究，老师们了解并掌握了大量的前沿教育理论，理论只有被巧妙用于实践，才能实现理论的真正价值。

在教育教学过程中总会遇到这样或那样的问题、困惑，老师们从这些微观、具体的问题或困惑出发而进行课题研究，提出课题的研究方向及内容，因而具有针对性和实效性。对课题研究所提出的各类观点及理念的正确性进行判断，在与学界的共同研究及探索当中查找问题的解决办法，进而推动专业研究及教学实践的共同进步。

更多的老师则是把自己研究的成果设法应用到教育教学实践中即课堂实践中，他们在课前会做精心的筛选和准备，会依据学情对自己所掌握的材料资源进行梳理、归类、整合，找出学生的最近发展区，精心设计丰富多彩的活动，不断探索科学施教、有效施教的路径和方法，提升自己专业素质的同时，也助力了学生快速发展。

发展聚焦三：及时地反思

反思是一种意识、能力和智慧，教师成长于有效的教学反思。教学反思，即教师自觉地以自己的教学实践为思考对象，对自己所作出的决策、行动和效果进行分析和总结，研究其中的对与错、效果的好与坏。

实际上"教学反思不单单是一个人的元认知过程，它本质上属于行动研究，不仅来自实践，也需要在实践中丰富发展，教学反思的有效性和真理性同时在实践中得到检验"。教学反思要历经实践到反思，再从新的实践到新的反思的全过程，这是一个循环往复、螺旋式上升的过程，教师的专业化程度就是在这一过程中提升的。

主动反思、深入反思、合作反思已然成为良乡四中全体师生的新常态。

老师们主动坚持课前、课中、课后的全程反思。课前老师们主动反思：对教学案的编排、课件的制作、情境问题的设计等进行反思；教案完成后，老师们主动对问题预设、教法学法预思考，对学生可能产生的学习障碍进行预估。课中老师们主动反思：及时捕捉瞬间的感悟、课堂的亮点、意外的生成等，这些是有价值的。课间老师们主动反思：有些老师同时教几个班级，在上一个班级的教学有不满意的地方，还要在下一个班及时修正。课后老师们主动反思：有些反思是灵动的、瞬息的，就要在课后及时整理，不必面面俱到，但要抓住最难忘的细节。

老师们深入反思，坚持经验反思和理论学习相结合。当老师们反思自己的教学模式效果欠佳又一筹莫展的时候，就会阅读一些专业期刊，查找成功的反思案例，学习别人优秀的做法；当对反思的零散心得不知道如何整合时，老师们会阅读理论著作，学习相关理论，提高反思的深度；当日常的教学困惑阻碍反思的推进时，老师们会借助理论支撑，研究应对策略，寻求问题解决的方法。过去常讲，教师有一桶水，才能给学生一杯水，现在看来是远远不够的。"为有源头活水来"，教师必须终身学习，不断筛滤旧知，增进新知，积淀学养，才能使教育高屋建瓴，使教学游刃有余。

老师们坚持合作反思，坚持自我反思和同伴互助相结合。教学反思具有个性化特征，老师们应该重视自我反思。然而，同伴互助也是提升反思质量的重要途径，无论是名师课堂观摩、学术研讨抑或是集体备课、小组讨论都是反思与学习的好机会。

发展聚焦四：实现了共赢

这里的"共赢"，主要包括两方面内容：一方面，教研（学科）组、智慧众筹，合作共赢。各教研（学科）组以自选项目"指向优质课程资源整合利用的学科课程建设"作为主要研究方向，研究课程，研究资源，研究课堂，研究学生，研究作业……群策群力，分享交流，在研究中实现共同进步。另一方面，师生互动，教学相长。无论课前、课中还是课后，一切教学活动都是为了学生的发展，服务于学生的发展，因为学生才是学习的真正主人。课前备课——基于学生实际，精心设计授课方案；课中实施方案，展开教学，精心设计学生活动，最大限度地尊重学生，发挥学生学习的主动性，教师是学习的组织者、引导者与合作者，是与学生处于平等地位中的首席，师生互动，共同完成学习任务。更为主要的是，教师将学生的差异性视为有力的教学资源，重视并巧用课上的生成性资源，彰显教师智慧，最大限度地使学生获得解决疑难问题的成就感，激发学生学习与研究的热情的同时，帮助学生树立自信心，获得战胜困难的勇气和力量。学生进步了，无疑，教师也收获了满满的成就感，进而实现了师生共赢。

良乡第四中学的每位老师都是拥有教育情怀之人，教育家雅斯贝尔斯说过："教育的本质意味着，一棵树摇动一棵树，一朵云牵引一朵云，一个灵魂唤醒一个灵魂。"老师们深知，真正的教育是教师用自己的激情点燃学生的激情，是教师用自己对生活的热爱去唤醒学生对生活的热爱，是教师用自己对逆境的达观去帮助学生树立乐观的态度，是教师用自己积极的生命去温暖学生的生命……

学生发展了——

教师从事研究的最终目的，是为了促进学生的发展。这里的"发展"，着眼于学生的整体发展，是每一个学生都获得发展，促进学生自主发展，而学生的发展，最主要的则是自身核心素养的提升。

核心素养是指学生应具备的，能够适应终身发展和社会发展需要的必备品格和关键能力，是关于学生知识、技能、情感、态度和价值观等多方面要求的综合表现。其本质就是要求教育者回到教育的原点，思考育人的价值意义。核心素养以"全面发展的人"为核心，包括文化基础、自主发展、社会参与三个方面，综合表现为人文底蕴、科学精神、学会学习、健康生活、责任担当、实践创新六大素养，具体细化为十八个基本要点。

动手实践、自主探索与合作交流成为学生重要的学习方式。不单单知道学什么，更重要的是，知道自己要怎么学。动手实践对保持学生的好奇心发挥着重要的作用。同学们充分利用老师提供各种动手操作实践的机会，他们在操作中感知，在实践中学习，在动手动脑中掌握知识、提高能力。在操作中探索和解决问题，从而建立起知识的表象，感受知识的意义和价值，获得成功的体验，感受成功的快乐，进而保持对事物、对知识的好奇心，树立了独立研究探求真理的坚定的学科信心，从而促使自己不断探索，不断创造。

为了完成老师们精心设计的学习活动，更好地解决实际问题，进而提升自己的能力与素养，同学们通过多种途径进行搜集、筛选、整合自己所需的资料，这自然掌握了大量课本以外的知识。独学只是完成了学习任务的部分内容，一些项目式或探究性的学习任务要完成，则需要小组合作完成，以彰显集体智慧。小组成员自然会做好分工：有摘抄的，有采访的，有上网查资料的，等等。展示、交流、答辩又促进了沟通，为了集体的利益，同学们学会了互相交流、互相帮助、彼此合作、彼此尊重，共同分享成功的快乐，从而真正体现了作为学习主体的尊严，使之产生一种发自内心的学习动力，自信心也随之树立起来，也有利于学生创新精神和实践能力的激发。

更为重要的是，在研究的过程中学生懂得了做人做事的道理，提升了团队合作精神和人际交往的能力，学会了与他人、与自然、与社会的和谐相处。当然，平等和谐的师生关系，也在这样的学习过程中得以建立起来。稚气的语言里流露出对生活美好的情感，社会责任感也在这里得到升华。在整个过程中，学生真正体会到了学习的乐趣，真正拥有了创造力，从而逐步实现全面而和谐的发展。总之，一句话，为发展而研究，才是实实在在的研究。

  本部分辑录的主要内容就是全体师生在学校课程领导力提升项目引领下，老师们将自己更新的教育教学理念付诸教学实践后的探索与反思，述诸笔端，或以故事、案例、总结等形式落笔成文，同学们则是在老师们的正确引领下，将自己点滴的思考与感悟亦记录成文字得以留痕。或许作者们的认知是肤浅的、片面的，存在这样或那样的不足或瑕疵，但由此能够见证良乡第四中学全体师生的成长与进步。不但如此，这已然成为一股向上生长的力量，势头正猛，且不可遏制，良乡第四中学的未来，必然可期！

教师篇

当学习成为一种自觉——

我的新角色

北京市房山区良乡第四中学　任丽娟

惊·意外·学习

"任丽娟老师对于咱们学校自选项目的课题思考得比较早,也相对深入些,学校就聘请任老师来担任学校自选项目的秘书吧……"在2020年末,学校领导组织各学科组长、教研组长参加房山区课程领导力基础达标验收线上观摩会时,李俊校长突然宣布了这个决定。

"什么?任丽娟?项目秘书?"当听到李校长会上提到这几个字时,本能地反应——李校,您这也太草率了吧!大小这也是个学校的自选项目吧,怎么这么轻易就让我来负责?我,何德何能,怎能堪此重任?心里想着,不行!不行!!坚决不行!!!一会儿会议结束后,我得找领导聊聊这事儿,千万不能因为自己有限的能力而阻碍了学校整体的发展,还是让有能力的老师来做吧!

可是,转念一想,这或许不是李校长的草率决定,这里面饱含着领导对我的认可与信任啊!正如李校所言,自从房山区有"课程领导力"项目之日起,我便参与其中,对"课程"以及"课程领导力"有了些许的思考,也带领着语文学科组先行做了些思考与行动。李校长还是觉得我可以做好,相信我能做好吧,我也不能辜负领导对我的信任!

可是,万一做不好,误了事儿,辜负了领导的信任怎么办?此时此刻,剩下的是满满的压力与满满的动力……

怎么办?我想别无他法,唯有行动起来做研究最实在。那就从读书开始吧,站在巨人的肩膀上看世界,站得高,也望得远啊!于是,给自己立了一个不成文的规定——每天坚持读书至少半小时。先从系统了解"课程"开始,第一本《课程的力量——学校课程规划、设计与实施》(万伟著)。如果说之前对"课程"的认知用"断点""肤浅"来形容的话,读完这本书后,可以用"系统""深入"来形容了,用李俊校长的话来说,可以在某种程度上,与更高层次的人在一个话语体系了!读《基于问题解决——提升课程领导力》这本书,高屋建瓴的理论指导,再加上一个个鲜活的典型案例,理论联系实际,让我不由得大呼:"此书甚是解渴!"如果自己之前的研究状态用"山重水复疑无路"的绝望来形容,读此书后用"柳暗花明又一村"的豁然来形容,丝毫不为过啊!

想着,毕竟作为语文教研组组长的我,还是要带领语文组的老师们搞研究啊,不了解语文学科方面的前沿研究成果怎能行?于是,我抱起王荣生著的"教什么"系列(6本)一口气读完,深入了解了散文、小说、实用文体、文言文、写作等教学内容的本质,为今后的教学、研究奠定了坚实的基础。后来,又陆续读了《语文拓展性课程设计》《拓展性课程开发与实施指南》,后又得到了韩立芬主任的推荐,读了《写作教学密码》《语文核心素养下的教学研究》等书，对语文学科的本质了解得越发深入了，无形之中，增加了自己研究的底气。书海浩渺无垠，但读得愈多，愈发有"乘长风""破万里浪"的勇气，并坚信"直挂云帆济沧海"的那一天终究会来到！

我的这个新角色啊，让我明白了：唯有学习，才可以增加自己研究的"底气"。

怨·焦灼·引领

一边毫无止境地"充电"，一直未停歇，一边，李俊校长也为我的迅速成长搭建了一个又一个不断突破的平台。

2021年4月9日，一个难忘的日子。

"围绕学校课程领导力提升项目，给老师们组织一次培训学习的活动吧，我来讲几个问题，你结合着区统一下发的"自选项目特色达标标准"以及5月7日"入校指导方案"给大家做个培训吧。活动你来主持……"显然，作为项目秘书，我开启了"正式营业"的模式。

作为学术研讨活动的主持人，平生还是第一次，人生总还是需要不断突破自我而丰富自己的阅历的。虽说，没有什么十足的把握，但还是不断给自己打气：允许自己不完美，但一定要竭尽全力！

为了顺利完成这项任务，不辜负领导的嘱托，我全力以赴地投入准备工作中：

1. 拟写并发布活动通知；

2. 制作签到表；

3. 制作会议记录表；

4. 研究区统一下发的文件并系统梳理要点；

5. 将文件要点提炼、整合，做PPT文稿。不但如此，还简单写了个串词，还要提醒自己记得录像、拍照。脑子里不止一遍地"排练"着会议的流程和自己要展示的内容，还要记得在活动结束后及时编写活动后的总结文案，也为学校的微信公众号出一份力……

做这么多工作，只是基于以下两点考虑：力求我的第一次"营业"能顺利进行；希望自己组织的每次活动都能处处"留痕"。

实践证明，我做到了，而且很出彩！！为自己新角色而做的新突破，点赞！

随后，为进一步推进学校的课程领导力项目，我也自如地组织了几次以"课程领导力，我们在行动"为主题的教研组成果分享交流会，在学校领导的帮助下，实现了教研组之间互助、互学、共享、共成长的局面，自己的组织以及引领的才能也慢慢地在行动研究中沉淀下来，这为迎接5月7日专家团队入校指导的各项活动的组织奠定了坚实的基础。

2021年5月7日，专家团队入校指导的日子。

在此之前，我已经带领着项目核心团队的老师们，对全区统一下发的指导方案做了既系统又细致的解读。我想，针对学校的实际情况，结合区里下发的文件通知，应该有一个学校层面的"迎接专家入校团队指导的接待方案"。想到就要做到，我再次拿出区里的文件一边仔细研究，一边认真梳理，思考着：我们要具体做什么？怎么做？谁来做？做到何种程度？成果以何种形式呈现？时间节点？……力求想得周全。想着想着，眉毛不觉舒展开来，为自己的进步窃喜：这不正是专家们一直提倡的落到实处的"研究思维"吗？

想得周全是一回事，落到笔头则是另外一回事。自己要如何更好更直观地呈现这个接待方案呢？分几大板块，用表格呈现吧，一览无余。想周全了，下笔就可以一蹴而就了！磨刀不误砍柴工！拿着做好了的接待文件，与李俊校长交流，几乎一次性通过！功夫不负有心人啊！

不仅如此，依据接待方案安排，要安排具体人员各自准备相关的内容，李校长牵头，建了专门的微信群——"57核心汇报团队"，在这个群里，大家有什么问题，可以在第一时间得到回应，让我深感我不是一个人在"战斗"，而是一群人！前行的路上，我并不孤独！

而在这次任务分工中，领导说，让我以项目秘书的身份梳理一下学校自选项目（所有学科）的研究推进情况。这对我来说，又是一大挑战。让我总结梳理语文学科的推进情况尚可，毕竟我比较熟悉，但是让我梳理所有学科的研究推进情况，就有些困难了！毕竟，各个学科还是有其自身特点，在别的学科面前，我是一个名副其实的"门外汉"，万一理解不当，岂不贻笑大方？

头疼……上火……夜不能寐……毫无思路……都是这"项目秘书"惹的祸！自从接到这个任务开始的那一刻起，我便处于"被折磨"的常态生活中，就连好端端的"五一"假期，也被毁在我的手里……

不仅如此，依据方案要求，我还要准备好"观课量表"。我细细思量着如何制定：观察什么，怎么观察？谁来观察？制定量表的目的何在？……都要一一想清楚。我也清楚地记得，5月3日那天，我与李校长一起反复琢磨，反复修改，最终用一天的时间确定了观课量表（历史、物理学科各一个，通用版一个）以及观课方案。

此时，我的汇报材料还没有一点头绪。焦灼情绪再次袭来……

这样焦灼下去，是任何问题也解决不了的。行动起来最重要！那就先从有想法的地方开始行动。静下心来，我想，我要做的就是在梳理各个学科做法和思考的基础上，求同存异，进行再提炼，形成我校自选项目在行动研究中探索的成果或经验，如果能对这一成果或经验背后的学理做个深入思考，就更棒了！想到这里，眼前似乎豁然开朗了！

我是不是可以以研究报告的形式呈现呢？从项目背景、项目简介、研究进展、研究成果以及研究反思这几个方面入手，加以汇报，重点放在研究成果的梳理上。有了框架结构，充实内容便是一气呵成的事了！我从早上6点一直忙碌到晚上9点多，仅用一天的时间便搞定了6000多字的文案和展示所用的PPT文件。不过，看到自己的成果，便忘却了之前所经历的一切苦痛与折磨，反而觉得自己在成长的道路上又向前迈了一大步！

我的这个新角色让我明白了：你若不努力到歇斯底里精疲力尽，又怎能破茧成蝶、涅槃重生？这或许是生命赋予我们的最大魅力吧。

乐·自信·成长

或许是自己努力学习了，也或是自己用心准备了，专家入校指导那天，无论是汇报环节还是答辩环节，我的表现得到了专家团队们的一致认可。一直见证我成长的课程领导首席专家韩立芬主任也高度赞扬了我参与项目前后的巨大变化，还特别关照我，让我在更大的平台上去展示自我；房山进校的该项目专家周长凤主任，也给我"开小灶"，亲自指导我写研究报告，并鼓励我执笔参与申报"北京市基础教育课程建设优秀成果评选"。这不，刚刚收到房山进校该项目专家李兆端老师的邀请，要参加7月12日的房山论"见"第六期（教研组长）的现场录制！

"李校长，我想问一下，我这个项目秘书，到底要做些什么工作？是不是像其他秘书一样，做些文字整理工作？"我曾经郑重其事地问过李俊校长。

"不，远远不止！"李校摇摇头，"你还要在学校的自选项目的研究方面给大家做一个引领……"

"怎么可能？我做不了！我的能量没有那么大……"脑袋摇得如同拨浪鼓，我斩钉截铁地回答。

"你还没有做，怎知自己不行？再说，很多时候，我们都是需要'逼'一下自己的，一'逼'，你就会发现自己潜力无限，'不行'就变成了'行'！"李校长另类的鼓励话语至今让我记忆犹新。

是啊，怎一个"逼"字了得！

这个新角色让我明白了：成长的路上，离不开"逼"这个字，因为你的快乐可以"逼"出来，你的自信可以"逼"出来，你的本领也可以"逼"出来……

项目秘书，我的新角色，让我欢喜也让我忧。欢喜的是，它见证了我的成长，忧愁的是，未来成长的路上，它会给我带来一个又一个全新的挑战！

但，此刻，我想高声宣布：来吧，我准备好了！！

学习·困惑·思考
北京市房山区良乡第四中学　安博

为深入推进我校课程领导力提升，进一步诊断与指导在课程领导力提升项目推进过程中出现的问题与困惑，我校开始为期三年的课程领导力提升项目。作为核心成员的我，有幸从一开始便参与其中。前期必选项目和自选项目的选定，2020年9月专家第一次进校调研，2020年12月的中期推进，2021年4月各学科组研究阶段性推进分享交流，2020年5月专家入校指导，每一次的学习、分享、交流都让我收获颇丰。随着项目的推进，我对课程有了更深入地了解和认识，课程是学校教育的心脏，是实现学校办学目标的唯一途径。

随着课改进入深水区，课程领导力已经成为近年来课程领域内的一个热点话题。如何提升课程领导力已成为深化学校课程改革的关键问题。学校课程领导力是领导力中的一种，是指校长领导学校全体教师创造性地实施新课程，全面提升教育质量的能力；它是学校对课程规划、建设、决策、引领、实施、管理和评价的能力。

韩主任的多次入校指导分别从课程与课程开发、课程领导的含义、学校层面的课程开发、学校课程领导的内涵等几个方面对课程领导力建设指明方向，使我对课程认识有了新的感知。印象最为深刻的就是 5 月份专家团队入校指导时，韩主任针对我对跨学科主题综合课程建设的困惑进行了很好的解惑和方向性的引领。随着课堂改革的深入，学科跨度加大、数目增加、非学科类内容日益增多，方式日趋复杂，界限越来越不明晰。通过超越以往分门别类的研究方式，实现对问题的整合性研究，这就是跨学科研修。课程的综合化趋势特别需要教师之间的合作，不同年级、不同学科的教师要相互配合，齐心协力地培养学生，开展跨学科研修活动势在必行。

山楂树下——良乡四中主题综合实践课程，以校内的两棵山楂树为课程资源进行开发，综合地理、生物、美术、语文、英语、历史等学科开展学科融合课程，就是一次很好的跨学科研修的体现。但如何更好地开展跨学科研修，这也是我需要思考的：制度的保障，跨学科主题综合实践活动的选择，区域内资源的有效利用，多学科的联动教研……有收获的同时也凸显出自身的不足，对于跨学科课程这个热门的前沿领域，还不够了解，这也是我迫切需要学习的，愿自己在后续的课程领导力提升的学习中加强理论学习以提高课程意识以及课程开发能力、研究能力和学习能力等，在课程领导力建设中互助与共进，更好地进行资源的整合利用。

同学生一起成长
北京市房山区良乡第四中学　许鑫

有人说，教师是辛勤的园丁，培育美丽的花朵；也有人说，教师是春蚕，劳作到死吐丝方尽；还有人说，教师是人类灵魂的工程师，塑造着学生的精神世界；更有人说，教师是蜡烛，燃烧自己去照亮别人。

我说都不是！教师就是教师，是永远与学生一起学习一起成长的人。

我觉得，教师与学生是一对互相依赖的生命，是一对共同成长的伙伴。教师的幸福不仅仅来自学生的进步与成长，同时还应该来自自我的充实与成长。吾生有涯，而知无涯。教师的职业特点决定了我们只有通过读书，不断地给自己"充电"，才能拥有源源不断的"活水"，给自己和学生的双重成长以坚实的保证。

在这里，我不想用华丽的辞藻描述读书的美好和意义，只想与大家一起分享一下我的成长故事。

记得刚踏上工作岗位时，学校为了让我们尽快熟悉业务、完成角色转换，对我们青年教师进行了一系列的培训。初出茅庐的我觉得这种培训没什么意义，尤其是没有必要讲那些教育教学方面的理论，只要多提供几堂精彩的示范课，让我们模仿就可以了。因为初登讲台，不懂得什么教学方法，面对教材总是感到束手无策，不知道课堂上该讲什么、讲多少，所以特别希望老教师给一个明确的、具体的、能"立竿见影"的做法或模式让我们参照，甚至照搬，否则心里就没有底。这样做果然省劲儿，一切都不必费心，教材的处理，教学环节的设计，课后练习的安排，等等，一切都照老教师地去做，无从下手的困扰没有了，每天上完课回到办公室，感觉是那样的轻松。那时的我以为教学就这样简单、容易呢。可是，渐渐地我发现我的课堂缺乏活力、了无趣味，除了少数几个学生在比较认真地听讲之外，其他学生表现出很淡漠的样子。每当我提问的时候，下面几乎都是一片沉默。这样的教学效果当然不好，我十分沮丧，却束手无策。再去听老教师的课，看到人家课堂上那热烈的气氛，活跃的场面，我感到不解：一样的知识，一样的讲解，为什么效果却差这么多？我曾经的一个导师对我说：教师和教师不同，学生和学生也不一样，不同班级的学生，有不同的学习特点；再者，教学是一个互动的过程，需要教师根据具体情况加以变通和取舍。别人的教案和课例，只能作为一个参考，教学还是得有自己的东西啊。

一席话说得我茅塞顿开。我仔细比较了一下与老教师的差异：老教师们熟悉教材，了解学生，他们的授课计划总是以学生为中心，对学生学习中可能出现的问题具有预见性，并能准备好一套或几套解决方案；他们善于调动学生的学习兴趣，讲课语言生动，讲解详略得当；他们注重新旧知识的联系，使学生始终在前一知识的基础上学习新的知识，这样，学起来轻松，掌握起来也不感到困难。而我总是搞不清楚一节课到底能讲多少内容，唯恐完不成教学任务，所以总是被人追着似的赶进度；每节课我的第一句话通常是："这节课我们继续进行下一节。"完全顾及不到新旧知识的关联。课堂上我虽然也想上出点新意，可就是不知道有什么新方法、新手段、新角度。通过对比，我终于明白，干工作只凭热情是不行的，教育教学工作时刻需要心灵的介入。仅靠简单模仿不可能掌握教学规律，它需要的是长期的学习与积累。不学习，心灵之泉就会枯竭，工作也就无"心"可用。要给学生一杯水，你就得找到永不枯竭的水源。这个水源就是学习和实践。

带着这样的认识，我开始如饥似渴地投入到读书学习中去。我首先通读了《新课程》这本书，因为我知道现在"新课程"已经在全国开展了，我首先应该要做的就是学习新理念；再者我到处搜寻名家著作，观摩名家课例，学校也非常关心我们青年教师，一有机会，就派我们去听优秀老师的课。我认真查找着自身的不足，也吸取了许多教学经验，用在我以后的教学当中。读书和学习让我眼界大开。我发现，随着阅读量和教学经验的增加，在我的眼前好像打开了一扇大门，现在我真正地领略到了教学之美，备课变得容易了，课讲得生动了，学生的学习兴趣也变得浓厚了。这让我想起了一句话：付出总有回报。

如今，我在三尺讲台上已走过了17个春秋，在这里我收获了很多东西。我曾笑过，也曾哭过，更曾感动过。伴随着孩子们的成长，我也逐渐成熟起来，感到了快乐和满足。是他们让我有了成就感和幸福感，也让我真正明白了教师的内涵和责任。

当研究成为一种常态——

一起奔跑，一起向未来！
北京市房山区良乡第四中学　王立新

"你怎么又没交作业？"眼前的小浩同学，一米八的大个子，马上要中考了，还是一副嬉皮笑脸，懒懒散散的样儿。真没辙！回到办公室，我的胸中一阵憋闷，到操场上走了两圈，心才渐渐平静下来。"你这样着急有用吗？教育学生不是教训学生，面临中考我们都有压力，如果把这种焦虑传递给学生，后果不堪设想啊！""得想个办法，让学生主动参与到我的教学中来。""对，解铃还须系铃人，从学生下手，看看学生心里是怎么想的"。

作为一名普通的临近退休的任课教师，我既没有班主任的管理优势，没有年轻教师漂亮的外表，也没有实验学科课堂的生动有趣，靠奖励笔、练习本、糖块等学生又不稀罕，再说也不是长久之策啊。自己能给学生什么呢？对，真诚！让学生感受到我的诚意，而心甘情愿地与我一起努力奋斗。

回到办公室，我马上设计了一份调查问卷及后期辅导措施。第一部分先了解学生目前的状态，包括目标分数、擅长的英语题型、不擅长的英语题型有哪些？不能得满分的题型怎么办？如果老师课下单独辅导，你愿意吗？同时我把学生按层次分了4组，安排辅导13次，从4月6日开始，固定好每组辅导日期和辅导内容，直到4月22日结束，让学生短期内能看到成效。我还把时间分成三段，目前到一模、一模到二模、二模到中考，制定阶段性目标和计划，不给学生太大压力。调查问卷这样结束：同学们，人生能有几回搏？此时不搏何时搏？让我们一起奔跑，一起向未来！那是一个个真诚的目光，那是一段段令人感动的瞬间，那一刻我们的心交织在了一起。

调查结果出乎我的意料，所有学生都愿意接受我的辅导，万里长征终于迈出了第一步！接下来我的课下辅导开始了，利用学生晚餐后和上晚自习之前的时间。学生们很懂事，吃完晚饭就来到我的办公室，一切按照计划按部就班地进行，我们共同思考，激烈讨论，在研讨中争辩，在争辩中提升，一切都那么和谐，那么美好……回家的路上，我的肚子饿得咕咕叫，天色渐晚，遛弯的人们出来了，看着祥和的街景，回忆起学生学懂后满足的眼神，激动和骄傲之情瞬间传遍全身。明天继续坚持！

一天两天，一周两周，三周四周，我坚持住了，学生也坚持住了！我们胜利了。每日的课下辅导，早到晚归，表面上失去了很多，草草几口的晚饭，傍晚的返程，家人的不解，疲惫的身躯，打破坚持已久的晚间锻炼计划，但是我收获到了更重要的东西，那就是用我的真心换来了学生们对我的理解和尊重。课堂上学生们学习英语的热情空前高涨，互帮互学蔚然成风，自主学习能力大大提高。课下作业分层完成，再不用督促，小浩同学也一改懒散的毛病，课上讲题提问忙个不停。我明白这就是学生想要的东西，那就是学业上的辅导和情感上的付出。

阶段性评估数据出来了，所有学生都在及格线以上，优秀人数也比之前大幅上升。这一切让我觉得之前的付出没有白费，使我更有了动力。

不料一模刚过，疫情到来，我们被迫采取了居家上网课的方式学习。又一个挑战开始了。面对屏幕，面对只闻其声不见其人的学生，我的心又沉了底。怎么办？上网课课堂效率怎么保证？刚刚结出的胜利果实要付之一炬吗？

正在这时，学校推出了Classin教学平台。我用过钉钉，用过腾讯，深知用一个陌生平台上课难度有多大。面对陌生的界面和按钮，面对初三冲刺阶段的巨大压力，我纠结彷徨，第一天我临场退缩了。那天晚上我失眠了，使用旧平台轻而易举，不易出错，但是不使用新平台，学生就要反复切换平台，浪费时间和精力。再说临阵退缩不就是逃兵吗？老师连新平台都懒得尝试，怎么期望学生能面对困难迎难而上呢？有利于学生学习的事情困难再大我也要克服，不然怎么能和学生一起努力一起成长呢？第二天我就毅然决然地使用了新平台上课，虽然出了很多岔子，遇到了很多问题，但是通过询问后台和同行，都一一有惊无险地解决了。

六月初，区教研员焦老师听了我一节英语课后，她评价道："王老师对于 Classin 平台的各项功能掌握熟练，发挥了平台的技术支撑作用。虽然是线上教学，但是听课的整体感觉和在线下没有太大的区别，教学效果非常显著。"

焦老师的肯定给了我极大的鼓励和鞭策。我知道让焦老师印象深刻的不是我这节课的设计和讲解，而是我能利用平台功能克服网络教学带来的不利影响，提高了课堂效率，达到了预期的教学效果。

如今中考结束了，我和学生都即将踏上新的人生旅程。无论未来有多远，我们都会记住这段难忘的经历，并会永远感到骄傲。作为老师，我给了学生克服困难迎接挑战的勇气，我用实际行动告诉学生：奔跑，是人生最美的姿态。让我们一起奔跑，一起向未来！

"双减"背景下的课后服务
北京市房山区良乡第四中学　魏晓平

2021 年 7 月，中共中央办公厅、国务院办公厅印发了《关于进一步减轻义务教育阶段学生作业负担和校外培训负担的意见》。"双减"既要强化学校教育主阵地作用，又要做好家校沟通，发挥学校、家庭、社会育人同心圆的作用，构建以学生的成长为核心、以教师家长生命成长为纽带的生命成长共同体。7 月，中办、国办印发的"双减"政策要求，提升课后服务水平，要保证课后服务时间，学校要充分利用资源优势，有效实施各种课后育人活动，在校内满足学生多样化学习需求。目前，全市中小学全面推行课后服务"5+2"模式，即学校每周 5 天都开展课后服务，每天至少开展 2 小时，课后服务内容由学校安排。

学习的过程中，学生出错在所难免，而且是各种各样，有的能够预设会出现哪些问题，有的错误真是预设不了的，千奇百怪，让学生自己改错，也总觉得自己是对的，找不到到底错在哪里。有了课后服务这一举措，我可以带领学生一起纠错，引导学生体验成长的快乐。

我利用课后服务时间，指导学生作业的重点是引导学生纠错，通过课后服务，引导学生自主发现问题、分析问题、解决问题，激发学生的兴趣，同时提高自身教学的前瞻性。

刚刚开始的时候，我亲力亲为逐个辅导，逐个帮同学找出错误的原因，有收获，但不明显。之后我进行了调整，调动学生互相帮助查找错误的原因，达到明思路、清算理、重过程、能表达，效果显著，不仅学困生有收获，优秀生收获更大，也就是帮助同学的同学反而更有收获。他们火眼金睛地互相查找各种各样的错误，帮助了同学，同时也为自己积累了解题经验,更重要的是对我的教学也是一笔宝贵的资源。

这时候的课后服务,学生互帮互助,纠错改错,作业不乏味,课后有趣味。同时,帮助同学纠错的过程,就是成长最快的过程,也是最暖心的过程。

【案例1】计算时不是抄错题就是抄错符号,自己死活查不出错误的原因,总觉得自己的方法和思路都没有问题,但就是算不对,不知道问题出在了哪里。

在解方程 $2-\dfrac{3x+1}{2}=\dfrac{2x+3}{5}$ 时,

错解一,抄错符号:去分母得到 $20-5(3x+1)=2(2x-3)$

错解二,抄错数字:去分母得到 $20-5(3x+1)=2(x-3)$

【案例2】分数的基本性质与等式的基本性质分不清楚。

在解方程 $\dfrac{2x+3}{0.2}-\dfrac{x-7}{0.5}=5$ 的时候,应该是先用分数的基本性质,分子分母同时乘以10,把小数化整,结果学生把分数的基本性质和等式的基本性质搞混了,出现了如下错误的解答过程。

两边同时乘以10,得: $10\left(\dfrac{2x+3}{0.2}\right)-10\left(\dfrac{x-7}{0.5}\right)=50$

认为通过上面的计算就可以得到 $\dfrac{20x+30}{2}-\dfrac{10x-70}{5}=50$,这是严重的思维混乱,算理不清。展开师友互助,小组互助,认真查找错误原因和正确的计算方法、步骤以及算理依据。最后达成共识。第一步,利用分数的基本性质,左边两项利用分数的基本性质,分子、分母同时乘以10,达到小数化整的效果, $\dfrac{20x+30}{2}-\dfrac{10x-70}{5}=5$;第二步,利用分数的基本性质,两边同时乘以各个分母的最小公倍数10,达到去分母的目的,从而得到: $5(20x+30)-2(10x-70)=50$,依据乘法分配律和去括号法则,得: $100x+150-20x+140=50$,移项得: $100x-20x=50-140-150$,合并同类项得: $80x=-240$,解出 $x=-3$

【案例3】去分母时,漏乘不含分母的项。

去分母时,方程两边都乘以各分母的最小公倍数,一是不会找最小公倍数,二是漏乘不含分母的项。解方程 $\dfrac{x+2}{4}-\dfrac{2x-3}{6}=1$ 时错解:去分母,得 $3(x+2)-2(2x-3)=1$,化简,得:$-x=-11$, $\therefore x=11$

查找错误原因:方程两边同乘以12时,右边的1漏乘12。学生作业中出现了错误,师友互助,小组讨论,分析出现错误的原因。有的是给1漏乘12;有的是在去括号的时候出现问题,在运用乘法分配律的时候,只知道给括号内的第一项乘以括号前面的系数,后面的都丢了;还有的是出现符号问题。找到正确解题的思路与原因,学生真正地认清原理,理解正解,加深印象,更好地理解思路。正解:去分母,得 $3(x+2)-2(2x-3)=12$,化简,得:$-x=0$, $\therefore x=0$

【案例4】去分母时，忽视了分数线的括号作用。

有些同学对分数线的理解不全面。分数线有两层含义：一方面是除号，另一方面它又代表括号。当分子是一个多项式时，应看作一个整体，在去分母时，应将它加上括号。解方程 $\frac{x-1}{3}-\frac{x+2}{6}=\frac{4-x}{2}$ 时的错解：去分母，得：$2x-2-x+2=12-3x$，化简，得：$4x=12$，∴ $x=3$

查找错误原因：这也是一个很容易出现的错误，当分子是多项式时，去分母时要对分子加括号，再运用去括号法则进行运算。而偏偏在这里有的同学忘记了加括号，尤其是前面是负号时，就出现了上面的错误。此时，放手让学生火眼金睛地去找问题出在哪里，抓住错误资源，透彻分析，加深理解，才能更好地避免错误的再次出现。正解：去分母，得：$2x-2-(x+2)=12-3x$，化简，得：$4x=16$，∴ $x=4$

通过纠错，改错，再次归纳总结去分母解一元一次方程的步骤和依据以及注意事项。

步骤：小数化整—去分母—去括号—移项—合并同类项—系数化1

依据和注意事项：

小数化整的依据是分数的基本性质，分子分母同时扩大或者缩小相同的倍数，分数的值不变。防止和等式的基本性质搞混，让不该扩大的也去扩大。

去分母的依据是等式的基本性质2，注意当有不含分母的项出现的时候，防止漏乘，分子是多项式的时候，去分母后要加括号。

去括号的依据是去括号法则和乘法对加法的分配律。注意符号和不要漏乘。

移项的依据是等式的基本性质1，注意移项变号，不移项不变号，移动哪一项，哪一项变号。不移动的项不变号。

合并同类项：依据合并同类项的法则，系数相加，字母和字母的指数不变。

系数化1：依据等式的基本性质2，注意分子分母不要颠倒。

课堂本来就是学生出错的地方，出错是学生的权利。华罗庚说过："天下只有哑巴没有说过错话；天下只有白痴没有想错过问题；天下没有数学家没算错过题的。"学生出错是正常的，关键是我们怎样来对待差错。在教学中，我把学生的差错看成是难得的资源，并且加以运用，我们课堂也因差错而变得有意义，有生命力。错误是学生学习过程中的相伴产物，是一种具有特殊教育作用的学习资源，是一种宝贵的教学资源。在教学过程中，对学生的错误宽容对待，并且善加利用，正确巧妙地引导，有效地提高了教学的效率，促进了学生的全面发展。同时，课堂因此更加精彩。

"双减"政策要求提升学校的课后服务水平，满足学生多样化需求，充分利用好课后服务的时间，指导学生认真完成作业，对学习有困难的学生进行补习辅导与答疑，为学有余力的学生拓展学习空间。随着"双减"政策的实施落实，教师应该承担起哪些责任，为学生成长奠定基础，引起了我的思考。我在课后服务中，通过师友互助，引导学生查找学习过程中出现的错误，找出错误的原因，总结正确的解题思路和过程。坚信帮同学纠错的过程是成长最快的过程，也是最暖心的过程。

积极参与，努力提高

北京市房山区良乡第四中学 赵红霞

自从课程领导力在我校开展以来，我一直积极参与，努力领悟并运用到实际教学当中。非常有幸在11月份"课程领导力"项目组专家走进我校指导过程中，我给初二的学生选择了一个初三教材上的听力文本进行阅读教学，得到了专家的亲自指导。

一、课堂设计

最初课堂的框架就是分为三部分。

读前：Besides traditional books, what other kind of books do we have?

Do you like to read paper books or e-books?

读中：1st: Read and complete the sentences with e-books or paper books.

2nd: Read and fill in the blanks with Introduction, Conclusion, Advantages, Disadvantages.

3rd: Read and underline the advantages and disadvantages.

4th: Read and answer the question: What does the writer think of these two kinds of books?

读后：Listen and read after it.

Work in group of four, talk about your opinion on books and e-books.

最终定稿：

读前：Besides traditional books, what other kind of books do we have?

Do you like to read paper books or e-books?

读中：1st: What is the passage about? Choose the best answer.

2nd: Find the key words of each paragraph.

3rd: Work in group and make a mind map about the passage.

读后：Retell according to your mind map.

What do you think of the title? Can you give a better one?

二、思路与想法

在"双减"的大背景下，学生的课余时间增多了，如何有效利用好课余时间，培养良好的兴趣爱好，为学生的终身学习和发展增加一个选项。

从课程的角度，优质资源的充分挖掘和有效利用，是我们前期阶段性的困惑，同时提升优质资源有效使用是课程进行实践反思的阶段，我们也愿意不断积累优质资源，分享使用经验和方法，不断积累去粗取精。

从优质资源的充分利用方面，对一份材料从不同角度、不同方面进行分析和利用，能让资源充分发挥价值，在提质增效方面取得新的突破。

从与学生生活对接方面，与学生即将开展的读书节对接。读书节期间会开展跳蚤书市和一些读书展示活动，希望通过这份文本的使用，也给读书做一个热身活动。

从发展的角度看，初二学生如果可以完成初三的阅读内容，增强了学生的自信心，到后期再遇到这个文本的时候，会有一个进一步的思考，同时也能降低听力难度。

从文本自身看，文本的内容是倡导阅读，享受阅读，对学生是一个正能量的引导，从文章结构来看，结构比较整齐，符合课标对于初二学生的要求。

三、调整优化

首先，降低了要求的难度，初三学生是听，初二学生是阅读。相同的材料，和听相比，阅读本身就降低了难度。所以我们认为这个文本，让初二学生用来做阅读是可行的。

其次，降低了文本的难度。我们对文本进行了适当改编，使用初二学生已经掌握的词汇替换了部分生词和难词。

第三，引导学生关注标题。我们在处理文本的时候去掉了标题，转换成一道主旨大意的选择题。

第四，从生成方面看，我们用比较直观的思维导图来展示文章的结构，让学生清晰可见。可以运用到实际写作当中，帮助学生形成清晰的写作条理及细节内容的安排。

第五，照顾到初二学生的实际情况和个体差异，我们在题目难度设置上做了适当区分，让每个学生都有事可做。

第六，在作业设计上进行分层。较高层次的学生要完成一篇写作，中等层次的至少要完成对文本的熟练流畅朗读，最基础的学生也希望点燃他对阅读的兴趣。

四、收获与反思

第一个关键词"信心"：既包括学生也包括老师的信心。

一直以来我们都是扶着牵着领着学生走，怕学生学不成老师想要的东西，就是不放心学生，导致学生碎片化学习，没有理解步骤之间的联系，因为他们不用想自己该干什么，老师让干什么就干什么。这个过程是没有学生思维参与的，也没有获得想要的结果，这既是对学生的不信任，也是教师自己不自信。增强学生自信心，让他们自己做事情，参与活动过程的设计，展示他们的成果，调动学生学习的"内驱力"，让每一个学生都有存在感，都有收获。

第二个关键词"文本"。

对文本的研究，本着研究、研讨的发散思维。分析文章中每段的作用，段中每句的作用，句中每个词的作用及准确性……比如标题是 Paper books and E-books 更好，还是原标题 Books and E-books 更合适；比如教材中只用了 advantages，其实段内既包括 advantages 的内容，也包括 disadvantages 的内容；再比如第一段当中的 you 合不合适？通过这些分析，就有了对文章更深层次的理解。培养学生本着研究的态度去分析理解文章，学会质疑，敢于质疑并发表自己的观点。

第三个关键词"课件"。

我在以前做课件的时候PPT张数偏多，动画效果偏多，指导性少，关注的是我设计的活动如何展示出来，而不是让学生如何学着方便；或者说自己认为的活动设计其实不一定符合学生需求，还造成了学生关注屏幕时间过长。课件应多关注任务布置，让学生知道要干什么就行，具体什么方式让他们自己决定，让学生多实际参与，而不只是观看课件。

第四个关键词"差异"。

以前备课要备学生，可能更多的就是关注了学生对基础知识的掌握情况，对他们的能力、和学习习惯考虑不够，没有设计出供他们选择的学习方式。现在的学生其实差异很大，有来源的差异，有基础的差异，有家庭环境的差异，有学习习惯的差异；有人擅长听，有人擅长读，有人愿意边看、边记、边画，有人善于阶段性思考……总之，要让不同特点的学生都有发挥的机会，体现"学为中心"的理念，就不能仅准备任务内容的分层，还要准备活动方式，让不同的孩子在相同的时间内都得到成长。

总之，通过这次活动，不仅使我的教学得到提升和改进，还使我的思维方式更加开阔。全国政协委员唐江澎说："真正好的教育应该是培养终身运动者、责任担当者、问题解决者和优雅生活者。给孩子们健全而优秀的人格，赢得未来的幸福，造福国家和社会。"只有让学生多参与，才能多收获，多成长。

换个方式　教学相长
北京市房山区良乡第四中学　付兰华

自打学校开展课程领导力项目以来，我觉得自己在做课程的过程中，通过不断变换方式，也在教学相长。

教写诗词过佳节

以往每逢佳节时，我都会让学生做一份手抄报。目的是想通过这种形式，让学生对节日的来历、习俗、意义有所了解。事实上，初一时学生的手抄报的确做得精美、内容丰富，达到了预期的目的，但是节日每年都有，初二还能按要求完成，等到初三再让学生做时，有的学生就提出了异议："老师，咱能不做手抄报了吗？真是时间不够用啊！您知道要做好一张手抄报，至少需要1个多小时。我们每科作业说起来不多，但是加在一起就多了，而且每年都做手抄报，都不新鲜了……"听了学生的话，我陷入了沉思，想想也是啊，如果总是做手抄报，即使交上来，学生也不一定认真，甚至会敷衍。怎么才能让学生既能巩固知识，又能有兴趣呢？

我认真翻看了课本，正好九上第一单元是诗歌教学，第一单元的写作实践就是学写诗歌，而且第三单元的诗词三首中有苏轼的《水调歌头·明月几时有》，一个念头涌上心头：我何不把节日和诗词连在一起呢？恰好中秋节假期即将到来，于是，我先给学生介绍了"水调歌头"这个词牌的特点和要求，又带着学生将苏轼的这首词进行细致分析，得出填这首词的规律，然后我让学生先仿照这首词的格式写一首。明确形式后，提出下一步要求：把自己家过中秋的情景概括提炼，试着写一首《水调歌头》。为了让学生有抓手，我还自己写了一首"下水词"：

水调歌头·中秋

中秋回乡转，全家庆团圆。

抛却疲惫心烦，围坐餐桌前。

男人把盏言欢，女子赏月聊天，小儿吃糕点。

老父绽笑颜，天伦乐无边。

宴饮尽，灯火燃，情意绵。

院中齐聚，山南海北侃不完。

话似江涌拍岸，语如石破天惊，嫦娥亦眼馋。

和谐创美满，幸福延万年。

学生看后，很感兴趣，积极仿写，这项作业完成得也不错。这里我摘录几名学生所写!

水调歌头·中秋
吴雨萱

中秋又一年，圆月挂天边。

举家坐桌前，吟诗作赋聊天。

万语话婵娟，推杯又换盏，乐此在人间。

稻麦香千里，笑脸代万言。

吃石榴，猜字谜，赏玉盘。

老少开颜，欢声笑语满庭院。

生活堪比蜜甜，幸福溢满心田，快乐无极限。

国富民所愿，家乐人团圆。

水调歌头·中秋
张琪若

明月几时圆？夜半望长天。

千家灯火点燃，万户俱无眠。

豆沙板栗莲蓉，蛋黄火腿肉松，味异寓意全。

佳节家人伴，中秋月明圆。

食桂饼，赏玉盘，闲聊天。

齐聚厅间，此消彼长若河悬。

工作难遂人愿，学习诸多不满，且把心放宽。

畅饮抒情意，抛却愁心烦。

水调歌头·中秋
解可欣

中秋聚室坐，佳肴陈面前。

不知天上宫阙，距我有多远。

欲食眼前美味，又忆往昔画面，今时却不见。

> 空有佳肴在，心伤独缠绵。
>
> 人无语，月光残，一声叹。
>
> 今日多忆，一腔思念有谁怜？
>
> 然而人世情长，人离合月圆缺，此事古难全。
>
> 抛却离人怨，同赏圆玉盘。

后来一到节日，学生就问我：老师，这次咱还是写诗词吗？

这种方式对于学生来讲，比手抄报受欢迎，后来只要条件允许，我就会让学生"写首小诗过佳节"。学生在写诗词的过程中，不仅增长了知识，体验到了情感，还使自身的概括、整合、筛选、提炼和遣词用句等语文能力得到培养锻炼，语文素养得到全面提升，实现学有所得；我在教学生的过程中也有收获：明确了依据学情灵活使用不同教学方式，写"下水词"也使自身的能力得到了提升！

编演剧本助理解

"老师，咱们还什么时间表演课本剧呀？"这是在学完《愚公移山》后一名学习成绩偏低的学生追着问我的话。

提起编演课本剧，还得从学生最初对课文内容不太理解说起。《愚公移山》是一篇不长的文言文，文中的语言有的学生不太理解，我想，如果还是让学生按照以往的三行对译，未必都理解，又想到课程领导力本组提倡的优质资源的整合利用，我在查阅了一些资料后，决定换个方式：在熟读课文的基础上，我就尝试着让学生以小组为单位写一个剧本，排演一下。

没想到学生的热情高涨，想象力极为丰富，不仅将愚公、愚公妻子、智叟的言行举止具体写、演出来，还把邻居京城氏母子的对话演绎得活灵活现，居然连愚公的儿子怎么说和做的都加了进来。一篇文言文通过课本剧编演的形式，让大多数学生都理解了文章的内容和主旨，效果很好！更让我惊喜的是，连平时不怎么敢表达的小杰都加入进来，主动担任山神角色的扮演；还有成绩偏低的小一，也主动参与其中，还告诉我：老师，《愚公移山》这篇课文里的人物，我最喜欢愚公了，那么大岁数却坚持自己的想法，连天地都感动了，不像那个智叟老头！看来，编写剧本这种方式既可以提高学生的兴趣，又可以帮助学生理解课文内容，学生很喜欢，我以后也可以多采用啊！

于是，在接下来的教学中，我又让学生编演了《变色龙》，也达到了预期的目的！

总之，参与课程研究，提升自身素养！

换个方式，教学相长！

沟通，让教学更加美好

北京市房山区良乡第四中学　刘菊

在课程资源的研究过程中，我发现"关系"其实也是一种重要的课程资源。师生关系、生生关系、家校关系等都是影响课程实施效果的重要资源。和谐融洽关系的营造途径很多，但最基础的就是沟通。沟通让我们的教学更加和谐而卓有成效。

沟通，从第一堂课开始

"A good beginning is half done." 好的开始是成功的一半。上第一堂课之前，我总是要对学生的来源进行初步了解。我的学生来源不同，基础参差不齐，上课时的教学用语、教学活动、教学组织形式都会因此而不同。为了强调英语的重要性，我会在黑板上写个大大的 important，并且告诉学生，英语在全世界的 45 个国家是官方语言，全世界有三分之一的人在说英语，75% 的电视节目是英语，四分之三的邮件是用英语写的，电脑键盘也是英语的。另外，上大学，攻读硕士学位和博士学位，都要使用英语查找文献。毕业之后找工作，许多部门都要求一定的英语听说能力，更不用说以后如果想出国旅游，能够交流无障碍了。除了谈到英语的重要性，因为有的学生小学甚至一个单词都不会写，为了鼓励学生，所以我在黑板上又写了一个大大的 different。我告诉学生，由于英语同其他的科目不同，它是一门语言科目，就好比汉语一样，无论谁，无论你小学英语成绩如何，只要初中阶段付出努力，每天坚持听、说、读、看、写，每个人都能学会英语。

英语的学习，尤其是起始阶段，其中的主要环节是要练习读和写。读是写的前提，只有会读了，才能谈得上写。所以最初的英语课，我特别注重读，不管是读单词还是读课文，都非常重要。我采用了一种比较独特的方法，即师友互助。每次在跟录音读完之后，我都会一声令下，用英语说起立并且检查，学生立刻站起，两人一组互查。原则上是学友先读，学师纠错，但一定是等到最后再纠正读音。然后学师再读，学友一定注意听，等于是学友自己再读一遍。两人都读完了再一起坐下。荣辱都在一起。这样过一段时间，最后坐下的同学，一般会在课余时间自己多读，害怕总是落后于人。经过这样一段时间的训练，我感觉我所教的学生，在读的方面问题很小了。

沟通，获得家长的助力

开学第一天，我就进入班主任建的家长微信群，和家长们取得联系。首先，我告诉家长们孩子们的英语学习处在入门阶段，必须经过三方努力，尤其是在前两三个月。如果背单词不成问题，基本上其他的就迎刃而解了。所以需要家长的大力配合，尤其是小学英语学习比较费劲的同学，更需要家长付出得多一些，也就是家长给孩子进行听写。因为家长的素质也参差不齐，所以我建议家长可以念汉语，让孩子写出英语。经过一段时间之后，再慢慢让孩子脱离家长，每天可以由家长听写改为自测。方法是照着书在作业本上事先写出汉语，背着写英语，如果有错误，再写和背。由于班里学生的学习水平不一样，入门也存在早晚的问题，有的学生一个月左右就形成了自己的背英语的方法，完全是自己独立背和写，基本上不用家长辅助了。但个别同学，由于学习非常不自觉，英语也没有入门。我除了教他们根据拼读规则记英语单词，还加了家长的微信。要求学习不主动的同学的家长给孩子听写的同时，每天通过微信把听写内容发给我，校内外随时指导提示这些学困生的学习。

沟通，建立和谐师生关系

师生关系是影响教学质量的一个重要因素。融洽的师生关系能促进教育质量的提高。

英语很难教，难在：需要背的单词、词组和课文太多。枯燥无味，语法多，课文长，需要有基础又有毅力和耐心的学生才能跟得上。这时如果融洽了师生关系，学生就会亲其师而信其道，听从教师的安排与指导，促使教学质量的提高。和谐的师生关系还需要满足学生的各种需要，如关心、尊重、帮助学生提高成绩。根据这些需要，我经常进行英语听写后的辅导。在英语教学的过程中，我坚持每天听写。每次听写完了之后，我都会及时批改。批改完之后，又会及时交给学生，让他们改错。在听写纸上写出汉语，背着再写一遍英语。然后为了加深印象，再抄写几遍。这样在第二天的听写过程中，原来的错误就会大量减少。日复一日，学生的英语水平就会慢慢提升。这样，几乎不会出现掉队的学生。在不断地教与学的过程中，我真诚地热爱每一个学生，关心、理解、体贴、尊重、信任他们，把每个学生都当作天才来培育。他们也就尊重、依赖、喜欢我，从而融洽了师生感情。正是这样不断地深入培养，才出现了乐教乐学的喜人局面。

记得上届小吴同学，入学时是我班英语垫底，摸底考试只得了9分。开学初，我跟他家长沟通好，每天我把英语作业通过微信发给家长，家长把听写情况再发给我，第二天我再教他那些错误的单词怎么更容易记下来的方法。这样，他平常的小听写基本上都在80分以上。到百词测试时，他能达到七八十分。我会再给他一份测试卷子，再让他测试一遍。后来偶尔出现听写情况不好时，我会再次联系一下他的家长，以督促他的学习。一模时，他的成绩考得不好，只得了82分，虽然及格了，但还有涨分空间。分析试卷时发现，还原句子这道题他一分没得，我很为他着急。于是我吼了他，问他："你怎么一分没得？"可能是他觉得有点丢脸，也对我大声说："一分没得怎么啦。"我当时冷静下来，觉得应该找合适的机会再找他谈。过了两天，我问他是否为他的英语学习着急，他回答是的，并且向我道了歉，说理解老师也是为了他的学习而着急。后来为了他，也为了其他同学，我专门上了一节讲如何做还原句子的课。下了课，我问他是否听懂。并且让他利用周末多做几套还原句子的题，熟练方法。在家长的配合下，每次我单独给他布置任务，他都能顺利完成。中考时他不负众望，英语也为他的总成绩作出了贡献，我很高兴。后来，有一天晚上，他在大街上主动跟我打招呼，告诉我他考上了房山区实验中学，我更加欣慰。

教育教学中，我们要敞开心扉，学会换位思考，善于沟通，让沟通增进彼此的感情，让我们的教学生活更加美好！

当探索成为一种源泉——

自制教具，提升物理学习获得感

北京市房山区良乡第四中学　李松

我的课程资源故事就谈一谈自制教具在我物理教学中的应用。

物理课如果缺少了实验的支撑是不合格的。学生通过老师的演示实验或是自己动手实验，从实验现象中观察、归纳、总结、推理出物理的规律，学到知识。我发现，在我的课上如果出现了自制的实验教具，学生们的热情就会高涨，本节课的学习效果也会非常好。

自制教具或者低成本实验是国际物理教育界所倡导的一种物理教学工作行为，其宗旨是：一方面通过利用生活中的廉价材料开展物理实验教学，可以解决或缓解实验器材短缺问题；另一方面通过利用生活材料、物品或器具做物理实验，可以提高学生对物理的学习兴趣，培养学生动手能力和实践能力（图14）。

 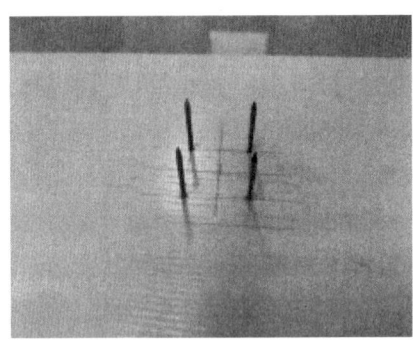

图14　自制钉板教具

在八年级第四章"压力压强"这一节中，为了让学生体会压力的作用效果和压力、受力面积有关，我自制了两个钉板，一个如上左图，钉满了密密麻麻的钉子；另一个如上右图，只钉了四根钉子。我托起装满水鼓起的气球问同学们，如果把这个水球放在四根钉子的钉板上，会看到什么现象？学生们众说纷纭。

"那我就请一位同学来给大家演示一下，谁愿意来？"话音刚落，十几位同学就举起了手，跃跃欲试，还有的同学嘴里嚷："让我来！让我来！"我请了一位最积极的男生来演示。他托起水球，小心翼翼地往钉板上放，刚一接触，水球就爆了，水花四射，下边同学一阵欢呼。台上同学是班中军体，身体矫健，躲开了水花的"攻击"。

我换了钉得密密麻麻的钉板，又拿起另外一个一样大的水球，对着全班同学说："这一次，把水球放到这个钉板上，不过我想找个女生来演示。"女生们两眼都瞪了起来，只有一两位微微地举起了手想来尝试。我叫了一位女生，她托起水球，慢慢地往钉板上放，随着接触面越来越大，水球在钉板上安然无恙，全班同学都目不转睛地盯着，想看看有没有"奇迹"的发生。通过两个同学演示实验，结果截然不同。我问大家："谁来解释一下，为什么水球在四根钉子的钉板上爆了，而在密密麻麻的钉板上不爆呢？"稍加思考，很多同学举起手来，非常准确地回答出这个问题。这种刺激的感受，学生一定会记忆持久。

在九年级《电流的热效应》一节中，为了让学生更好地感受电流通过导体会发热，我自制了电热切割器，通过直流电源给电热丝通电，电热丝发热后可以切割开泡沫塑料板。并制作了15组教具，让同学们分组开展实验。通过动手操作实际切割，感受到物理的魅力。这节课受到了同学们的欢迎，也得到了同行们的认可。我通过这节课的教学参加北京市初中物理教学大赛，并获得了一等奖。

第五部分　师生发展

图15　学生们轮流开展切割实验

图16　学生们在课堂上进行实验学习

在日常教学中，我们不光要利用好教材中的实验进行教学，还要多动脑，合理地利用资源，把一些实验巧妙地用到合适的地方，提高课堂效率。更要动脑动手，将一些生产生活中的物品带入物理课堂，为自己的课堂增辉增色，学生可以更好地学好物理（图15，图16）。

打破学科界限，上有意思的地理课
北京市房山区良乡第四中学　尤秋燕

老师不是禁锢学生思想的典狱长，老师要做学生捕捉思想流星的助手。我一直认为，各个学科不是独立存在的。我们的学生也不应该在学习某个学科的时候思想全部禁锢在这个学科内。学生应该有综合思维，学生也应该乐于用学到的知识解决身边的问题。怎样培养学生的综合思维，是我一直思考与惦念的事情。

在讲到世界气候时，南北回归线附近大部分地区以热带沙漠气候为主，而中国东部北回归线穿过的地方却是季风气候时，我问学生："为什么中国东部地区以季风气候为主？"学生迅速回答："因为中国地处世界最大的大陆东侧，并面对世界最大的大洋。"我也迅速地追问:"这样的地理位置对气候有什么影响?"学生们自信地说:"夏季风强呀!"看来学生对之前的知识学习得很不错,但我就是要"难为难为"学生。

我继续追问:"为什么夏季风在这样的地理位置就强,夏季风怎么形成的?"有些学生开始犯嘀咕了,不知道该如何回答这个问题。而对于刚刚学习了物理的初二学生,有些同学立马想到了气压的问题,物理小学霸自信地说:"有些地方冷,有些地方热,空气热胀冷缩,冷的地方气压高,热的地方气压低。有了气压差,气压高的地方空气就会往气压低的地方流动,风就形成了。"说罢,还在黑板上画了个简笔图(图17)。

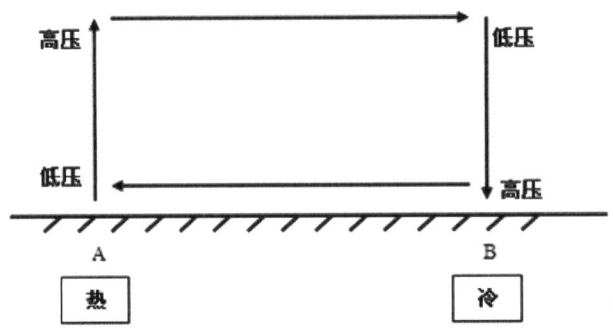

图17 "物理小学霸"画的关于夏季风形成的原因

物理小学霸讲完,大家都恍然大悟,原来地理问题可以用物理知识解答呀!我立即表扬物理小学霸说:"物理学得不错,而你能用物理知识解决地理问题,老师是真的佩服你!"接着我又装作为难的样子说道:"可是这样没有解开我的疑惑,我知道了风是怎么形成的了。可是我国东部的季风怎么来的呀?"

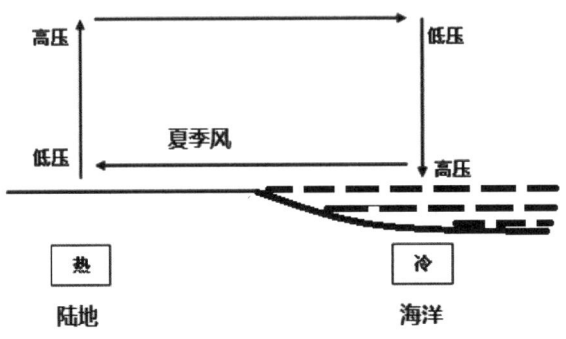

图18 "物理小学霸"画的关于我国东部季风形成的原因

这个时候,其他同学就争先恐后地给我讲起了物理知识:"老师,夏季风是在夏季吹的风,夏天的时候海洋气温比陆地气温低!"说罢,就在刚刚画的图上进行了修改,展示了我国夏季风形成的原因(图18)。

我继续追问:"夏季海边凉快,我们都喜欢去海边避暑,这我知道。可是,为什么海洋气温低呢?"同学们一脸无奈又有些小傲娇地说:"老师,这是因为水的比热容大,我们物理课上都学过了!"这个时候,我觉得孩子们自信又可爱。

用地理知识引发学生思考,用物理原理解决了地理问题。我相信在今后的学习生活中,学生想起这节课,也会有一种刨根问底的精神,打破学科的界限,捕捉思想的流星。

丝路文化 滋润成长
北京市房山区良乡第四中学 洪阳

2022年1月30日,我又收到我第一届班级的班长给我发来的新年祝福。原来我的大班长在高中阶段已经获得诸多荣誉,不仅在高中继续担任班长这一职位,在北师大良乡附属中学还担任学生会主席、辩论队队长、三希讲堂主讲人、校级十佳中学生,也在区里崭露头角,获得区级优秀共青团员、区级新时代好少年等荣誉称号,他给我发来近20项荣誉。我问道:"对于你初中的成长,你认为印象最深的是什么啊?"他说:"对我影响最大的就是咱们班的'一带一路'课程,其中的许多活动让我明白了许多道理。像咱们那个历史剧,还有去西安的研学,还有您对我的嘱托和教导,再就是您不同的教育方式,有格局,不死板,不苛责,这都让我受益匪浅,这都是我在高中这个平台更好施展的基石……"他的话让我不由得想起我的大班长的成长经历。

第一次见面,是开学前打扫班级卫生、发书等工作结束之后,我请这些"劳动力"们吃拉面,他一言不发,全程吃面,做事情也不是很专心。用同学们的讲话,他是属于那种"闷骚"的性格,但是令我没想到的是,他想竞选班长,而且在竞选的演讲中他也说得不错。看来这个学生还是一个有想法的人,虽然他在各个方面都不是很突出,既然他有想法,而且有干劲,作为班主任的我决定疑人不用、用人不疑,全力支持他担任班长。

当时我们的班级正在做"一带一路"课程,属于探究性课程,并利用研究性学习的方式来开展,分为古代丝绸之路和现代"一带一路"两个阶段,每个阶段都包含着文献研究、调查问卷、实地考察、主题教育等。在课程规划和实施过程中,我根据班长的不足,一点点地对他进行培养,给他不断地压担子,来促进他的成长。

要想当好班长,一定要有威望。在古代丝绸之路和现代"一带一路"倡议文献研究阶段,我教导他如何树立自己的威望,同时也让他懂得如何进行合理的规划、分析、评价等,提高他的归纳总结能力和思辨能力。首先我把班级分组的任务交给他,也把文献研究中最重要的部分交给他处理。起初,他好多次跟我吐苦水,我都一一给他指明错误,哪里出现问题,应该怎么做。在我的幕后指导下,"一带一路"课程文献研究阶段圆满完成,他很有成就感地和我说:"老师,幸不辱使命。"我说:"咱们搜集资料阶段你都学到什么啊?"他说:"老师,通过这次搜集古代丝绸之路资料,我了解古代不同时期丝绸之路的发展历程,重要的一些人物和事件。在搜集资料的过程中,我学会在图书馆检索书籍,然后通过目录快速进行浏览,还有就是在网上查阅资料过程中,刚开始是看到了就复制粘贴,但是后来经过进一步的查找发现网上有些知识是错误的,对于这些知识要继续查阅权威性的资料,比如说书籍、百科,或者向相关教师请教。我发现这个问题后,又和各组说明情况，他们有的也回去进行重新梳理总结。"我鼓励他："这点你做得很好，咱们的课程知识必须要严谨、要重证据，你们找的资料有些是微博或者人云亦云的，有的是猜想，就不能当作咱们课程中的资源。""对对对，我还真总结了，这个大多数不靠谱的都是从微博、个人的美篇什么的找到的。"班长非常认可地点头。我继续引导他："除了知识性的呢，比如你分组的时候，还有你的组员都是怎么管理的，他们这次乖乖地把任务完成了。"他一听有点得意了："老师你可是不知道，刚开始我分组这个不愿意，那个不愿意的。你不是和我说，每组按照每个人的能力和关系分组吗？经过我的观察以及征求他们意见，又重新进行分组，的确没有人说什么了，而且都认为我分得挺好。我们那个组那几个人特别不听话，我也是用您的威逼再加上利诱才让他们完成的。有的完成得不好，我也是按照您的方法一点点教他们的。我感觉对于学习，还是方法更重要。"听他说完这些，我也很满意。这第一步的成效算是初步显现了。

班长有个很大的问题是不爱说话，也不爱表达，属于心里有数、外表不显的类型，思维能力和创新意识也不是很强。在成果输出阶段的历史剧，我又让他不断地突破自己，根据张骞通西域这个历史事件来编写历史剧，并且担任张骞这个男一号。起初他不会写，写得像流水账一样，我就指导他："我说你首先要知道这个历史事件的起因、经过、结果，其次你要知道都有哪些人物，这些人物在历史事件的哪个阶段，他应该是一个什么样的角色和心理，再根据这些去编写历史剧。"经过反复地打磨，他上交了一个相对合格的剧本，然后我对他说："既然这个剧本都是你编的，那你看看咱们班谁适合担任哪个角色啊！"在选演员阶段，他有上一次对全班学生的了解后，选择的演员和历史剧中人物性格很符合。在演戏阶段，他总是因为不会表达而表演不好。这是他最困难的阶段，我不断地鼓劲，给他创设情境，他也在不断地打磨中变得越来越好，不再怯场。历史剧获得学校艺术节一等奖，他也获得最佳演员奖，并且在区里进行展示。这件事情过去后，他发生了一个惊人的变化：性格比以前开朗了，表达能力也逐步增强，而且我还发现他的表达要比其他学生更有逻辑性和层次性，这个能力算是初步培养出来了。

随着班长能力的不断提升，我又推荐他去校级辩论队。我教他如何去辩论，让他加入我负责的科技小组并参加各种比赛。他也没有辜负我的期望，在校级的辩论队中，他是最佳辩手，并多次带领学校辩论队获奖；在科技小组比赛中他获得国家级二等奖，而且获得人生中第一张专利证书。他的学业水平也逐步提高，刚来的时候成绩平平，最终中考的时候是班级第一，并且以高分的成绩考进了"良附"，我问他为什么不去市里，他说："我还是想在我的家乡，这里有我熟悉的人、熟悉的事，而且我相信，只要自己肯努力，就不会不成功的。"

"一带一路"课程已经随着第一届学生的中考结束落下帷幕，但是课程中的课程思维、育人方式都是我不断学习、总结并实践的地方。"走进良乡"课程已在行知班拉开帷幕，我也将继续带着课程的开发不断前行……

第五部分　师生发展

与时俱进丰富信息技术课程内容
北京市房山区良乡第四中学　刘劲松

这几年来，我一直从事信息技术教学，目前的课程教材是北京市教育科学院编著的义务教科书版本，2013年出版的。由于信息技术飞速发展，原有的教材很多内容已经不能满足现在的学生情况，现在的学生对信息技术有着强烈的学习欲望，接收和学习新知识很快。为了丰富课程的内容，这几年来我一直在结合学生的实际情况丰富课程内容。

在学生学习计算机网络基础知识的时候，我在学校架设了一个服务器，做了一个校园网站，搭建了 BBS 论坛。学生可以学习实践上网浏览信息，学会注册论坛，发表文章，学会在网上和同学进行友好交流。搭建的校园网站上有适合学生的资源，就让学生下载。使用内部校园网站的好处，在于既让学生巩固了网络知识，又隔离了互联网上的一些不适合学生的内容。因为学生比较小，自控力比较差，网络上一些小游戏等干扰教学会分散学生的注意力。在这几年的教学中，学生通过这个校园网进行了网络知识的学习，锻炼了能力，是课程中计算机网络基础的有益补充。

在学习音频视频制作的时候，由于学校的机器比较老旧，内存小，"绘声绘影"这个软件有的机器无法安装，便选择安装了 Proshow 这个软件。这是一个电子相册软件，界面简单容易上手，而且是免费软件，制作的过渡效果很多，效果很好。学生通过学习都能够制作出自己喜欢的电子相册。提高了学生的制作音频视频的能力。

在学习 FLASH 动画的时候，结合学生实际，从一些浅显的例子做起，在学生学习逐帧动画的时候，我给学生展示的是小小的火柴人系列动画作品，学生在看完动画片以后，立刻激发了学习的兴趣，在明白了动画的原理后，上手很快。在学会了基本动画的绘画技巧以后，我鼓励学生动手创作。学生在看到自己绘制的火柴人动起来的时候，非常激动。兴趣是最好的老师，有了兴趣，后面的学习学生都能够很专注。通过一学期的学习，学生能够制作出比较简单的动画作品。

在学习 Photoshop 这个软件的时候，我根据学生特点，采取任务驱动的方法，让学生完成自己的创意作品，比如为照片中的人物增加个翅膀，利用 PS 技术合成一个天使。通过这个任务让学生掌握套索、魔术棒等选区工具，图层面板的操作技术，学会抠图、合成图像的基本技术。用学生身边实际的例子，选取一些学生喜欢的卡通人物，贴近学生的生活，学生学习起来很有兴趣。通过给学生布置一些学习任务，让学生在实践动手的过程中掌握图像的处理技术，提高学生处理信息的能力。

在信息技术的教学过程中，我结合学生和学校的实际，对课程进行适当的补充、创新，让学生在学习中感受到学习的乐趣，感受到信息技术发展给人们生活带来的改变，从而主动地去学习信息技术，提高自己的信息素养，达到课程育人的目标。

当反思成为一种力量——

更新自身观念,增强教育实效
北京市房山区良乡第四中学　吴凤兰

随着课程改革的深化发展,初中道德与法治课教学方法的改革也突出地摆在了教师的面前,给广大教师提出了一些前所未有的新理念。通过实践,我觉得教师能否搞好教学,能否达到教书育人的目的,关键在于教师是否适应课程改革,更新观念。

以前,我信奉"严师出高徒",奉行严教学。学生者,学习而已。教师是教育者,学生全靠教师调教,不经锤打,如何成器?我笃信一个传说:王安石是经其父用半山竹子敲打方成伟才的,所以后来自称"半山"。我认为教师只有严厉,才能震慑住学生,使他们害怕,他们才不敢违纪,才能学好知识。而事实证明,这种观念是行不通的。

记得刚教初一时,我对学生不太了解,在讲第八课《我是谁》前,我提了一个问题:"你能说一说你的优点与缺点吗?"学生沉思了一会儿,我就开始提问一个女孩子,她站起来小声地说:"我没什么优点,缺点是有时撒谎。"然后脸就红了。我没想到看似老实的她竟敢承认自己撒谎,于是我的惊讶就自然流露了出来,并随口说道:"你的缺点是爱撒谎呀!这可不好,以后得改。"她坐下了。其他同学都看了看她,然后我又提问其他同学。一个学生慷慨陈词,说了自己很多优点,我问他:"你就没有缺点吗?"他笑笑说:"有吧,可我不知道。"我说那让别的同学来说说你的缺点。结果在我的启发下,周围同学说了很多,我看他脸越来越红,我想这下他可能正确看待自己了。没想到他忽然"呼"地一下站起来说:"老师,这不是专给我开批斗会吗?"我惊讶极了,没想到他竟然当众指责我,这要不镇住以后还怎么教育他们。于是我对他大声指责,连珠炮似的责问使他无言以对,泪流满面。在我声嘶力竭地呵斥下班里异常寂静,不知为什么,我感到学生对我很反感,我很孤单。

这一天,失败感紧紧缠绕着我,促使我不得不反思。我仔细回想了一下这节课的过程,发现自己犯了一个很严重的错误:对学生不够尊重,缺乏教育机制。现在的孩子民主平等意识强了,老师为什么不能理解学生接受学生呢?比如今天,难道不是我错了吗?"师道尊严"是指整个教育事业的尊严。严师要严在教师身上,如果教师只要自己的尊严,不管学生的尊严,将严重伤害学生稚嫩的心灵。我决心改进管理纪律和教育教学的方法,尊重爱护每一位学生。

又一节课,讲《认识自我力求准确全面》时,我说:"上一节课有一个同学敢于承认自己的缺点,这是最诚实的表现。她说自己爱撒谎,事实上,从上节课开始,她已经成为一个勇敢而又诚实的好孩子了。而老师在上节课没有及时认识到这一点,让这个同学受了委屈,老师在这里向她道歉,也希望全体同学向她学习,正确认识自己,不断改正缺点,取得进步,这也是我们学习这节课的目的。"我注意到,从上课到现在,她终于抬起了头,用一种惊讶的目光看着我，其他同学也领会了我的意思。从此，道德与法治课上，他们都能积极勇敢地回答问题，而这个女孩子也私下悄悄对我说："老师，我觉得您就是个心理学家。"这次轮到我不好意思了。

苏霍姆林斯基说："批评的艺术在于严厉与善良的圆满结合，学生应该在教师的批评中感受到的不仅仅是合乎情理的严厉，而且是对他充满人情味的关切。教师应该成为孩子的朋友，深入到他的兴趣中去，与他同欢乐共忧伤，忘记自己是老师，这样孩子才会向老师敞开心灵。"在此指导下，我摒弃了大喊大叫的"严教"，代之以充满情感的关爱。学生不会回答问题，我不指责不辱骂，以鼓励代批评；学生迟到，不罚站和追根盘底，而是安慰其安心听讲；学生在课堂上看课外书或做其他小动作，我或利用提问提醒他，或在无人察觉中走到他身边，抚摸一下他的头或肩；实在要批评的，也是以眼神代批评，或者表扬好的以激励大家。从此以后，师生关系越来越融洽，课堂气氛也轻松愉快，有效地促进了教学开展。

让学生喜欢你的课，得先让学生喜欢你这个老师，这就需要你具备很多的素质。进入21世纪，学生的需求更加多样化，学生喜欢的老师首先得衣着得体，不能太时尚，这样学生容易把注意力转移到你的衣着上，从而分散学生的注意力；也不能太落伍，学生可不喜欢老学究的古板样子。穿着应该符合教师的身份，端庄、大方、得体，令人赏心悦目。除此之外，一位教师要得到学生们的喜欢和崇拜，还要具有深邃的思想、广博的学识，讲课时如能做到旁征博引更好，语文、历史、地理各学科的知识都要懂一点。有一次，上道德与法治课，需要用到历史知识，问到同学们时都默不作声，回答不上来，我一五一十把整个事件的来龙去脉给他们讲清楚，连事件中的年月日都说得清清楚楚，这时，我就听到下面有人窃窃私语：老师懂的可真多呀。让学生佩服你的学识，自然就会喜欢你这个人，从而喜欢你的课。

由此我想，培养健全人格需要宽松愉悦的育人环境，严当有理有度。学生只有亲其师才能信其道，教师必须关心他们的成长，耐心解答他们的问题，帮助他们解决困难，才能博得学生的信任，从而取得良好的教学效果。

一个"差生"的探索之路

北京市房山区良乡第四中学　赵淑静

一位老师开玩笑说："在课程研究过程中，你是个差生。"我掩面，不好意思地说："我还在门外呢！"说实话，教学这么多年来，我的教研意识比较差。近两年，学校教研风气日渐浓郁，我这个"门外汉"也进了门，勉强成了一名差生，在课程研究过程中努力学习、探索。

一、搜索语文课程资源，为备课打下基础

在备课前搜索课程资源，是我做得最多的一件事。我教学三十多年，对绝大部分课文内容都很熟悉，为了避免因循守旧，能够与时俱进，我广泛搜索教学资源，加强学习：专

家的讲座，教研员的指导，精彩的课例视频，优秀的教学设计……再结合自己学生情况，编写教学设计。

作文教学一直是我的短板。一次，我讲《怎样选材》，下决心要努力上好这节课。我认真研读课标和教材，有了一个初步的教学设计。学校给我们买了很多教育教学的书籍，我读了相关资料，记下一些改进意见。我又上网搜索资源，网上这类资源特别多，我发现不管小学、初中还是高中都在讲这个内容。那么针对初一的学生，我的课起点和终点是什么？我再次研读课标，又回顾学生的作文情况，重新进行了教学设计。上课时，我请来同组的老师听课，他们为我提出了很多宝贵的意见。整合大家的意见后，我修改完善自己的教学设计，再次上课，得到了大家的好评。这算是我在课程研究上迈出了一小步吧。

二、引入多样化的教学资源，为课堂教学助力

教学资源的范围是非常广泛的，合理、恰当地把多样的教学资源引入课堂，能够很好地提高课堂效率。

学习古诗文，引入作者的情况和写作背景，能够使学生知人论世，更好地理解诗文思想内容。

学习《〈论语〉十二章》，再补充一些章节，让学生能更好地领悟先贤的思想，有所启示。

学习《黄河颂》，出示黄河的图片、视频，倾听《黄河大合唱》，激发学生的民族自豪感和自信心。

学习《人民英雄永垂不朽》，以习近平总书记的话导入："一个有希望的民族不能没有英雄，一个有前途的国家不能没有先锋。包括抗战英雄在内的一切民族英雄，都是中华民族的脊梁，他们的事迹和精神都是激励我们前行的强大力量。"以此唤起学生对英雄的崇敬之情。欣赏电影《长津湖》、电视剧《香山叶正红》中渡江战役的片段，介绍每次战役中我军的伤亡人数，让学生深刻认识到，我们今天的幸福生活是无数先烈、无数英雄不怕牺牲、浴血奋战换来的，让英雄的精神在学生心中落地生根，学生都能从中汲取精神力量。

语文有先天的学科优势，紧扣课标，结合教材，把丰富多样的教学资源引入课堂，能切实提高教学效率，也有助于学生整体素质的提高，更能培养学生良好的道德品质，真正落实"立德树人"这个教育的根本任务。

三、充分利用学生资源，促进学生发展

学生是学习的主体，他们的资源更是丰富和宝贵的。在语文教学的各个环节中，我尽量挖掘和利用学生资源，"取之于民，用之于民"，这样，最大限度地调动了学生的积极性，使学生成为教学资源中最活跃、最生动、最有潜能的资源，优化了课堂教学，促进了学生的学习效率，提高了课堂教学效率。

在利用学生资源上，我是从两方面入手的。

一方面是让学生搜集、分享资源。比如学习《邓稼先》，让学生从不同渠道，搜集邓稼先的事迹，更加全面、充分地认识他的精神；搜集像邓稼先一样默默无闻为祖国作出巨

大贡献的人物的事迹,引导学生树立正确的人生观和价值观。进行写作训练时,请一些同学与大家分享自己在生活中遇到的感人的人和事,分享自己的进步与成长,引导学生发现生活中的真、善、美。

另一方面是把学生当成教学资源。我把班里的学生分成几个学习小组,每个小组里有不同层次的学生。在课堂教学中,有的问题需要小组讨论交流。遇到难点,成绩优秀的学生能够起到领导作用,对其他同学进行讲解指导。有的学生虽然成绩不太好,但是有新奇的想法、独特的视角,或者提出一些有价值的问题。其他的形式还有,充分发挥课代表的作用,提高学习效率;一对一互助,切实帮助学习有困难的学生;阶段性测试后,请一些同学分享自己的学习经验……对语文教学而言,这些都是非常好的资源,所有人都能从中受益,都能有所发展。

我虽然有三十多年的教龄,但是在课程研究过程中,我还是个差生。我不会轻言放弃,正在努力学习、探索、实践,尽量跟上大部队,为我们这个优秀的集体贡献微薄之力。

一次国旗下的讲话
北京市房山区良乡第四中学　苗丽娜

今年11月的某一天,轮到我作为教师代表进行国旗下讲话。

说实话,在我还是学生时代的时候,就很羡慕、很向往能够作为学生代表站在全校师生面前的同学,但一直没有机会,我想,也许是我不够优秀吧。直到成为一名教师,看到一个个优秀且自信的孩子作为旗手、护旗手、学生代表站在队伍的最前面被介绍或是发表演说,内心仍然是艳羡的。就在去年,我还想向学校申请,作为教师代表向初三毕业班的孩子们说点什么来着,却不知因为何故搁浅了。

在工作了18年之后,我终于等到了今天这样一个机会,说不激动那是假的。

讲话的主题是"党史宣讲系列之伟大抗美援朝精神"。作为一名历史教师,对于抗美援朝战争、抗美援朝精神还是能说出个一二的。但是作为这样一个正式的场合,要面向全校师生进行一次宣讲,还是半点马虎不得。为此,我查阅了好些资料,特别是充分利用了"学习强国"这个平台。在阅读了大量文章后,我按照抗美援朝的背景、经过(包括起止时间、主要战役和主要英雄人物事迹)、抗美援朝精神的内涵以及如何继承和发扬抗美援朝精神这四个方面写成了一篇发言稿,并经过反复推敲做了语句上的调整和删减。还准备了A版B版两套字数不同的方案,并进行了模拟演练,目的是调节语调和控制时间。

在准备的过程中,我突发奇想,想在结尾处配以学生齐声演唱歌曲作为师生间的一个互动,也作为点睛之笔来结束我的讲话。但我没想到的是,就是这样一个"奇思妙想",使我的这次讲话兵败滑铁卢。

我讲话的那天,天气异常寒冷,还刮着风,我站在队伍最前面,手微微地颤抖,声音也微微地打颤,我甚至紧张得不敢直视学生们的眼睛,生怕念错了稿子。等到我向学生们发出信号,"下面有请初一全体学生用歌声做出响亮的回答"时,队伍中,一名学生用单薄却洪亮的声音开始了领唱,然后,我就几乎听不到任何声音了。我紧张但仍不思悔改,仍固执地要求学生再唱一遍,结果声音仍然稀疏零落。我不知怎样结束了讲话,又怎样退下台去。只觉得眼前一束束明亮的烟火倏地燃尽,然后天空突然暗淡下来。

我悻悻然回到队伍的最后,又悻悻然回到办公室,躲开密集的人群和嘈杂的学生,直到午休时躺在宿舍的床上,我仍在思考,为什么会这样?

想明白时,我仍睡眼惺忪。为了及时地把总结和反思记录下来,我强迫自己离开温暖的被窝,于是有了现在这一篇文字。

总结和反思大致如下:

国旗下讲话,也是学校教育活动的一种,也应该像老师们平时给学生上课一样,精心准备。

1. 备学生。要提前了解学情,了解学生对所讲内容已经了解多少,应该掌握多少。经过调查,初一初二的学生还没有学到抗美援朝,而初三的孩子虽然已经学过,但也差不多遗忘了,因而在设计时要贴近学生能力水平,力求简单易懂。

2. 备内容。本次讲话的主题是伟大抗美援朝精神,因为考虑到学生普遍对抗美援朝了解不多,因此在设计时将教育内容分为抗美援朝的背景、主要经过(起止时间、主要战役、主要英雄人物及事迹)、抗美援朝精神的内涵和如何传承抗美援朝精神四个部分,力争内容上通俗易懂,条理清晰。这一条基本做到了。

3. 备时间。讲话前要经过几次试讲和演练,就像做一节大型公开课一样。内容太少,时间太短,显得准备不足;内容太多,时间太长,又显得拖沓。因此,经过多次练习,我删掉了一些不太通顺的语句,还准备了AB两套方案。其实就是一个课容量的问题。

4. 备配合。如果涉及学生活动,一定要跟学生提前打好招呼,很明显,在这一点上,我高估了我的能力。虽然做了前期调查,会唱《中国人民志愿军战歌》的人不是很多,然而我错误地认为,如此简单的旋律,给他们听一遍,跟唱一遍,周末再听一听、练一练,肯定没问题。然而,我想多了,学生在某些问题上,并没有那么积极主动。或者,还有其他原因,比如,学生不好意思在众人面前表现自己。

5. 备预判。就是预先判定可能出现的突发状况。开始我还知道根据时间的长短,准备两份稿子,后面涉及学生配合的时候竟然忘了考虑两种情况:一是学生回家练习了,基本会唱,但由于气氛比较严肃,不敢放开唱,这种大概可以因势利导,激励他们再唱一遍;二是学生根本没有练习,不会唱,即使他们胆子够大、嗓门够亮,也出不来我想要的效果。而我在展示前,并没有再去了解学生回家到底练没练习。这是非常大的一个疏忽。

6. 备其他。还有一个很严重的问题,就是当时我萌生这个想法的时候,已经是周四了,再过一个周五、周六和周日,就该展示了。经验主义使我错误地认为,这首歌曲耳熟能详,听听就会,却忽略了孩子们跟我并不是一代人,我没有抽时间对他们进行教唱和练习,只是进行了简单地指导,而这显然不够。经验主义害死人啊!

因为以上种种,本来想让人眼前一亮的一次展示,结果变成了大型"社死"现场。我自己一个人在台上领唱，台下只有孤零零的几个声音与我配合。

事后，我想了想，也可能是因为面子的关系，我明知道师生配合可能达不到预期效果，但因为已经把话说出去了，不好意思收回，临时再改方案。再有，状况已经出现之后，我其实也是可以用言语进行补救的，比如："虽然孩子们的声音不够响亮，但我想你们的心里都有了答案，希望在今后的学习中你们能用实际行动告诉我，告诉大家！"当时却只是尴尬在那里，忘了进行补救。

我沉浸在这伤痛里不能自拔，然而校领导并没有批评和指责我自作主张，反而肯定了我的创新意识，就像我们努力保护孩子们的主动性一样。在受到领导的肯定与鼓励之后，我想以后一定要加强自身的能力和素养，一定要把领导交给我的任务做好做强。我会把这次的失败当成一次教育的契机，我预想可以在班里搞一次唱响红歌的主题活动，可以由我提前帮孩子们选出几首歌曲，再由孩子们进行选择和学唱，也可以由孩子们自行选定已经会的歌曲，由我审议，可以进行跨学科整合，甚至可以延伸为元旦联欢的预选。不知是否可行？

学无止境，勤则可达，志存高远，恒亦能成。我会用这句话激励自己和学生，希望不久后的将来，我们都能成为更优秀的人！

"数学思维"怎么教
北京市房山区良乡第四中学　朱春梅

一个周一的下午，我在办公室批改作业，一个平时不爱说话的小女孩走进了办公室，进来后，却一直不说话。我拉起她的手，她终于鼓起勇气说道："老师，我想学好数学，提高数学成绩，怎么能让我的思维发散呢？"我鼓励并表扬了她，并制定了一个短期的计划。小女孩走后，我想了很久，怎么能让孩子们学会学数学呢？

在课堂教学中，如何设计教学是"教"学生思维呢？如何进行解题教学是符合学生层面的思维教学？如何基于学生实际，满足学生数学学习需求？我对《图形变换下探究几何问题》这节课，进行了反思。

这节课关注的问题：在几何综合题中，复杂的图形是如何形成的？在图形形成过程中，如何更好地培养学生思维活动？

几何综合题，图形比较复杂，学生看到后无从下手，找不到解决问题的方向。本节课的解决办法是追根溯源，以教材为根本，以学生熟悉的等腰三角形和正方形为基本数学模型进行旋转变换。教学中，提出问题让学生通过旋转构造新图形，就如何找到特殊图形、特殊位置关系进行研究，随后进行更深入地挖掘、探究。

例题：如图19，O为正方形ABCD的对角线的交点，将线段OE绕点O按逆时针方向旋转90度，点E的对应点位点F，连接EF，AE，BF.

（1）请依题意补全图形。

（2）根据补全的图形，猜想并证明直线AE与BF的位置关系。

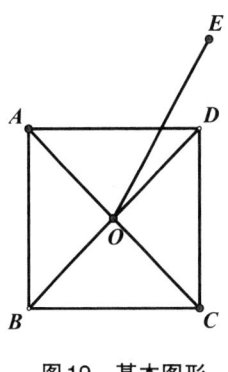 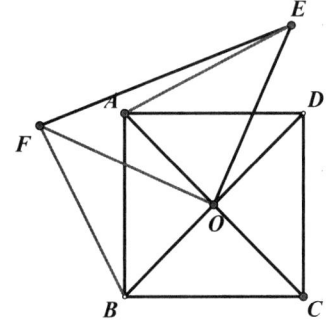

图19　基本图形　　　　　图20　联想相关图形

平面几何有关四边形的综合性问题，对应的图形往往是复合图形。如何理解这个复合图形呢？首先，不要直接给学生画出这个图，而是引导学生依据题意，一笔一笔把这个图画出来（图20），在画图的过程中直观感受图形的几何特征；之后，教师就要像讲故事一样，引导学生理解这个复合的图形，向学生提出有思维含量的问题，如：图形中有哪些熟悉的基本图形？如何应用基本图形（图21）？看到这个图形你还能想到相关图形吗？（图22，图23）

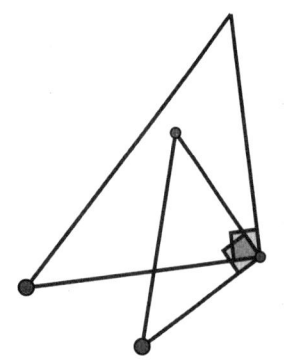 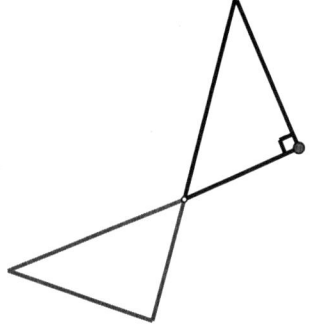 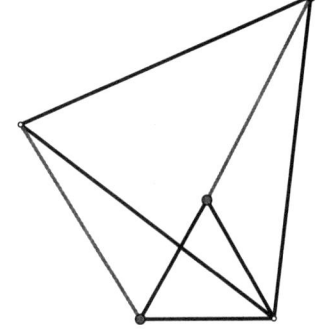

图21　基本图形　　　　图22　联想相关图形　　　　图23　联想相关图形

由于综合题图形比较复杂，学生层次有差异，所以，师友合作、小组合作，学生之间的互助起了润滑的作用，给了学生更大的学习信心。几何画板给学生提供了帮助，解决了旋转中的一些障碍。图形从简单到复杂的生成过程中，探究图形中各元素之间的关系，始终遵循思维先行，创设条件，让学生体验思维的形成过程，重视元素间的关系，通过直观观察，有序思考，培养了学生分析问题、解决问题的能力，积累了探究活动经验，找到了解决问题的方向。

在教师所提出问题的引导下，学生能够感悟到：图形之间就像读懂故事里主人公的性格、理解各色人物之间的关系一样，每个图形的几何特征、地位，图形之间的关系就都掌握了，从而为顺利解决问题铺平了道路。

课后反思：

课上画图用的时间过长，学生对于旋转变换还不是很熟悉，借助于表格和多媒体工具几何画板，更直观，学生易于接受，节省时间。也可以利用手上现有工具进行旋转，加深学生对图形变换的理解。

画图后得出结论 AE⊥BF 后，引出第二个活动，带着问题让学生找复合图形中的基本图形，根据图形间边角元素间的关系，能够得到哪些结论呢？又有哪些新的结论出现呢？

活动一的设计，旋转后的图形与原三角形有重叠，构造出新的全等三角形，旋转后构造的等腰三角形与原正方形中的等腰三角形有一个顶点重合，明确图形特征。旋转后的三角形与正方形的对角线有交点，找到全等三角形，再去进一步探究边角关系。再追问还有没有隐藏的特殊三角形，让学生借助隐藏的 AE 与 BF 的位置关系，添加辅助线，得到又一个基本图形，从而问题得到解决。

在现实的课堂中，死气沉沉的教学状态还是不时地出现，责任一定是在于教师。我们一定要知道，课堂教学的思维活动不是教师一个人的事，如果不珍惜学生的思维活动，不研究如何激发学生的思维活动，教学的无效性就会成为可能。

好的数学课堂教学的标志之一就是学生们喜欢数学、爱上数学课。喜欢的理由会有很多，数学自身的魅力是最主要的，数学课堂的魅力同样也是非常重要的。把我们的数学课上得更有"故事"性，让充满理性的数学教学也有感性的氛围。好的数学课，思维活动不应是平淡的，教学的过程要有悬念，有思维的冲突，能够让学生产生顿悟、惊喜。为此，教师就要像讲故事的作者那样，精心设计自己的教学，让课堂教学中的思维活动精彩起来。数学课堂教学活动应当是一个活泼的、主动和富有个性的学习活动空间。让学生在动手实践中，在自主探索中，在合作交流中去思考，去质疑，去辨析，直至豁然开朗。数学学习也便真正成为学生的主体性、能动性、独立性充分发挥，不断生长发展提升的过程。

兴趣是最好的老师
北京市房山区良乡第四中学　郭小伟

学习，对于我们每个人来说都是苦乐交织的。因为学习是一个探究和发现的过程，需要克服困难，刻苦努力，也正是在这个过程中，我们不断地发现自身的潜能，获得一种不断超越自我的快乐，而一直支持我们快乐学习的支柱就是兴趣了。

孔子曾说过："知之者不如好之者，好之者不如乐之者。"从中也就可以看出兴趣在学习中有着不可忽视的重要性了。

中小学劳动技术课程标准中指出，激发学生对技术的兴趣，开发创造潜能。一味地传授知识，不结合学校的实际情况，不联系学生的实际认知，不切中学生的兴趣所在，将不会使知识真正被学生所掌握和长期实践、使用，乃至形成应用于实际的良好信念。

学生的学习兴趣是学生积极性中很现实且十分活跃的心理成分，它在学习活动中起着重要的作用。兴趣可以转化为内在动机，可以成为推动、引导、维持和调节人们进行某种活动的一种力量。学生学习动机强就会采取积极的学习态度和学习行动，因而就会取得良好的学习效果，就能得到学习需要的满足，进一步加深对学习的兴趣。反之，如果学习缺乏动力就会导致恶性循环，没有学习兴趣就会产生消极的学习态度和学习行动，造成学习成绩低下。兴趣作为非智力因素的重要方面，对教学活动起着调节作用，对完成学习任务起着推动作用，对能力的培养和智力的开发起着支撑作用。

在我的劳动技术课教学中曾发生过这样一件事情，让我记忆犹新。那是在七年级的剪纸系列课程的教学中发生的一件事情。在剪纸的课程中有一节是体验传统剪纸。课上我带领学生们学习了传统剪纸的知识，并且让学生们亲身体验了传统剪纸的制作方法。每一位学生都发放了一份剪纸的素材，这个素材由两张纸组成，上面一张打印有剪纸图案，下面一张是大小相同的红纸，学生们可以利用剪刀或刻刀，采取剪或刻的方法操作上面的纸，最后保留下面形成的图案的红色纸。剪纸的图案为十二生肖，其中龙的图案最为复杂，属于较高难度。当时有几位平时比较马虎的学生选择了这张龙的剪纸，因为龙的剪纸比较复杂和难以操作，需要很大的耐心和细心，所以当堂课那几个同学并没有完成，我让他们几个回家去试着完成，同时也并没有抱以太大的期待。在一周后的一天，其中的一位男同学突然来到了我的办公室，向我展示了他完成的龙的剪纸（图24）。我当时很是震惊，因为全年级那个男生是唯一完成龙生肖剪纸的学生。当我问及他具体情况时，那个男生腼腆地说，他用了一周的课外时间，包括课间和晚上的业余时间，一点一点地刻、一丝一丝地剪，最终完成了这个作品。我问他：你平时做作业都没有这么大的动力，怎么这次花了这么多心思呢。那个男生呵呵一笑：喜欢呗！看着他稚嫩的脸庞，我深有所思。

通过这个教学中的小故事，我逐渐领会到了，一个人对一件事情的兴趣，对完成这件事情，乃至创造出无法想象的成果是多么的重要。百度词条对"兴趣"的解释如下："兴趣是人认识某种事物或从事某种活动的心理倾向，它是以认识和探索外界事物的需要为基础的，是推动人认识事物、探索真理的重要动力。兴趣对有的个体来说是在生活中长期形成的，也有的是在一定的情景下由某一事物偶然激发出来的。"那么，怎样在教学中培养学生学习兴趣，怎样把发展和保护兴趣贯穿教学的始终呢？首先，应注意满足学生学习的成功欲。中学生的求知欲是相当强的，因此，教师在教学中要设法让学生在学习中取得一定的成就，获得一些成就感，而这种成就感往往要在日常生活或具体的交际中才能获得。如果我们在教学中能够抓住不同学生的不同兴趣，指引学生通过良好的兴趣激发出对学习的兴趣，逐渐培养学科知识认同和深入钻研的长期动力，势必会对教学和学生的学习产生巨大的帮助。

第五部分　师生发展

图24　故事中学生的剪纸作品《龙》

作业，如何让孩子爱上你
北京市房山区良乡第四中学　高利

以前，我是没有"课程"意识的，一说起"课程"，就觉得距离我们很遥远，觉得那是制定课标、制定教育制度的专家所需要考虑的。但是，通过学校开展"课程领导力提升"项目，通过专家的指导、讲座，通过教研组的研讨，通过自己的学习，我对"课程"有了更全面、更深刻的认识。

我逐渐认识到：课程所包含的内容是很丰富的。从内涵上看，课程有广义和狭义之分，广义的课程是指学校为实现一定的教育目标而选择和组织的全部内容及其进程；狭义的课程是指某一门课程，即教学科目。实际上我们做的都属于狭义上的课程，都是为广义的生态课程服务的。课程的形式和方式是多样的，我们平时所做的"研究性学习""主题式教学""探究式作业或活动"等都属于"课程"的范畴。了解到这些，我恍然大悟，原来我们每天进行的教学实践，都是贴近"课程"的，原来"课程"离我们一点也不遥远。而我们要做的，就是借助对"课程"的不断推进，不断更新自己的教学理念，改变自己的教学方式，以适应学生不断变化、不断更新的学习需求。

在这样的思想指引下，我在教学实践中，有意识地向"课程"靠近。比如：从作业做起。

一、设计作业

十一假期快到了，留什么作业呢？按照以前的思路无非就是写作文或是写配套的基础练习，着眼点都是巩固学生的基础知识，对于学生的语文素养却无从提高。关键是，学生毫无兴趣，完成质量也不高。而今年，因为接触到了"课程领导力"的概念，对如何站在学生的角度思考语文素养的提升、学习能力的提升，有了更迫切的需求。于是，我们备课组集体研讨，设计了旨在提高学生语文素养的，受学生喜爱的假期作业。这份假期作业除了必做的基础知识巩固作业外，我们把重心放在了"自选作业"上。所谓"自选作业"，就是要求学生根据自己的兴趣和特长，每个人选择一项任务完成。自选作业内容如下：

（一）主题一："讲述我家乡的变化"

任务形式：

1. 可以写成图文稿（配上家乡美景的照片，自己写解说词）。

2. 可以将家乡的美景拍下来，配上解说词，制作成美篇。

3. 可以把与老人们谈家乡变化的聊天内容制作成视频。

4. 可以自己录制一段视频，拍一拍家乡美景及变化，自己配上解说。

5. 可以翻看家里的老照片，翻拍；再拍几张现在的照片，进行对比，看看自己的家以及家乡有什么变化。将其制作成PPT。

（二）主题二："述爱国之情"

任务形式：

1. 书法（爱国诗篇、爱国名言）。

2. 手抄报（以爱国为主题，如爱国诗歌、爱国散文）。

3. 自己原创爱国散文或诗歌（写在稿纸上）。

二、指导作业

在放假前，给学生展示了作业的内容，让学生根据自己的特长和兴趣自选一项或两项，课代表登记。又给学生指导了拍摄视频可以选择什么素材，制作美篇可以选取怎样的照片，书法作品可以选取怎样的材料，图文稿可以怎样用word进行文档制作等。经过一定的指导，学生明确了自己的任务以及怎样完成自己的任务，也获得了一定的指导与支持。

在假期中，就有学生问一些问题，有关于具体要求的，有关于格式的，有和我探讨内容的，也有做出成品要求我给修改的。我都是一一回复，给予学生指导。比如：学生马浩源，比较认真，做完后，就发给了我，让我帮忙修改。我对他图片的选择、句子的表达，甚至标点的使用，都提出了修改意见。他也不厌其烦地一遍一遍修改，最终成品很精美。作品完成后，我第一时间发到了学生群与家长群里展示。经此一次，马浩源不但对语文的兴趣越来越高，自信心、表达能力、美学素养等，都比以前有所提高。

三、作业展示

10月8日，利用语文课进行了作业成果展示。展示学生视频作品时，学生兴致高涨，因为大多数学生没想到能有同学做出这么好的视频，还对路人进行了采访。在展示完后，我让拍摄视频的同学说了自己拍摄时遇到的困难，以后要注意的事项。学生说和路人沟通是最难的，以后在语言表达和与人沟通上需要加强。还有的学生说和别人合作是最难的，由于他们小组合作不太好，导致视频时间过短，取景不好，以后在合作交流上要多锻炼。听完学生的发言，我感叹：这不就是在提升学生的语文素养吗？这些语文素养，在课堂上课本上是不容易实现的。只有借助"课程"的力量，才能更好地实现素养的提升。

除了动态的作品展示，我们还进行了纸质版作品的展示，如学生的手抄报、书法作品、图文稿、自创诗歌等，都有所展示。看到自己的作品展示在墙面上，学生的兴趣提高了，自信心增强了，期待值也提升了。

在作业展示之后，我向学生交代：寒假中，还会布置这样以主题为引领、以完成任务为主的作业，但是，下次你要挑战自己，完成自己以前感兴趣但是又不敢尝试的任务。学生很是期待，我也很是期待。

四、反思

本次作业的成功之处：

（一）这些作业的设计，任务形式多样，给学生提供了多种选择，使每一个学生都能找到适合自己的作业。

（二）这些作业的设计是开放性的，是整合了多种知识技能的综合性任务。所以，对学生素养的全面发展是有益的。

（三）个性化突出。学生根据自己的特长和爱好去选择任务，既能充分展示自己的特长，也凸显了自己的个性。擅长书法的，选择了上交书法作品，擅长画画的，选择了手抄报等。

（四）激发了学生的兴趣，在布置作业时，学生就表现出极大的兴趣。带着兴趣去完成作业，效果要好很多。

（五）锻炼了学生的语文综合能力，发展了语文素养。比如，安泽轩三人组制作了视频。据他们所说，在录制视频时，需要采访别人，但是他们转了一个多小时，才找到了一个愿意配合他们出镜的路人。通过这次锻炼，他们认为，语言表达能力与交流沟通能力特别重要，以后在这方面需要多锻炼。这种锻炼，是课堂上无法实现的。

（六）促进了学生主动学习、独立自主探究的意识。这次作业要求完成的内容，都不是书本上的内容，需要学生自己查找资料，自行探究，才能完成。

不足之处：

（一）本次作业，给予学生的指导还不够，给学生搭的支架不够。

比如，拍摄视频对学生是一个很大的考验。拍摄之前，应该指导学生先制定拍摄计划、确定拍摄点、列好采访提纲、拍摄哪些镜头等，应尽量给学生一个比较完善的指导。再有，给学生一个较为详细的标准，学生才能按照标准去完成。

（二）缺少更为具体的要求与详细的评价标准。

比如，事先没有要求书法尺幅的大小，导致学生出来的作品大小不一，给展示带来不便。

其实，每一项任务，都可以设计一个表格式的评价标准，在布置作业的同时，下发给学生，学生在完成任务时，是带着标准完成的，标准即是指导。

展示作业时，学生也可以按照评价标准进行评价，在评价过程中，学生就会明晰自己的不足，从而不断改进。

（三）没有让学生回顾与反思自己完成任务的过程。

应该让学生自己回顾一下：在完成这样的作业时，你遇到了哪些困难？你是怎么克服的？在完成作业过程中，你觉得自己哪些方面的知识和能力还有待提高？

促使学生反思自己探究学习的过程，关注他学习的过程，应该是比学到多少知识更重要。

（四）这类作业，现在只是在时间比较充裕的假期进行，还没有应用到平时的常规教学中。应该以平时的常规作业为基础，留作业时，也能改变以往的作业模式。平时作业，也可以在一个主题的引领下，设置一个大任务，再将大任务拆解为几个子任务。这需要在平时的教学实践中不断摸索。

现在，我的教学理念、教学方式都有转变，教学设计、课堂呈现、作业设计、活动设计等诸多方面，都有了很大的提升。我也不再仅仅关注学生的考试分数，而是将培养学生的学习兴趣、学习习惯、学习的意志品质、创新力、行动力、思考力、交流沟通表达能力、合作探究能力、对美的感知及表现能力等诸多关于素养的提升，放在了更为重要的位置上。这种思想的转变是"课程领导力"带给我的，我要感谢"课程领导力项目"。

当学生成为一种资源——

"猜成语"趣味活动课
北京市房山区良乡第四中学　卢爱红

今天，教室内传来阵阵笑声，构成一片欢乐的海洋。窗外白杨树相互簇拥发出哗哗的声音，想必那是它们在为同学们的精彩表演鼓掌。这是什么情况？原来班里正在开设"语文趣味活动课"。

爱因斯坦说："兴趣是最好的老师。"我说，兴趣引领学生走向成功。学生感兴趣、适合他们的就是最好的资源。初三的学习难免紧张而枯燥，最近学生的作文更是文思枯竭，为此我绞尽脑汁特别设计了一节语文趣味活动课——猜成语，给学生搭建一个展示个人才华的平台：成语猜谜——你来演，我来猜，课后立即作文，既想解决学生作文没有题材可写的问题，又能激发他们的表演欲，何乐而不为呢？接着，我又在想，演什么呢？突然灵光一闪，我想到现在中考语文的基础知识占比高，越来越重要，心想，何不让学生参与表演猜成语？还能把所学的成语都牢牢记住，为此我设计了这节活动课。

首先，课前我先总结了九年级上册所有的成语，然后制定活动规则，让各组抽签决定出场次序。

课上先学习成语猜谜的活动规则，其中最重要的一条是：运用肢体动作表达，或语言描述，但不能出现成语中的字。否则视为无效，不加分。每组限时3分钟，每猜对一个成语就加一分，猜错不得分，分数最多的组最终获胜！五分钟准备，第一个环节是"你来演，我来猜"成语。

我用PPT先展出一组成语：眼花缭乱、彬彬有礼、大发雷霆、一意孤行、自吹自擂、随心所欲、忸怩作态、鸠占鹊巢。

一组率先闪亮登场，由语文科代表鸣岐和中超先来表演。在中超形象的表演下，鸣岐一下子猜对了4个成语。其中最让同学们印象深刻的，是中超像大猩猩一样蹲着走，还用双手左一下右一下地捶打自己前胸的表演。机灵的鸣岐一下子就猜出是"大发雷霆"。大家都捧腹大笑，教室一下子热闹起来。后来由果睿和姜羽泽登台表演，只见姜羽泽上来就用语言描述道："范进中举后，拍着手，向后一跤跌倒，牙关紧咬，就怎样了？"果睿机敏地回答道："不省人事。"接下来的表演，更为精彩，猜对成语最多的白云组，他们一下子猜对了9个成语。不得不说，上台来表演的二人配合极为默契。同学都发自内心地为他们叫好，钦佩不已！

接下来第二个环节"你来画，我来猜"，考验学生的画工，当然还有默契配合。各组先来明确活动规则，最重要的是：先派出一名同学看屏幕上的内容，在黑板上画出来（不能有字，不能做动作提示），组内其他同学不能偷看，要猜出画的内容，画的同学不能说话，否则此题无效。

这一次，同伴互换角色，果睿画，鸣岐猜。果睿在黑板上先画了一条小蛇，接着又画上了两只脚，同伴立刻猜出"画蛇添足"。他们又博得了大家的喝彩。

这一次是对学生绘画水平的挑战，大家猜一猜，演一演，画一画，玩得不亦乐乎！游戏后，同学们总结的结论是，但凡猜对成语多的人都是学霸。

尽管这一天刚跑完3000米越野赛，但是大家没有丝毫倦怠，个个脸上都洋溢着甜甜的笑容。看得出，学生的兴趣被我激发了出来。我又趁热打铁布置大家写一篇作文，我给它命名为"超级表演秀"。

课堂上同学们都充分发挥了自己的潜能，因为学生本身所潜藏的能力无限，一旦把它挖掘出来，你就是一个功不可没的伯乐。作为教师，我们只有善于发现，善于挖掘，善于精心设计教学，才能使你的千里马跑得更快、更远。

本次"猜成语"趣味活动，让讲台变成了平台，同学们可以尽情地发挥。当然，有的同学表演得淋漓尽致，也有的不是太好，但他们都尽力而为。这个过程就是学习实践的过程，这个过程很重要。这个过程，学生真正成为主体，站在"学习"的正中央，每位学生既是学习者，也是他人的"学习资源"；这个过程，生生关系、师生关系也是重要的"课程资源"，让学习变得更有意义。透过枯燥的书本，这样的欢声笑语，才是我们丰富的校园生活。

放 手

北京市房山区良乡第四中学　殷玉霞

新学年的教学生涯如期开始，教学的内容依旧如故，而我的教学对象却在不停地变动。每届学生都有不同的特色，因此要求老师在教学过程中一定要根据学生的实际情况进行教学，以实现因材施教。

本学期我又教初一了，上了几节课后，我发现这届的学生与以前教的学生反差很大。学生的表达能力较强，自我意识很强，表现欲较强，但是动手能力较差，说得远比做得好。经过几节课后，我发现原来的教学方法已经让太多的学生出现了厌倦的情绪。课堂上更多的学生跃跃欲试，总想说点什么，感觉课堂秩序乱哄哄的。为了让更多的学生在课堂上有所收获，我不得不改变原有的教学方法，让学生手、嘴共用，增强课堂实效性。于是在"地图"一节的教学中，我毅然放弃了原有的教学方法，尝试放手让学生去做。因此，上课时我说道："同学们，咱们今天不讲课了，你们帮老师解决一个问题好不好？""好！"同学们异口同声，小脸扬得高高的，笑得那么灿烂，分明就是一朵朵盛开的向日葵。我接着说："校长让我们画一张良乡四中校园平面图，你们能利用咱们今天学的知识帮帮老师吗？"听罢，他们个个神采飞扬，纷纷打开地图册，拿出教材，一副要大显身手的样子。我按照提前准备好的任务对学生进行分组、分配任务、提要求。接到任务后，学生的积极性非常高，在组长的带领下各司其职，忙得不亦乐乎，真真正正做到了人人有事干。我环视了一下课堂，死水般的沉寂早已荡然无存，教室里充溢的只有格尺的碰撞声、研讨问题的争辩声。我知道新的春雨已润入他们的心田，板结的田块已开始疏松，瘦瘠的土壤开始肥腴。我高兴了，这样我的任务就是答疑解惑了，再也不用一节课都不停地讲，边讲还要边维持纪律，搞得自己身心俱疲。看着他们忙碌的背影，我不得不反思自己的教学方法。孩子们生活在现实世界中，他们对生活有着自己的独特感受和理解，我们的教学要让学生感觉到生活中处处有地理，地理就在我们的身边，只有这样才能够打开教学的视野，拓展课程的时空，激发学生的求知欲。也只有这样，才能创设师生互动、生生互动的地理教学情境，让学生真正经历在交流中进行不断碰撞和在思考中相互交纳的生命历程。

今天的尝试让我明白：课堂缺少的是生命的气息和活力，缺少的是走进学生生活世界的东西。新课程认为教学从本质上说是一种课程的开发。是呀，兴趣是最好的老师，只有开发好课程资源，只有让课程面向学生的生活世界，学生才会最感兴趣，才不会出现学生被动接受知识的场面呀！学生并不是一张白纸，可以让我们随意涂画，他们有着自己的生活世界，老师放手，他们才能有更多的机会学习、试错、成长。我们的教学只有面向学生的生活，才会与学生产生共鸣，才会让地理与学生的生活共舞。

最后，我要说：地理新课程是一道曙光，迎着它我没有理由止步不前，但地理新课程也让我体验到了成长的艰辛及酸甜苦辣。此时此刻，我的心情只能借用屈原的诗句来表达：路漫漫其修远兮，吾将上下而求索。

第五部分 师生发展

学生都是"宝"
北京市房山区良乡第四中学 鲁玉荣

初二数学期末检测刚刚结束,我的数学课代表梁森奥同学兴高采烈地跑到我面前:"老师,填空题最后一个是不是有四个坐标!"我说:"对啊!"他继续说道:"是不是这四个:

$$(1,1), \left(-\frac{1}{2}, \frac{1}{2}\right), \left(\frac{\sqrt{2}}{2}, -\frac{\sqrt{2}}{2}\right), \left(-\frac{\sqrt{2}}{2}, \frac{\sqrt{2}}{2}\right)$$

我俩核对完成后不约而同地相对一笑,而身高一米八且体形硕大的他居然开心地跳了起来!我说:"你真棒!你太厉害了!"他说:"老师,这还要得益于您让我讲的那个题啊!我开始做的时候并不会,也毫无思路,后来您分析讲完方法后我本想这么难的题就算了吧。您好像知道我要偷懒似的,叮嘱我明天再给大家讲得具体详细些。当我真的给大家讲完后,我就彻彻底底地明白了,所以今天考试我就很得心应手了。"他走后我一直在回味他这句话"当我真的给大家讲完后,我就彻彻底底地明白了"。是啊!学生的学习方式往往会决定他的学习效果,学生就是最宝贵的资源。身为教师,适时地挖掘学生身上的宝贵资源,对于他们的学习往往会起到事半功倍的效果。老师要当好他们人生道路上的"加油站",让他们充分发挥自己的潜能。

每个学生都是一个独立的个体,都有其独有的特点,无论是在表现上还是在能力上,都不会完全相同,因此在教学的过程中,我也会关注到每个学生的特点,发挥其优势,弥补其弱势。有的学生思维很快,很快就能有思路;有的学生心里明白,但语言表达能力弱,我都会随时关注他们,适时地给他们讲题锻炼的机会。尤其是有的学生过程写得很完美,但是不能很好地讲解,说明他对知识的理解不够透彻,没有弄清楚知识之间的相互关系,学习只停留在浅层,抑或是表达方面存在问题。针对这种情况,我就会引导学生做题时多考虑解题的依据是什么,解决问题的思路是如何找到的,并且会让这样的学生多讲题或是多录制讲解视频。

另外,对于学优生对其他同学的帮扶,我也给他们提了要求,让班里学困生和中上层学生一对一结对。中上层学生往往处于我们优秀的边缘,由这部分学生担任学困生的学师,有助于促进他们对基础知识的再次理解和内化,促使他们将知识结构化,提升对知识的整合力,为研究综合问题扫清障碍,同时,能当上学师,这本身就是对他们的鼓励。然后这部分学生如果有一些自己解决不了的稍困难的问题,再去找他们的学师,也就是班里的第一梯队的学生,这对第一梯队的学生又是个考验和促进。这样,逐层的学师和学友的制度建立,对中上层学生和学优生都能更有针对性地促进。

学习数学的最大价值在于培养逻辑思维能力,解题方法不是套路,而是思维的产物。类型化、套路化的解题方法由于没有碰触到数学问题的本质,因而对数学思维水平的提高是无力的，对解决数学问题的培养也是非本质的。通过讲题，学生的思维得以训练，知识结构得以构建，能力得以提升。

《数学课程标准》指出：数学课程应使得"人人都能获得良好的数学教育，不同的人在数学上得到不同的发展"。面对学生的复杂性、特殊性和层级性，就要体现因材施教、因需施教的教育理念。教师教学的目的是引导学生通过学习知识体会数学思维，以及解决数学问题的思维方法，会用数学的眼光观察现实世界，会用数学的思维分析现实世界，会用数学的语言表达现实世界，而绝不是知识本身。

罗森塔尔的"期望效应"告诉我们，只要我们对学生寄予在他自身基础上更高一些的期望，并将自己的期望和态度或明或暗地传递给他们，并且一直关注他们的学习和成长，这种对学生的高期望可以有效给予学生学习动力，激发他们的学习热情。学生会按照期望的方式来调动学习的动力和塑造自己的行为，形成较高的自律能力，鞭策自己不断努力学习。教师就是学生成长路上的启明星、引路人，身为教师高度骄傲和自豪。

学会和"沉默"沟通
北京市房山区良乡第四中学　车靓雯

在黄昏的微光里，有那清晨的鸟儿来到了我的沉默的鸟巢里。

——泰戈尔

"怎么了孩子，为什么这次模拟中考的考试，你后面的大题都没怎么写？你是最近遇到什么心事了吗？"一个阳光正好的午间，一个原本应该午休的小朋友被她的历史老师叫到了走廊处，拿着她写了寥寥几笔的答题卡，略带质问却又有些温柔地询问着。

"老师，我睡着了……"孩子肉眼可见的紧张，面对老师的询问，她右手按着左手虎口处，每说一句话就会下意识地扣一下，半个手掌都扣得通红。她的老师有些慌了，似乎两年来都没怎么和这个腼腆、不善言辞却又十分乖巧懂事的好孩子交流过，似乎在所有老师的眼中，她还是一张白纸，一张从没让老师担心过的"白纸"。

老师知道，在人来人往的楼道间交谈，会让她的紧张加剧，所以老师将她领到了一间空屋子里，这是平时老师们的职工暖心小屋，可能这里会让她稍感放松。她的老师也不是很清楚她有什么心事，因为老师也才毕业，这是这位老师带的第一届初三毕业生，她从没尝试过走进这样一个孩子的内心，一个仿佛封锁着重重铁门，还要拉上电网保护自己的内心。

这个稍带慌张的历史老师就是我，而那个孩子，是我带的班级里，十分少见的让人安心的好孩子，她的优秀成绩和她的沉默寡言放在一起，似乎会让所有老师下意识地给她贴上"不用让人担心的好孩子"这样的标签，有时甚至会忽视她。但是她最近的反常，已经不仅体现在历史考试上了，还有课上打盹，课下趴桌子的情况，她几乎和别人毫无交流，别的老师也觉得很难靠近她，有一种距离感。

"学习这么好也会有烦恼吗？"我不禁思考着，开始尝试打开她的心门："考试的时候怎么睡着了，是休息得晚吗？"

她几不可见地点了点头。

"为什么休息这么晚呀，昨天几点睡的？"

"可能……两点多……"

"怎么睡这么晚？是学习吗？"

她摇了摇头："我也……玩手机……"

"我觉得你这样的好孩子应该明白，现在这个节骨眼，还有两周就中考了，怎么还会对手机上瘾呢？"

她低下了头，久久不言。当我看向她的时候，她默默地哭了，这几滴眼泪里，有愧疚，有悔恨，有自责，也有迷茫。这时我就知道，我不能再追问下去了。我站起来，轻轻将她的头拥入我的怀里，一下下摸着头，轻轻地说："不哭啊，好孩子，有什么心事可以跟我说。"她也不开口，只是默默地抽泣着。过了一会儿，我看她情绪稳定了一些，就坐下来，我知道让她自己把心事说出来，几乎是不可能的，我只能一点点地引导她，把这个年龄段的孩子可能遇到的烦恼——列举，观察她的反应，去推测她的心事。

当时我就想："救命啊，这种地狱级难度的闯关，为什么会出现在新手村！"虽然我经验不足，但我还是初生牛犊不怕虎地冲了上去。

"是不是班主任对你的期待给了你很大的压力？"

她摇了摇头。

"是爸爸妈妈经常凶你？""是爸爸妈妈给你很大的学习压力？""是同学们欺负你了吗？"

无一例外地都被她否定了。我想，那一定是她遇到很难过的事情了，而且这一定是她十分在意的事情，对她的打击很大。她感受到了挫折，她遇到了迷茫，她现在不知道怎么办了，所以她只能用娱乐麻痹自己，但是出于想要回馈长辈期待的高度责任心，迫使自己不得不在心情最郁闷、最低落的时候强迫自己学习，结果自然是事倍功半。

虽然一中午都没能让她开口告诉我遇到的问题是什么，但是她在我旁边哭了很久很久。我想，她虽然没有说话，但是情绪已经有所纾解了，是时候可以尝试打开她的心房了。在为数不多的交流中，我发现每次问及父母长辈是不是给予她太大的压力，她都会否定，并告诉我这都是她的问题，是她不争气，她这种自我内耗最后总会转化为自我怀疑、自我否定，最终一定会害了自己。因此，我决定要帮助并告诉她，一切的问题，都是可以解决的！我想，如果用我自己的成长经历，是不是更具说服力呢，总要尝试一下……

"孩子你知道吗，我在初中的时候也像你一样，也曾一度认为这是我的问题，直到我上了大学，学习了心理学我才知道，初中阶段这个年纪，从教育心理学身心成长的研究结果来看，就是情绪极容易不稳定的时期，很容易陷入迷茫，陷入自我怀疑，这是很正常的现象，特别正常！不只你可能会这样，大家在成长的时候都会这样，因为这是成长之路上的必经之路，谁都会经历！我在你这个年纪的时候，我考年级十几二十名，根本没有你优秀，我也曾自我怀疑，自我否定，我不知道自己能有什么样的未来，大家都希望我能考入咱们区最好的高中，所有人的眼睛都盯着我，我当时很窒息！"

话说到这里，她终于抬头，认真地看向了我，我知道，这时候我说的境遇，就是她的困境，她的压力，不止来自一个人！于是我乘胜追击——

"但是你要知道，这个是别人对你的期待，你可以将它作为自己前进的动力，但不能将它作为自己的负担，那是别人眼中的你，不一定是你最终需要走的道路！你现在需要做的，是调整心态，让自己开心起来，健康成长永远是变优秀的前提！所以我认为，你可以有压力，你可以发泄，你可以找任何一个你信任的长辈去倾诉你的苦难，说出你的心事，这都不丢人！"

"可是……老师，我觉得就是我太矫情了……"她终于开口了，我也知道自己该如何去引导她了。

"并不会，每个人伤心难过、快乐高兴的事情都不一样的，老师在小学五年级因为一道数学题做不上来哭了两节课，就算放学我也跟自己较劲不肯走，最终老师稍微点拨了我一些，我用两种方法解答了这道题，我又哭了一晚上，前一次的眼泪是难过倔强的眼泪，后一个是胜利喜悦的眼泪。你看，其实这也是一件很小的事儿，但是它对我来讲，就是值得去开心和难过的事情，我并不会认为是我自己矫情，我的老师也不会觉得我矫情！所以，如果一件事让你陷入长时间的伤心和难过，那对你来讲，就不是矫情的小事，而是一个需要解决的大困难。在初中阶段你需要老师，不仅仅只是因为你需要向老师学习知识和能力，更重要的是，老师是'育人'的先生们，帮助你解决成长路上的困难。成长路上的每一件事，都是大事！"

仿佛是一个人自言自语的独角戏，我演了一中午，我想，她抬头看我、问我的时候，她真的听进去了，但是她仍然没有适应当面和我倾诉，于是我让她回去午休，并告诉她，需要我的时候，我随时在，也甚至可以不用叫我老师，我可以做你成长路上的一位大姐姐！

大概是我中午说的话走进了她的内心，下午放学的时候，她在所有老师和同学们都走了以后，来到了办公室，跟我说："老师我怕您走了……我想抱抱您，谢谢您……"就这样，披着晚霞，迎着月光，一位紧锁心门的女孩子，终于打开了她的心房。原来学习成绩好也会有烦恼，原来老师眼中"让人放心的好孩子"也会让人如此担心，原来，学习和沉默沟通，能帮助到更多的孩子！

就在当晚，她将她遇到的困境与我和盘托出，写了几百字的微信小文章倾诉她的困难，而我也一个个问题去解答，去引导她变得自信，去告诉她遇到困难我们永远站在她的身后，去告诉她尝试各种排解情绪的办法，尽管得到的回应仍然是沉默寡言，但每一次见到她，我都会摸摸头，抱抱她，告诉她"你特别棒"；课后回家了也会提醒她什么时候可以玩手机，什么时候必须要学习；告诉她，她的基础特别扎实，现在觉得不会只是知识暂时被忘却了，并不是不会，只要重新看一遍理解一遍，她仍然可以考得最好……

我也不记得和她说了多少这种话，只记得高考成绩可以查询的当天，她截图把她的成绩发给我，用红色的线标明了历史的满分，我看到她的分数，很满意地笑了，她也十分真诚地说:"谢谢您,老师。"

她仍然是那个惜字如金的她,但是这份感恩真诚无比,因为我帮助了她。而她和她的故事对我而言,更让我学会了和沉默的孩子去沟通,让我明白了原来大学教材上说的孩子的"个性"需要教师"因材施教"是这个意思——教师需要根据学生性格的不同,环境背景等的不同,制定不同的教学方法,才能事半功倍。

我是一个开朗的人,以前的我不理解为什么有人这么沉默,现在的我则学会了如何与"沉默"沟通。如果还有机会见面,我也会对她说:"宝贝,谢谢你!"

小付的故事
北京市房山区良乡第四中学 解建卿

热爱学生,平等地对待每一个学生,让他们感受到老师的关心,良好的师生关系是促进学生学习的原动力。教师在日常教学活动中,要注意观察学生的一言一行,尤其是要注意观察发现那些学困生的一言一行,因为"学生"应该站在课程的正中央。有时教师不经意一个表扬,就可以唤醒孩子的学习动力。

小付,升入初中,上第一节数学课我就认识了他。按理说从小学升入初中,来到了一个新的学校,应该充满好奇,尤其是对教他们的老师。而他在我和同学们互相问好,请同学们坐下时,他一屁股坐下以后,头也不抬就趴在了桌子上。其他同学都是双手放在桌子上,挺直腰板,眼睛直直地盯着我这个新老师。我一看这才头一次上课,就这个态度不对啊,我走下讲台,来到他的桌子前,轻声问:"这个同学是哪里不舒服吗?"他抬起头,我一看,呵,头发很长,乱糟糟地向前长着,他斜着眼睛盯着我,说:"没有不舒服。"我说:"那能不能坐好,不要趴桌子。"他没有说话,主动坐直了身子。我一看,还好,不是一个"刺儿头"。心想,看来这应该又是一个学习有障碍的孩子。在随后的日子里,果真如我所料,上课做练习他不做,作业也不交,有时候上课动不动就趴桌子睡觉。我一看他睡觉,我就向他提问,让他回答问题,你别说,有时候他还真能答对,只不过他说话有点含混不清,而且还有点口吃,越着急越说不上来。看到他这样,我就说不要着急慢点说,我相信你会。当然这样的孩子不可能每节课都会老老实实地跟着你的节奏学习,时好时坏,学习全凭心情。有一段时间上课坐下以后就睡觉,任凭你怎么叫他,他也不理你。课下我和班主任常老师了解情况,才知道这个孩子父母离异,父亲身体不好,要做透析,都是爷爷奶奶带着,爷爷奶奶也管不了。我一听,真是一个可怜的孩子,没妈的孩子,总是让人心疼。

有一次我看他上课没有趴桌子,我立马表扬了他,说:"今天小付同学看起来真精神,仔细看,你别说,小付长得还挺帅的,希望你好好听讲,下课我有奖励给你。"也许是我的夸奖,也许对我说的奖励有兴趣,这一节几何课他听得特别认真,回答问题也特别棒!我说:"我发现小付在几何的学习上特别有天赋,你太厉害了!你看,你几何学得这么好,就说明你很聪明呀,你只要多下一些功夫,一定也能把代数学好。"没有想到我的一顿表扬，真的起了作用，他上课不再睡觉，听讲也非常认真，有时候我抛出一个问题，他总是最爱举手回答问题的那一个，而且有时候他举手你不叫他，他还不高兴，和你耍性子，立马不听讲了，看来还是一个孩子，有些天真幼稚。有一段时间，我让他帮我给几个数学学习有困难的学生讲题。没想到他特别负责任，每天都会带着那几个同学到办公室找我做题，那几个同学不会的问题我就让他讲。那一段时间，他的数学成绩从入学时 20 多分，到期末考试考了 57 分。尽管他的数学成绩没有及格，但是他现在学习几何的热情特别高。每次上几何课，遇到有难度的几何题，他的眼神就会发光，他会积极主动地举手回答问题，能看出他非常认真地在思考。

对于一个学生的教育，真的需要我们教师要有耐心，要有一颗发现学生闪光点的眼睛，留心学生身上的优点，不要吝啬表扬，一个孩子的成长不可能一蹴而就，必须要反反复复、不厌其烦地对孩子加以引导。也正是在对这样的孩子的教育过程中，老师的教育艺术才能得以提升，教育情怀得以升华……

当合作成为一种方式——

创造着　学习着　成长着　快乐着
北京市房山区良乡第四中学英语教研组　执笔人：侯珊珊

良乡第四中学英语组在我校课程领导力自选项目下的子项目主题为"运用优质资源提升初中生英语运用能力"。为进一步推进项目研究，借专家入校指导之机，英语组全员参与，大胆尝试，通过"同课异构"开展对教育教学资源的深度思考和研究。初三选择将教材中的一篇写作素材改编成听说资源，进行听力练习；初二用同一篇素材，设计了一节阅读课。也就是说教师用同一篇素材在不同年级，以不同课型进行了教学设计，并顺利实施。

教学设计前，英语组迅速召开教研组活动，确定同课异构主题，充分利用挖掘教材资源，确定授课教师、授课内容，定专题课。

初三年级的侯珊珊老师和初二年级的赵红霞老师勇敢承担了"同课异构"任务，确定使用初三教材 Unit 2 Communication Workshop 作为素材。前期，两位教师一起研磨教材，同组教师同头备课，反复研磨。随后进行教研组试讲，校长听课点评，亲自参与研磨和改进。

研究活动当天，第一节课赵红霞老师执教阅读课，第二节课侯珊珊老师执教听力课。随后，两位老师围绕项目研究主题进行了说课，英语组教师利用观课量表（重点观察学生的学）进行了评课。教研组内的老师们针对这两节课做了针对性的点评和非常有价值的建议。

闫启辉老师的评课：建议侯老师增加小组活动，提高学生参与度，降低听力难度。赵老师的课采用问题引领，体现教师主导，学生主体，指导学生掌握代词等关键词，找出句之间、段落之间的关系，掌握阅读方法，拓展思维逐步深入，注意评价多样性的运用。

刘瑞娟老师的评课：侯老师为学生深入理解材料做了很多铺垫，听力技巧策略总结到位，订正答案时再单独听，确保尽可能多的学生真正理解并提高做题能力。建议为了更明确了解学生实际掌握情况，每完成一份材料时教师先通过学生举手等方式统计一下完成情况，再有针对性地讲解。

王立新老师的评课：赵老师设计的阅读课，认真设计了学习任务，通过画关键词、短语、连接词，使学生能够深入地学习文本，内化学习内容。针对侯珊珊老师的课，一是从充分利用教材资源的角度出发。由于目前听力资源较少，本课又适合设计听力的目的意图题，所以将写作素材设计成了一节听说课，力图突破目前听力考试中七八题的难点。二是从音频资源充分利用的角度出发。主要是对于音频的改动，把答案点截出来让学生反复听，使不同层次的学生都能够有所收获。三是从师生资源充分利用的角度出发。学生通过小组活动，共同讨论做题方法和思路，共同进步。

在英语组主题教研活动后，韩主任从以下几个方面给予充分的肯定。逻辑：思想明确、结构清晰；表达：说课特征、流畅自如；创新：突破听力，听说统一；关键：资源利用维度。随后韩主任的微讲座给了老师们很大的启发。理念：PBL——思维导图（知识图谱）；方式：探究——合作、讨论、研究、创作；逻辑：问题——驱动学生探究；资源：阅读材料＋卡片的整合与利用。

现场活动过后，英语组的老师们又及时召开教研交流会，对这次的活动进行再次讨论，分享自己的收获和反思，研磨不妥之处，改进教学设计和课堂活动。校长全程参与了研讨交流。老师们又有了新的收获。

赵红霞老师说：以前备课要备学生，可能更多的是关注学生的基础知识，其实对于他们的能力基础和学习习惯考虑不够。没有设计出供他们选择的学习方式。现在的学生其实差异很大，要让不同特点的学生都有发挥的机会，体现"学为中心"的理念，就不能仅准备任务内容的分层，还要准备活动方式的分层，让不同的孩子在相同的时间里得到成长。

李校长提醒，在教研组的活动组织上，集体的反思总结很重要，分享经验很重要；在教学设计的细化上，焦点放在学生的发展上，充分利用好教材资源，挖掘教材，同时重视学生生成性资源，等等。

我们把这样的研讨都及时整理成案例，作为重要的教师成长课程资源之一。同时，教研组还建立了教学资源库，包括三个年级的音频、视频、课件、学案、教学设计、词汇专题课等，节省教师备课的时间，提高了备课效率。

这一次的课程领导力项目组进校指导活动结束了，但英语组在课程研究、资源整合利用方面一直在学习探讨中。在不断地尝试、研究、实践、研磨的过程中，同时也真的是在创造着、学习着、成长着、快乐着，相信英语组对课程的理解会越来越深入，把握会越来越准确。

线上教学·破解困惑·共研成长

北京市房山区良乡第四中学语文组　执笔人：任丽娟

2022年4月，北京新冠疫情形势再次严峻，良乡四中全体师生再次转入线上教学。让我们走近良乡四中语文教研组的老师们，一起见证他们在探索之路上的渐进成长——

引　言

语文组的老师们不得不承认，此次线上教学要面临的重重挑战。担任初三语文教学的两位老师，是即将退休的老师；有些老师们家里的电脑设备陈旧，只能用手机端给同学们上网课；学校统一要求用Classin这个新平台给同学们上课，这个平台对所有老师们来说，是一个"新生事物"，一切都要"重新开始"；加之线上教学效果令所有老师们担忧。一切的一切，可以说是"焦虑重重"啊！

可这一切的一切，在强大的语文组老师们面前，又都不是事儿！

正如赵淑静老师在分享自己经验时总结道："在现有条件下，最大限度地发挥主观能动性，积极面对，主动调适，设法解决，克服困难，努力做好自己，目的只有一个，就是在这个特殊的时期，能更好地服务学生，助力学生健康成长。"

语文组的老师们一直用脚踏实地的行动去找寻自己的教育幸福。以下便是面对线上教学普遍存在的令人焦头烂额的种种问题，语文组的老师们共研、共享的智慧成果！

问题一，线上学习，学生学习兴趣不高？

应对策略：Classin新平台的各种小工具用起来！

真正接触Classin这个新平台后，慢慢发现，其实这个小平台在调动学生学习积极性方面，下足了功夫，开发出了很多实际的应用功能。看看语文组老师们的探索。

随机抢答·一箭多雕

课前利用Classin的"抢答器"工具，可以复习零散知识、检查预习、引入新课等；还可以借此检查学生考勤；随机选人后，授权给被选的学生，提醒他可以行使老师的权利。这样，最大限度地保证更多学生能够认真讲解，充分调动学生学习的积极性，可谓小工具，大妙用，适时利用，一箭多雕。

计时器·一鸣惊人

线上学习，学生完成任务拖拉，节奏不一。怎么办？可以利用"计时器"功能，发布任务，设定时间，要求学生在规定的时间内，按要求完成任务，以此来强化学生时间观念，提高学生的学习效率。

视频墙·一目了然

充分利用Classin中的"视频墙"功能，可以监控、督促全体学生，比如抄写、默写时，让所有学生打开视频完成，效果很好。

问题二，线上学习，怎样提高课上效率？

应对策略：精心设计＋借助平台

这里的"精心设计"是第一位的，其包含两方面：

（一）教师需要依据课标、单元、学情等要素综合考虑后，确定少而精的"学习内容"；

（二）在学习内容的确定下，精心设计既关注全体也兼顾个体的丰富多元的"学习活动"，给予学生更多的话语权。

与其说"精心设计"是一个策略，倒不如说策略背后的"始终把学生放在内心最中央"的教育理念。诸如：

这里的"借助平台"，指借用如Classin、钉钉等现代信息技术教育平台。

我们可以借助多个平台，综合运用多个平台的"资源库"，遴选优质资源，丰富课堂、学习的内容，或拓展，或补漏……

师生共享优质资源，最大限度地把学习的主动权授权给学生，如圈点批注，师生共评，互动完善，大大提升了教学的直观性与互动性，提升教学的最大效益。

关注全体？还是重点关注？显然必须兼得。在上课的过程中，要根据题目难易程度，随机让不同层次的学生回答问题，以此提醒个别学生注意力的同时，提高全体学生的学习效率。

问题三，学生作业完成情况，真是太愁人啦！

策略一：精心设计作业

依据语文学科自身的特点，以提升学生的核心素养为目标，充分调动同组老师的智慧，考虑学生的学情，尊重学生的差异，群策群力，精心设计一些有趣、让学生们"不得不爱"的学习任务，学生感兴趣、想完成，又何愁作业完不成？

古诗词单元内容的学习结束后，语文组的高老师给同学们布置了这样的一个学习任务：请任选一首古诗，发挥想象，创编一则小故事。

恰逢一年一度的传统节日——端午节，任老师在与所教的学生共同备课后，最终设计并布置了这样的作业——制作以"特殊的端午"为主题的电子书。

策略二：建临时教室

每天晨检发布没完成作业的，下午建临时教室督促完成。

策略三：优秀作业集中展示

优秀作业以幻灯片的形式，在语文学习群和家长群展示，以示鼓励。

策略四：评改及时、具体

批改作业尽量写评语，多肯定、鼓励。有了肯定与鼓励，才有"爱上"的可能性。

策略五：常态作业，用足零散时间

每天上交背诵古诗、文言文译文的背诵视频作业。默写作业拍照上传！教师及时批阅指导。

策略六：家校合力，鼓励至上

硕硕家长：老师您好，我想跟您咨询一下硕硕的错误基本在哪些方面，他需要着重在哪些方面努力呢？

老师：您好，在我看来，硕硕最大的问题就是态度问题。硕硕很聪明，理解力还是很棒的！学习方面，若能再用心些、认真些、努力些，对自己要求再严格些，给自己树立一个更高的目标，真的跟自己较劲儿，硕硕一定会成为全新的自己！我一直就看好硕硕！

硕硕家长：我是真着急啊，他本身语文就不行！

老师：谁说的？你看他今天课上表现多棒！还是那句话，我看好硕硕！

硕硕家长：我得跟他说，您是很看好他的！

……………

这个成绩普通的孩子，就是因为家长与老师的及时沟通，得到了鼓励与信任，他的学习劲头越来越足，在开学后的期末考试成绩中，成了全班进步速度最快的人！学生的自信就这样慢慢建立起来了。

其实，我们每个人都需要及时被鼓励与认可，无论是成人还是孩子。在这个特殊的抗疫时期，人人焦虑，这一点显得尤为重要。

如果可以，能够借助家长的力量，与学生能及时而巧妙地沟通，更确切地说，如果学生、家长、老师三方能实现有效的沟通，达成一致，形成合力，或许，在成功教育的这条路上，我们都能如愿以偿。

分享到这里，老师们再次达成共识，技术是仆人，而不是主人。要想让教学更有效甚至高效，其根本还得依赖于"主人"自身（教师）的综合素养（软实力）的提升，比如理念的转变与更新。再巧借"仆人"（现代信息技术）的力量，二者相得益彰，才能实现教学效益的最大化。

结语

习近平总书记曾说："越是往前走、向上攀，越是要善于从走过的路中汲取智慧、提振信心、增添力量。"

路漫漫其修远兮，吾将上下而求索。不忘初心，砥砺前行，在探索中成长，在反思中进步，是良乡四中语文组全体老师一直要坚守的路。

团结协作，共同进步
北京市房山区良乡第四中学化学教研组　执笔人：范政红

良乡第四中学化学组在我校课程领导力自选项目下的子项目主题为《优质化学资源的整合与利用》。为进一步推进项目研究，化学组全员参与，大胆尝试，开展对教育教学资源的深度思考和研究。化学组特别重视每周一次的学科组内的教研活动，侧重集思广益、取长补短、共同进步。大教育家苏霍姆林斯基曾说过："如果你想让教师的劳动能够给教师带来乐趣，使天天上课不至于变成一种单调乏味的义务，你就引导每一位教师走上从事教学教研这条幸福的道路。从事教学研究是教师职业生涯的重要组成部分，是教师获得职业幸福感的重要源泉。"

集体备课有利于有效凝聚集体智慧，集思广益，做到资源共享，他山之石可以攻玉。

在多年来的初三化学教学中发现：学生没有一本得心应手的练习册。学生曾购买使用过几种版本的静态学习资源，使用过程中发现有很多弊端。从内容上：这些资源中编入了超出课程标准的内容，大多有偏、难、怪题出现，给老师和学生造成很大困扰，使用起来感到很不顺手；从设计角度：通篇试题没有知识点的梳理，没有体现试题资源的难易层次，不利于分层教学和分层使用；从版面设计上看：字体太小，排版密集，留给学生作答的空当太小，无论是书写还是批改都很不适用。基于以上问题，我组成员在反复思考、商榷下决定编辑一套针对我校学情的"学习手册"，集知识清单、导学案、教学设计、分层作业于一身的"初中化学学习手册"。

大家一致通过后，组内教师分工合作，刻不容缓地开始投入行动中。赵国强老师编写1-7单元的内容；范政红老师负责编写8-13单元的内容和最后总编辑。分如下几个环节进行：

首先大家一起制定本手册需要满足哪些需求、设计几个板块，这一过程是最艰难的。老师们纷纷给出自己的建议，组内老师逐一研究，最后确定下来。

1. 能配合课堂教学的内容，可替代笔记，基础知识以清单形式体现，免除了课上记笔记的时间，可有效提高课堂效率。

2. 能体现课堂教学的思维过程，尤其是重要的综合实验内容，能体现具体的思维过程和理论支撑。

3. 设计有作业练习板块。练习题设计要有梯度，分为基础题（要求全体必会）和拓展题（优生必做）。要能真正落实作业分层、因材施教。

4. 单元结尾设计了思维导图。学生经过思维导图的设计，将知识间的相互关系系统化、网络化。

其次，确定整合资源的选取标准：

1. 要符合课标要求。以《课程标准》为核心，"优质学习问题的设计"为研究主题，根据学科知识的基本结构、学科核心能力与素养、社会生活实际和学生的需要精选需整合的资源。

2. 根据学情将内容重组，分层设计作业。对分层作业的资源选择，经过认真斟酌、反复推敲，我们化学组一致认为：各区县的模拟试题和历年的中考试题是最佳参考资源。学科组决定整合近两年的中考试题及各区模拟试题内容，编写我们的学习手册。

下一步商榷《学习手册》的栏目设计。依次为学习目标、课堂笔记（即知识清单）、实验探究过程、同步练习、课后作业、拓展提升，每个单元后还设计了本单元思维导图。这是在老师们各抒己见、经过取舍、精心编纂下保留的精华。

确定以上内容后，组内教师快马加鞭，夜以继日地编写，随时沟通研讨，利用业余时间，牺牲了周末和整个暑假的时间，经过至少四次的检查、整合，终于在开学之际印刷出炉，让初三学生人手一册，成为学生化学学习的助手，提高课堂效率、提高学习成绩的法宝。

"课程领导力——优质资源的整合与利用"课题给我们化学组带来的最大收获，就是集组内老师的各家所长、集集体智慧于一身而编撰出的这本"学习手册",同时促进了学科组老师团结合作、同甘共苦、共同进步的战友情。这两年我校学考化学所取得的优异成绩,它是功不可没的。我们组会继续发挥协作精神,将优质资源的整合与利用常态化,争取取得更好的成绩。

疫情中的温暖
北京市房山区良乡第四中学　朱春梅

一场突如其来的新冠疫情打乱了教育的节奏,同时也改变了教育的模式,随之而来的是一系列的新改变,"教"的新方式、"学"的新途径、"研"的新做法、"训"的新思路,这一切将教育推向了信息高速公路,这个高速公路又联系着每一所学校、每一个班级、每一个老师、每一个学生、每一个家庭。

在良乡四中这个大家庭里,我们迎来了新朋友——Classin教学平台。从这一刻起,老师们当起了主播。老师们没有接触过Classin,为了更好地学会使用方法,老师们一边上课找不足,一边下课尝试摸索,教研组更是活跃起来,尤其是学生下课后,老师们像是一个个战斗的勇士,拿起战斗的武器——电脑和手机,开始战斗。

地点:微信群

鲁老师:小黑板怎么用啊?急!

朱老师:工具箱中找到小黑板,用鼠标调整大小,分发给学生,告诉学生,可以在上面写字,也可以用手机拍照上传,随后把小黑板回收,点右上角的小三角,就可以查看了,您试试。

解老师:怎么让学生在台上,我可以看到每个学生是否在线,是否打开摄像头,求助!

魏老师:您找到工具箱,里面有个视频墙,打开可以看到所有人的画面,没开摄像头的有显示;要看学生在台上,打开花名册的界面,在最下面,开启前面画√就可以轮播了,您试试。

王老师:手机可以吗?

魏老师:我用的电脑,电脑可以。

朱老师:我咨询技术人员了,电脑有轮播功能,视频墙功能,手机暂时不能用。

黄老师:作业功能怎么用,我一直用QQ,这个还没敢用呢。

鲁老师:进入班级,看页面最上面,有作业,点开,下面有发布作业,可以输入作业内容,设置开始时间,结束时间,是否允许补交等,能很好地反馈出作业上交的时间,人数等,大家都试试。

…………

场面越来越激烈,微信群页面信息逐渐增加,学习的脚步在这个平均年龄48岁的教研组没有停歇。突然,微信视频邀请传来,教研组长朱老师邀请大家面对面交流,视频接通后，所有人都笑了，紧接着，如火如荼的画面再次展开……

一个高亢的声音传来："我们开个临时教室吧，大家都体会一下功能的使用和学生的画面。"同意的声音几乎同时传来。

在这个友爱的教研组，大家感受到了温暖，感受到了和谐，感受到了爱。

疫情无情，老师有爱，隔离病毒，却不能隔离老师的爱，疫情隔断了师生同事之间的距离，却无法中断老师对工作的热情……

正因为有了老师们的这份执着与不断地学习，Classin这个新的教学软件，使学生们网上学习的热度丝毫未减，还在节节攀升，即使在家学习，也丝毫没有懈怠放松，同学们都能够按照学校的作息时间，认真上课、学习。高昂的学习热情，端正的学习态度，让老师们感到欣慰、温暖。

作为良乡四中的数学教师，在新冠疫情面前，老师们没有退缩。虽然我们不能像医护人员那样，奋战在疫情防控工作的第一线，但是我们坚守作为一名教师的职责，一直守在学生身边，为他们保驾护航……

平平淡淡才是真的了不起
北京市房山区良乡第四中学音美技组　执笔人：杨慧聪

"跨学科整合"具有信息含量大、知识层面广、参与性强的特点，加强音乐与文学、美术、舞蹈、历史、地理、民俗学、戏剧、信息技术等相关文化的交叉与互渗，实现艺术和科学的交融、人文与艺术的对话，从根本上将音乐课从学科教育的轨道转向全面育人的轨道。在我校践行的课程领导力项目引领下，以培养学生多方面综合素质的需要、改变学科本位现状的需要为主导，践行音乐教育人本理念，服务学生职业发展的需求，我们音、美、劳、技学科组以课程领导力为契机，致力于研究跨学科整合。

我们四个学科之所以能"跨学科学习"，是因为各学科之间有着紧密的联系。一首旋律优美、耳熟能详的歌曲，其歌词也是朗朗上口、节奏明快的；"歌中有画，画中有诗"，将歌与诗、绘画糅合成了一个整体；只要找到学科知识的融合点就可以实现跨学科学习。

通过集体教研交流我们发现，实现跨学科学习首先要准确把握、准确分析课堂上所运用的跨学科知识，真正把不同学科内容恰到好处、有机整合到自己的教学中，这就要找准与其他学科的关联点，浅尝辄止，不能钻得太深而影响音乐课教学，着眼点应放在启发学生的思维、激发他们的学习兴趣上，这样既能保证辅助学科的科学性，又有利于学生形成严谨治学的品质，培养发散性思维。以音乐学科为例，谈谈如何实现跨学科整合。

一、音乐与语文学科的资源整合

音乐可与语文教学（诗词、戏剧）沟通；音值、节奏等内容可与数学知识结合讲解；体育课的广播操、韵律操可与音乐节奏感、旋律感相结合；民族音乐所涉及的民族、地理、环境、风土人情等与科学、历史等课程的结合，都使音乐教学与这些课程之间的联系成为可能。因此，在实际教学工作中，根据教学内容把音乐与语文、体育、信息技术等其他学科有效地结合起来，相互渗透，进一步促进学生综合素养的提高。例如：由于语文与音乐联系紧密，在适当的时机，语文课可以为音乐课所用。在音乐教学中通过学科综合，学生可以从各个不同的角度认识音乐，顺利走进音乐的精神世界。如欣赏民族管弦乐《春江花月夜》时，为了理解音乐的意境，可以让学生课前收集有关月夜的古诗词、散文，然后进行交流，有感情地朗诵，体验"春江潮水连海平，海上明月共潮生"的意境。通过与语文学科的整合，既可以使音乐欣赏事半功倍，而且也很容易让学生融入音乐作品所表达的意境中去，让他们感受到宛如一幅山水画，把春天静谧的夜晚、东山上升起的月亮、江面荡漾的小舟，一幕幕地展现在我们眼前……这种整合设计使学生从中领略到中国传统文化与文学、音乐艺术的一脉相承。

将语文运用于音乐教学中，不仅可以培养学生的语言表达能力和运用母语的态度，而且可以将音乐教学问题与社会文化相联系，在音乐教育中渗透人文精神，培养人文素养，从而培养科学素质与人文素质相结合的优秀人才，这也是音乐教育应达到的最高境界。

二、音乐与其他学科的资源整合

在介绍印象派音乐时，首先从历史角度切入，让学生知道当时特定的音乐历史背景，印象主义音乐受印象画派的影响，再从印象画派莫奈的《日出》到凡·高的《向日葵》，让学生从印象画派的作品中体会其光影闪烁、色彩模糊交替之美，最后才是音乐赏析。通过前面的综合分析，学生很容易体验出印象派音乐追求感官印象的描绘，用音乐来表现作曲家通过听觉、视觉、幻觉甚至是嗅觉所捕捉到的对自然现象、景物、人物等的感觉和印象。欣赏冼星海创作的《黄河大合唱》时，应让学生了解《黄河大合唱》产生的历史背景和社会价值。通过浓重的笔墨介绍作品创作背景，让学生了解那段历史，了解"为抗战发出怒吼，为大众谱出呼声"的巨大艺术价值。在欣赏中，结合德育教学，让学生产生情感上的共鸣，激发其民族自豪感、自信心。在欣赏由约翰·施特劳斯创作的《蓝色多瑙河圆舞曲》时，可以综合地理、历史、语文、美术等学科知识，了解多瑙河的地理位置，它是欧洲的第二大河，是一条美丽的国际河流，流经德国、捷克等九个国家，两岸风光动人，有神秘的古堡，有美丽的田园，有高耸的群山，有茂密的丛林……介绍乐曲的创作背景，让学生了解普奥战争的历史，让学生知道《蓝色多瑙河圆舞曲》的创作是为了激励在普奥战争中战败的奥地利人的志气、信心……从不同学科角度综合铺垫后再欣赏乐曲，学生的情感体验会更丰富、更细腻、更真实。综合欣赏后还可以让学生动笔，画出自己"听"到的蓝色多瑙河。学生兴趣极浓，便画出了自己心中的音乐。

如何设计一个好的跨学科课程呢？首先，选题上要注重现实情境下真实问题的研究与解决。真实合理的情境是学习的重要一环，在情境中解决真实的问题，可以帮助学生明晰学习目的，进而提高学习兴趣。其次，对于跨学科课程而言，除了学科内容精准、选题真实外，跨学科是一门介于自然学科与社会学科之间的边缘学科，也是一门交叉学科，它具有明显的跨界性和综合性。新课改背景下单纯地传递知识已经不能为广大学生所接受。跨学科教学内容丰富，涉及知识范围广泛，如何准确地、巧妙地、灵活地运用好跨学科知识整合，是新时期教师上好课的关键。

学生篇〖我·校园〗

校园里的春夏秋冬
北京市房山区良乡第四中学　初二（2）班　刘昕琦

不知不觉中，我已经在良四这个大家庭里生活了两个春夏秋冬。我热爱这里的一草一木。不管何时漫步在校园里，总能让我忘记烦恼和忧愁。

春天，校园里百花齐放，各种各样的花争奇斗艳，漂亮极了，迎面而来的缕缕春风带来淡淡的花香。同学们漫步在校园中，不由得驻足，陶醉其中，好似要永远记住这个香味。春天里的校园真是美好啊！

夏天，校园里烈日当空，骄阳似火。门前高大的柳树，张开了那繁茂的枝条，像一把巨大的绿伞，带来大片的阴凉。小花园里的每一棵树也都不甘示弱地努力生长，一番欣欣向荣、生机勃勃的景象。傍晚时分，放学了，我们穿过小花园，走过林荫路，听着树上丝丝蝉鸣，回想着一天的学习生活，嘴角又会勾起淡淡的微笑。夏天的校园真是充满生机啊！

秋天，校园里吹来丝丝凉风，树上的枝叶慢慢变黄，在微风中缓缓落下，好似蝴蝶在空中飞舞一般。花园中的山楂树，更是结满了果子，红彤彤的，像一个个小灯笼挂满枝头，这是我们良乡四中独有的美景。犹记得，我们举办的以"山楂树下"为主题的跨学科主题活动，得到了外界的一致好评。一场秋雨过后，天气更是凉了，银杏大道上铺满了树叶，好像金黄的地毯。我们舍不得清扫，老师们纷纷拿出手机拍照、录像，想留下这美景。秋天的校园真是令人流连忘返啊！

冬天，一场久违的大雪，使整个校园换上了银装。红色的楼房，浓绿的松柏，都披上了雪白的外套，学校仿佛成了一个童话世界。下雪天，最快乐的就是堆雪人和打雪仗了。领导和老师特别理解我们的心情，让我们分年级出去活动。我们仿佛出笼的小鸟，在操场上尽情地奔跑，尽情地欢笑。东边，两军对垒，激战正酣；南边，分工合作堆起了大雪人；西边，一片混战，分不清敌我；北边，几个人撒着欢儿，甚至在雪地上打起了滚。我们忘记了时间，忘记了烦恼，冬天里的校园留下我们最美好的回忆！

这就是我的校园，我爱我的校园，它承载着我许多美好的回忆，更是我生命中难以割舍的一部分。

评语：学校，是同学们学习和生活的地方。这里的一草一木，这里的每个人每件事，都会留在同学们的记忆中，成为他们人生中最宝贵的财富。

我爱学校的一草一木
北京市房山区良乡第四中学　初二（3）班　张祎

一草一木虽身为植物，生命短暂，却仍不屈不挠，自强不息，拼搏向上。所以，在生活中不起眼的一株植物，会使我们对精神和品质有着更深的思考，带来生活中的启示。

学校的花园因季节交替有着明显的变化。可在这之中，总有一个青翠挺拔的身影矗立着。"大雪压青松，青松挺且直。"在冬季，园中所有的植物褪去了穿了一年的旧衣裳，只有一棵雪松静立枯草之中，一切枯败的景色衬托得它格外显眼。一阵风吹过，绿色的松针摇摆起来，仿佛在向人们招手："看，我们依旧傲然挺立。"它们是勇敢的，在寒风刺骨的冬日不畏严寒；它们是坚强的，阵阵寒风无法打败它们坚定的身躯；它们是充满活力的，在万物凋零之际仍可以保持笔直的姿态。在生活之中，我们是否也应该像雪松一样，即使遇到再多的困难，也应该充满勃勃生机，战胜困难呢？

在教学楼的后面总能看到满墙的爬山虎。秋天，爬山虎的叶子红似朝霞，在秋风的吹拂下，甚美。一行行、一列列的爬山虎好似"蜘蛛侠"紧紧地依附在墙上，时时刻刻不松懈。就这样努力地攀爬着，在经过春风的洗礼和夏日阳光的沐浴后，在秋天又以新的姿态展现给世人，远看宛如一幅红色的画卷。每当我们学习累了，望着那片永远在向上攀爬的爬山虎，继而想到了它们拥有着不怕困难、不怕挫折的精神。这精神不正是值得我们学习的吗？在学习和生活中没有坐享其成，只有努力向前，才能有自己的收获。

我也喜欢竹子，因为它无论遇到狂风还是暴雨，寒冬还是酷暑，也无论它生长在平地还是山间……那饱经风寒而又瘦弱的身躯依然是本色不改，临风傲雪，宁折不弯，不屈不挠，"千磨万击还坚劲，任尔东西南北风"。

人的生命不正如那草木吗？它们一生都在奋斗，无论是多么短暂的一生，无论先天因素给它们带去了多少不便。在我看来，即便是一株小草，它也可能比人更长寿，因为它专心活在了每一分、每一秒。一草一木总关情，草木既如此，人岂甘落后？

人的生命不就是像草木那样吗？用尽一生来奋斗、拼搏。一草一木虽生而为植物，那本不耀眼的小生命却散发了无数的光芒。

评语：小作者在学校学习，不仅仅学到了知识，还学会了观察，并能通过观察，得到有益的生命启示，这是难能可贵的。这也启发我们，教育无处不在，我们不仅要关注知识的传输，更要关注学生自主的思考，关注学生对于生命价值的思考。这是课程进行的意义所在。

归见海棠
北京市房山区良乡第四中学　吴雨萱

烟雨海棠花，春夜沉沉酌。

——韩溉

我原以为岁月已暮，人世荒凉，忽而春色入梦，海棠花开。

清明的雨刚刚来过，走在通往校园的小路上，似乎一夜之间，突然出现了一抹粉色。走近一瞧，发现竟是海棠花开了。

闻着扑鼻的春味，晃了晃原本耷拉的脑袋，迈着步伐，走进校园。泥土是雨后滋润过的，学校的小花园也充满了绿色，不知不觉发现不远处，出现了一个惊喜——园内的海棠花也开了。空气中弥漫着香甜，花香悠悠，直直奔向我的鼻腔，远处望去，不知道的还以为是可爱的孩童在林间游走,风一吹,花枝摇曳,可爱的孩童竟开始跳舞。

还记得清明前的这棵不起眼的树,当时只记得它冒了新芽,随着春天的步伐走着,却没想到它一夜间带给我们这个春天的大惊喜!

哪怕是普普通通、毫不起眼,但丝毫不影响它向着美好奔走的决心。雨又下了起来,我趴在窗边,看着海棠树微微拂动的身姿,我的思绪随着它一起飘向了远方。究竟是什么能让它在一夜间下定决心,将自己完整地盛开,就像是完成一场属于自己的舞台,而这场雨带来的又会是什么?

是梦想,还是随众?是勇气,还是懦弱?我想,答案一定是,梦想和勇气。海棠花不仅仅是为了随着盎然的春季盛开,而更是拥有敢于展示自己的勇气,以及必将盛开的梦想。雨给海棠提供了滋养,见证着海棠盛开。

人也是如此。人总是有梦想的,但梦想的成功,并不是这个梦是否实际,而是自己有没有真正地去做,也更是你有没有直面梦想和像雨一般浇灌的勇气。

吹着风,闻着海棠花香,突然发觉,我的勇气似乎被海棠树激励了,我要用毕生去实现属于我自己的梦想,拥有着如海棠一般的勇气,向着远方出发!

"此时正值四月,凉风骤起,更兼细雨连绵。雨落海棠枝,与叶相嵌,抖落满地,夏欲来又春先,一夜春雨潋滟,海棠花一开,故人将归见。"

评语:雨萱同学的这篇文章,是我们语文组开展优质课程资源整合后的产物。根据学生实际情况,每次布置作文前,我都会选取一些文质兼美的优秀作文让学生进行赏析,使其从中领悟学习到一些写作方法,然后让学生进行仿写或者创作。雨萱的这篇文章就是仿照范文的结构,选取自己的亲身经历创作出来的,所以重点突出,主题深刻。

学校里的海棠花

北京市房山区良乡第四中学　初一(1)班　杨添壹

海棠不惜胭脂色,独立蒙蒙细雨中。

——《春寒》

学校里有一株罕见的西府海棠,刚入学那会儿,见海棠花开满一树,心中是止不住的动容,这便使我情不自禁地想起了那句"海棠红尽绿阑干"。

想起那株海棠,我开始从杂乱的记忆中寻找,终于找到了被我深藏的那一幕。

那是入学以来第一次期中考试,本来还信心满满的我,当知道了数学成绩后,好似一场晴天霹雳,因为我的数学只考了 86 分,这是坏的开头。慢慢地,当所有科目的成绩都出来后,我把这些成绩一汇总,一共 570 分,那时我开始怀疑是自己算错了,于是我拿起纸算了一遍又一遍。当我的手开始因为拿着笔算数而变得红肿,以及草稿纸上那个反复出现的"570",我才认清了现实。接下来我要面对的是什么?是老师失望的目光,是父母永无止境的责备,是同学用嘲笑的口吻安慰我……想到这,不争气的眼泪止不住地流。

突然,外面下起了大雨,我站起来,透过窗看到了海棠树上那几簇红。奇怪,那小小的海棠花又是怎样抵挡狂风暴雨的呢？我却始终没找到答案。霎时，我的脑海中想起了《春寒》中的那句诗，"海棠不惜胭脂色，独立蒙蒙细雨中"，海棠花都具备这种风摧雨折不肯退的精神，更何况我们这十几岁无坚不摧、无所不能的少年呢！我似乎明白了，擦干眼泪，回到教室，认真地听老师讲出错率高的题，心中也有了信念。

后来，我开始给自己心理暗示，要像海棠花一样，坚信满怀希望就会所向披靡。每天都在努力学习、认真复习。为了学好生物去买习题，为了能更好地理解语文而买了许多参考材料，为了背出历史道法而用尽了心思……这样起早贪黑的生活很累，但我从未后悔过。我渐渐觉得这样学习使我的生活更加充实，我的成绩一直都在进步，从起初的第37名，变成30名，到26名，再到现在的第21名。这虽然不算成绩优异，但这成绩的背后是我的努力和海棠花那无坚不摧、无所不能的精神。

凌晨四点钟，我看见海棠花未眠。于是我坚信：没有谁的生活会一直完美，我无论如何都要向前方看，满怀希望就会所向披靡。

评语：若有心，学校里的一草一木，皆可以成为课程资源，发现并挖掘出来，亦可以助力学生健康成长。此文，是在集中学了"托物言志"单元后，学生自觉运用所学，结合自己经历，有感而发，挥笔而成。

〖我·老师〗

任老师二三事
北京市房山区良乡第四中学　初一（2）班　刘禹

时间如流水，转眼间，初中生活已快过去一年了。在此期间，任老师就像是我们的良师益友，在我的记忆长河中溅起了一朵最美丽的浪花。

任老师给我的第一印象就是平易近人。她长得瘦瘦高高，有着一头亮丽的黑发，有着高又挺的鼻梁和一双明亮的眼睛。她有着一张能说会道的巧嘴和一对灵敏的耳朵。总而言之，她给人带来一种学识渊博的书生气息。

任老师钟情于古文，对此也颇有研究。而我，因此喜欢上了文言文。她的课堂十分有趣，深深地吸引着我。在课上，她总会把重要的字落实清楚，以图案的形式展示着文字演变的过程，让我们对字的意思记忆犹新。她常把难题用生活中的事或者幽默风趣的故事分析给我们听，让我们在课堂上收获到意外的知识，百听不厌。

然而最吸引我的，是任老师在课堂上幽默风趣的语言。有一节课，她讲完一道难题，问我们说："你们清楚了吗？"只有包括我在内的少数同学回答了"女神"，其他人都在低头抄写着笔记。这时，她突然皱起眉头，双手往两边一摆，拉长了脸，苦苦地说："你们怎么那么冷漠啊！我辛辛苦苦讲的题，都没有一个人理我呢，我太伤心了！"她话音刚落，我们都哄堂大笑，连声说道："会了，会了。"这时，她好似松了一口气，后又笑逐颜开，眼睛笑成一道月牙，里面装满着欢乐。

在她的课堂上,我们就如同与好朋友敞心畅谈。但她也有着良师般严厉的一面。

有一次,在课堂上,我与同桌交头接耳,而此时的任老师正面朝着黑板写字。谁知,任老师那对"顺风耳"起了作用,只见她停下了手中的粉笔,转过头,用洞悉一切的目光威严地瞪着我,那眼神犹如一把闪着寒光的利剑,瞬间刺透了我,让我打了个寒战,直直地僵在了座位上。我立马面红耳赤,惭愧地低下了头,不敢再直视那道目光。到了现在,我每想松懈时,她那犀利的目光就立刻出现在我的眼前,时刻提醒着我,督促着我,让我在学习的道路上越走越远,给了我向前迈进的动力。

她,是我的良师益友,她与一(2)班这个大家庭手牵着手,一起面向未来踏出每一步路。我将把任老师这朵最美丽晶莹的浪花深藏在记忆深处,永不忘却!

评语:学生"爱其师",自然可以实现"信其道"。更重要的是,老师的人格魅力,也是一个重要的资源,其对学生成长的影响是无形的。如何做一个充满魅力并让更多的学生喜欢且爱戴的老师,的确值得每一位教师努力追求并躬行实践之。

翻过那座山

北京市房山区良乡第四中学 初三(2)班 任悦

大风可以吹走一张白纸,但无法吹走一只蝴蝶,因为生命的力量在于不顺从。

——题记

乌云密布,天空阴沉。今天物理课做实验,我们进了实验室。"同学们,这节课我们学习滑轮组。"老师站在讲台上,向我们讲述这节课的内容。我坐在讲台下,认真记着笔记,时不时点头表示理解老师的话。但是不知道从哪一步开始,我渐渐地听不懂老师讲的课了,这让我极其烦躁!这可如何是好?我急得像热锅上的蚂蚁,如坐针毡。

这时,我看见老师把粉笔放回了粉笔盒,告诉我们:"同学们,大家可以开始做实验了。"我茫然地看着周围。同学们都已经开始动手实践起来,这让我内心焦急不已。我尝试看着黑板上的图组装滑轮组,但是滑轮掉了又掉,线像是杂草般纵横交错,一次又一次的失败让我内心的挫败感剧增,我的眼泪逐渐打湿了眼眶,慢慢地沿着脸颊掉了下来,流到嘴角,一路落到衣服里。

外面的天依旧很暗,屋内灯光明亮。老师似乎看出了我的窘迫,走过来询问我的结果。我摇了摇头。下课铃声响起,老师说我再给你讲一遍,你可以去看看其他小组的成果。我向他说了我的困惑,他耐心地给我答疑解惑,并告诉我:"遇到困难时不要放弃,要想怎么解决困难,而不是就把问题放在那儿。加油,我相信你。"我点了点头,重新回到座位上,内心暗暗想:"我不能让老师失望!"我将我的"困难"重新拾起,聚精会神地重新研究它。起初,我还是没有成功,老师走过来慢慢引导我,把我引向我存在的问题上,向我讲解原理,我恍然大悟。在这一遍又一遍的实验和讲解中,我不断汲取上一次失败的教训,不再懊恼,而是坚定自己的目标向着山顶冲去。终于,我的最后一个实验数据填完,我暗自舒了口气,心里的石头落了地。老师拿着报告单点了点头说:"我就说你可以的吧！"

从那以后，每当我遇到困难时，我都告诉自己："不要害怕，去勇敢地面对它。"困难和挫折不就像横在我们面前的一座座高山吗？只要你有恒心和毅力，就一定可以"会当凌绝顶，一览众山小"，最终战胜重重困难，翻越一座座高山。

老师的鼓励像是雪中送炭，使我明白许多道理，点燃我内心的星星之灯，为我照明了山顶的方向，使我勇于攀爬内心的那座看似高耸的山。山的顶端，不再是黑暗，而是无限风光。

评语：一节小小的物理实验课上，老师的鼓励让作者悟到了人生的真谛：学习中的困难就像横在面前的一座座高山，要勇敢地面对它，凭借自己强大的恒心和毅力，永不言败，最终你就会微笑着成功登顶，将困难踩在脚下。这是作者在实验课上收获的最宝贵的人生财富。

不一样地成长
北京市房山区良乡第四中学　韩昊

人生沉浮，走过一道道坎，登上一座座山，每个人都有一支画笔，去描绘属于我们的青春，从稚嫩走向成熟，从青涩走向稳健，从平凡走向超越。在语文学习的路上，我也收获着不一样的成长。

军训时的启蒙

未入初中前，我是个典型的理科生，偏爱数学，对语文没什么兴趣，只是被动地学习。直到我参加升入初中的第一次军训的第一天，正赶上天下着淅淅沥沥的小雨。我的语文老师兼班主任，让我们轮流介绍自己，没有规定，只是带着微笑让我们把自己最想让同学了解的说说。我觉得这老师有点儿意思。

开始站军姿的时候感觉没有什么累的，可是随着时间过去，汗水开始从脸上流了下来，腿也开始有一点累。教官这时候告诉我们要坚持，坚持下来就是胜利。班主任在旁边说，这不仅是意志的考验，也是在给自己的好作文积累素材，不要想着自己身上的疲惫。她让我们晚上写日记，会有不一样的体验。果然，把自己一天的军训经历和感受写在日记中，仿佛惬意的风吹过，吹散了疲惫，同时也吹开了对语文学习的兴趣。

运动上的指引

踏进了初二，我为将要参加中考体育考试而努力的氛围所深深感染了，但是理想很丰满，现实很骨感，因为疫情期间的锻炼少，我的身体变得胖了起来，这使我跑起来感觉非常吃力。看着别人身轻如燕，跑个一千米跟玩似的，自己没跑三分之一就呼哧乱喘，心里别提多难受了。有时忍不住也会直呼："太累了，我不要这跑步的分儿了！"说归说，我还是不甘心。就在矛盾之间，体育老师对我说不要懊恼，现在开始减肥还是有时间的，把自己的体重降下来，体育一定可以的。班主任虽然没有当面说，却在我的日记本里写了一段话："不是所有体重轻的人都跑步轻松，不是体重沉的就一定跑不快。对于体育来讲，身体素质和毅力同样重要。要知道困难像弹簧，你弱它就强，你强它就弱！小伙子，老师相信你一定可以战胜现在的困难的。加油！"看着老师的评语，我感觉浑身增了一份力量，我在日记中回答老师："老师，我明白了，王老师也和我说了，您看着吧，我一定不会放弃的……"老师一直在日记中给予我鼓励，我在日记中跟老师分享自己的感受，就这样，不仅体育成绩提高了，我的语文写作水平也在不断提升。

懒散中的激励

进入了初三，中考已经进入了倒计时，经过一段时间的紧张学习，渐渐地我开始有一些累了，桌子上的笔也倒下了，尺子也被旋转了起来。猛抬头，就会看到教室黑板边上，班主任贴在墙上的寄语——"别驻足，熬过黑夜就是日出，宝剑锋从磨砺出"。它犹如父亲在我懒散时抽在身上的鞭子，一下子把我给拉了回来，使我立刻找回了状态，认真听讲。我相信我一定会成功的！

班主任兼语文老师告诉我们：人生就像一波三折的过山车，阳光总在风雨后，要不断地努力，在一次次努力中找到成功的方向！

在老师的多方引领下，我在语文学习过程中，收获了不一样的成长！

评语：每次布置作文前，我都会根据学生实际情况，选取一些文质兼美的优秀作文让学生进行赏析，使其从中领悟学习到一些写作方法，然后让学生进行仿写或者创作。韩昊的这篇文章就是仿照范文的结构，选取自己的亲身经历创作出来的，所以结构清晰，主题鲜明。

来自恩师的鼓励

北京市房山区良乡第四中学　初三（2）班　张睿

有一首歌唱道："阳光总在风雨后，请记得有彩虹。"在我的初中时代遇到了一位老师，她鼓励着我，把我从无尽的黑暗中带出来。我十分感激她。

在刚上初中的那一个学期，由于上小学时的基础不扎实，导致我十分不自信，不管是上课回答问题还是考试，我都十分害怕失败。当时我的状态很符合现在网上的一个热词——"摆烂"。就在我以为就要这样摆烂下去的时候，发生了一些转变。

在一次月考中，我的成绩很不理想，但是我的老师并没有放弃我，她把我叫到办公室，对我说："你可以的，相信自己，你的潜力很大，我期待你下次考试的成绩，这次先总结经验。"我眼含泪光看向老师，冲她不停地点头。这时我仿佛从无尽的黑暗中看到了光明。从那一刻开始，我下定决心，要努力好好学习。

然而这一次我并没有迎来我的彩虹，事与愿违。当我认认真真复习过后，我以为可以考好，信誓旦旦地跟老师说："老师，这一次我肯定行！"当成绩单发下来的那一刻，我一看这次跟上一次对比就进步了5分。这就像一桶冷水，狠狠泼在了我的身上。而且就在此刻，天上的乌云仿佛知道这件事一样，片片聚拢过来，不一会儿，就下起了滂沱大雨。我的心在此刻也冷到了极点！心里在想：为什么？为什么我努力却没有成功？为什么我努力过也没有成果？这时我的恩师再一次走到我身边，正当我以为她会对我失望至极，要批评我时，她却对我说："你啊，就是太心急，你想想小学到初中的差距是你一时就能弥补过来的吗？你自信可以，但不能狂妄自大。你要认清自己，找到自己的优缺点。"听完这一番话，我恍然大悟，突然间好像都明白了。我也郑重地回答道："知道了，谢谢您。"在那一刻我心中的乌云散了，天空中的乌云也跑开了。就这样一句微不足道的话语，成为激励我三年的助推器。

自那件事后，我变得越发沉稳，也在不断努力地学习。我迎来了属于自己的彩虹。恩师的鼓励，成为我前进道路上的马达，希望我在未来可以一直将恩师的话记在心中，鞭策我不断向前。

评语：考试失利，人之常情。就在作者想就此沉沦下去时，是恩师在课间的一次谈话，一次热情的鼓励，点燃了"我"的斗志。恩师的话，字字珠玑，就像黑暗中的一束光，照亮前进的道路，让作者勇敢地阔步向前。

〖我·课堂〗

丰富多彩的校园生活
北京市房山区良乡第四中学　初三（2）班　朱超

自"双减"政策出台以来，各地中小学校积极响应，开展了丰富多彩的校园活动。我的校园生活也因此更加丰富多彩了。

今天我们连着上了两节语文课。老师说，我们学了唐诗三首《石壕吏》《茅屋为秋风所破歌》《卖炭翁》，今天就分小组选择一首改编剧本，进行表演。同学们兴奋起来，我们小组立刻聚在一起进行创作、排练。剧本创作比较简单，我们的组长文采出众，他综合大家的意见，很快写出了剧本。接着分配角色，小吴个子小，可以突显老翁的身世卑微；我比较强壮，扮演拉车的牛；小强和大壮个子高，能突出宫使高高在上的特点；小安朗诵好，读旁白。我们根据人物特点，紧张地练习台词，设计动作。该我们组展示了，小安的声音响起："……天还没亮，卖炭翁就赶着牛车，拉着辛辛苦苦烧好的炭出发了……"卖炭翁小吴瑟瑟发抖地用一根跳绳牵着"牛"（我）上台了……当小强和大壮扮演的宫使上台时，大家不由得鼓起掌来。他俩平时成绩不太好，没想到却颇具表演才能啊。他俩趾高气扬地说道："奉天承运，皇帝诏曰……"真是把宫使仗势欺人、霸道凶残的特点表现得淋漓尽致。我们组的表演获得了一致好评，我们在欢声笑语中度过了两节愉快的语文课。

下午下了第三节课，是一小时的体育活动时间。同学们像出笼的小鸟一样飞向操场，选择自己喜欢的活动。羽毛球、乒乓球、篮球、排球、跳绳、踢毽子……各种运动应有尽有，一片热火朝天的景象。我和班里的几个男生与一班同学进行激烈的篮球对抗赛，面对层层包围，我不慌不忙，猛地一个大转身，三步跨篮，球进了！观战的同学都呼喊起来，我们高兴地击掌庆祝。

快放学了，班主任老师说，下个月要举行科技节活动，鼓励大家踊跃参加。同学们都很兴奋，我也积极地报了名。

这就是我的校园生活，是多么丰富多彩啊！在各种活动中，同学们尽情地发挥自己的特长，展现自己的才华，我们全面发展，健康成长。

评语：丰富多彩的活动，能够使学生有多方面的收获，促进学生的全面发展。这些都是优质的学习资源啊！

一节课带给我的思考
北京市房山区良乡第四中学　初二（3）班　绳思远

在小学的时候，课程很少、很单调，上了初中，课程才渐渐丰富起来，我最喜欢的科目就属生物了。

上生物课之前，我对生物两个字的理解仅限于猫、狗、人以及会喘气的东西。上了生物课以后，我才了解到生物是有多么的奇妙，它的内容有多么的丰富多彩。

而对我吸引最大的一节课便是生物实验课了。刚进实验室我就被桌上的显微镜吸引到了。老师在前面讲着方法和步骤，我们所有人都东瞅瞅、西动动，一副没见过世面的面孔。老师讲完了，我们也两人一组操作起来。调节显微镜和制作装片的过程中，我们这组还算顺利，装好后我就迫不及待地看向目镜。"这……这就是植物细胞！好神奇啊！"和我一组的同学也看向镜头，发出一声惊叹。我们之前看到的全是书本上的图，而这次可是货真价实的植物细胞。

啊！原来还有着许多我看不到的生物，大自然中有那么多奇妙的东西，而人们所探索到的只是冰山一角，就好像我刚刚看到的植物细胞一样。我以后会学到更多的知识，发现更多的生物，一切都需要自己一步步地去探索。

实验完毕，收拾好器材，我却还意犹未尽。回想着刚才看到细胞的场景，我又想象着人体里的细胞是什么样子的，其他动物又会是什么样子的。每次我都抱着这样求知的心理上生物课，也正是因为这种求知欲和极大的兴趣使我生物知识记得比其他科目都要扎实。我也希望对生物的这种追求也可以用到别的科目上，能自我突破，达到一个新高度。

评语：小作者只是记录了一个实验课的瞬间，这个神奇的瞬间，激发了他学习生物知识的热情，使他有了自主学习的动力。可见，运用多种手段进行课程学习是多么重要，因为总有一个瞬间、一个举动，能点亮学生的内心，激发他们主动探索的求知欲。这也是进行课程改革的重要目标。

"跳蚤书市"，我喜欢！
北京市房山区良乡第四中学　初一（2）班　陈文凯

"卖书了！卖书了！走过路过不要错过！""买我们的书吧，同学，本本是精品，样样是好书！"听，这是我们操场上传来的吆喝声。你一定会很疑惑，在学校里怎么会有吆喝声呢？瞧！原来是我们学校一年一度的"读书节"的开场大戏——"跳蚤书市"正在如火如荼地进行呢！

今天的天气虽然格外寒冷，但操场上的气氛在"跳蚤书市"活动中显得格外热闹。放眼望去，操场上好似书的海洋，而我们穿梭在这片浩瀚的书海里精心挑选自己中意的书，每本书都深深吸引着我的眼球。

我迈着轻快的步伐和好朋友结伴来到了第一个"小书店"，哇！真挤呀！我们费了九牛二虎之力才挤了进来。哇！这么多书，有《十万个为什么》《格林童话》《钢铁是怎样炼成的》……太多了，看得我眼花缭乱。心想：要是这些书都属于我，那该有多好！待我仔细搜寻了一番之后，并没有淘到我喜欢的书。根据我多年的经验，我决定先挨个转一圈。只见各种各样的书摆满了各个小书摊，我翻看每本书的推荐卡，仔细阅读着看看有没有心仪的书。突然，沈石溪的《老象恩仇记》映入了我的眼帘，顿时，我对这本书产生了浓厚的兴趣，因为上周老师推荐我读了他的《最后一头战象》后，我对他的小说情有独钟。眼疾手快的我一把把书抢了过来，看了一眼上面的标价——9元，我觉得有些小贵，便开始和卖家砍价："能不能便宜点，8元卖给我，同学？""不行！不能便宜！"对方似乎看出了我喜欢这本书的小心思，一口咬定价钱，而我也无奈地高价买下了这本书，谁叫我喜欢呢？我赶紧付了钱后把书紧紧地抱在胸前，生怕被别人抢走。

接着我又继续着我的淘书之旅，才发现我和小伙伴走散了，我只好独自行动了。这时碰见了我的同学李芳墨，我一眼就看到她手里捧着的《三体》，心里突然萌生出一个念头：想把它占为己有。于是经过一番心理活动之后我鼓起勇气告诉了她我的想法，没想到她居然爽快地同意转卖给我。给她钱之后，我成功地将这本书收入囊中了，抱着自己梦寐以求的两本书，我笑在脸上，美在心中。蹦蹦跳跳地来到我们班的摊位前一看，发现我的书也成功被人淘走了，收获了9元钱，心里乐开了花。

"丁零零！"下课铃响了，"跳蚤书市"也在同学们的欢声笑语、讨价还价声中结束了……

"跳蚤书市"真是个不错的图书市场，在这里既锻炼了我们的理财能力，更重要的是让同学们的好书都得到了分享，节省了金钱，共享了图书资源，真是一举两得。

这个"跳蚤书市"，我真的喜欢！

评语：利用师生手中的图书资源，巧借一年一度的"读书节"这一东风，精心设计并有序开展丰富多彩的实践活动，学生在参与活动中，获得真实体验与人生经验，并乐享其中，这个活动的教育价值是不可估量的！

成长的经历

北京市房山区良乡第四中学 初一（1）班 韩宇

每一次尝试与努力，都会成为成功的基石。

——题记

为了提升同学们的核心素养，学校举办丰富多彩的学科实践活动，这不，一场成语故事的比赛要开始了。在班级内进行选拔的过程中，我被老师选中。听到这个消息的我十分兴奋，心想：终于有了这样一个在老师、同学们面前展示自我的机会，一定要好好把握！

怀着激动的心情，我开始了赛前的准备工作，一遍又一遍地改着稿子，每一次都不满意。终于写出了一份满意的稿子时才发现，稿纸已经垒得很高了。做PPT时再看自己的稿子，也不断修改着，完善着，就这样，一直忙碌到了深夜。为了更好地呈现，我不放过每个课间、午休的时间，拿着稿子，不停地练习着，在反复地练习中进一步修改、完善。

终于，到了比赛前的时间。我信心满满，坚信自己一定能取得好成绩。看着前面的人一个个离开座位上台展示，展示完毕后又回到座位，我不由自主地紧张起来。很快，到了我前面的同学展示了，只见他不慌不忙地走上舞台，开始自己的演讲。他语言幽默，时不时还用一些动作加以解释，台下的老师也频频点头。在他的讲述下，整个场地的氛围顿时活跃起来。又过了大概五分钟，他的演讲结束了。台下瞬间爆发起了雷鸣般的掌声，有的同学还大声地喊着："好，好！"看着如此精彩绝伦的演讲，我更加紧张，这无疑是"雪上加霜"啊！

接过了话筒，我开始了我的演讲。或许是因为太紧张的缘故，我频频忘词，时不时地看一眼稿子，语言磕磕绊绊，动作僵硬，台下的老师不禁皱起了眉头，就连同学们的情绪都明显低落起来。等我演讲完时，台下的掌声低了不少。我不禁失落起来，这次完了。

过了一段时间，当所有同学都完成演讲时，就到了紧张刺激的报成绩环节。一个又一个人的名字从我耳边掠过，95、96的高分频频出现，同学们的惊叹声也随之呼出。等待是煎熬的，过了段时间，终于到我了，"88.5"！那一瞬间我以为自己听错了，就算已经做好了最坏的打算，但当听到这个分数时，我一时间也无法接受。

我失落地走下台，坐在椅子上，目光呆滞，内心崩溃，连老师的话语都没有听清。过了不知多久，悲伤的情绪渐渐消失，理智又逐渐回到了我的头脑当中，回想着刚刚的演讲，发现我的低分并非无道理。其他选手表现出来的幽默的语言、强大的控场能力、对时间的把握都是我所不具备的。想到这里，内心便不是特别难受了。

面对这样的对手，我应该向他们学习，吸取他们的经验，而不是坐在这里，心情低落，没有勇气再次尝试。想到这里，我突然明悟了：学校举行这样的活动，不就是为了让同学们展示自己，发现自己的不足进而继续改正，不断地完善自己吗？名次不重要，重要的是在比赛中我获得了成长。无论名次如何，只要有所思、有所想、有所感、有所悟，这次展示就不算失败！或许，这才是学校组织这类活动的真正目的。想到这里，我释怀了，最后一丝悲伤的情绪也消散不见。

这次活动虽然没能在老师同学面前展示自己的才能，但我获得了更多，希望大家多多参与这类活动，找出自己的不足，完善自己，期待在下次比赛中遇到大家，让我们一起加油吧！

评语：学校组织多元的活动，让学生在活动中展示自我，获得人生经验，远比在课堂上获得知识本身来得更实在。

我的第二课堂
北京市房山区良乡第四中学 初二（4）班 李悦铭

我的第二课堂，就是学校的校本课程——足球课。

刚开学，教练就通知我们要测试体能。课前，我的整颗心都是悬着的。刚一上课，教练就告诉我们要跑3000米。一个假期都没怎么动弹，这无疑是一场"血战"，是对身体和心理的大考验。

教练一声令下，我们冲上了跑道。前1000米我的身体仿佛充满热血，一路冲在前面。然而，到后面就不行了，速度渐渐慢了下来，就想马上躺下休息。但我告诉自己：千万不要停下来，你一定可以的，坚持就是胜利，停下来就输了！我咬着牙，汗珠流下，拖着迈不开的腿，冲过了终点。感谢那个没有放弃的我，现在真是酣畅淋漓。

足球课上，最令人期待，也是最考验大家的，便是踢比赛了。令我印象最深的，是那一次——两队水平相当，真是水火不容。对方先开球，中场一路带球，我们的后卫也不放松，当机立断把球抢过来。我们传了几次球，却被对方的前锋抢到后，直接射门得分了。落后的我们士气有些下降，但我们不抱怨，我们互相打气，相信彼此。轮到我们开球，对方的拼抢也充满威胁，当中场人多时，我传给边锋，边锋再传给我，射门！不过打到了球门框。但心中的火仍然在燃烧，我们决不放弃，我们奋力拼抢！对方守门员开球后，脚下一阵阵拼抢，身与身的摩擦，腿与腿的碰撞。终于，在哨声响起前的一刹那，球进了！

我的第二课堂，带给我的不只是知识与技术，更让我体会到了竞技体育的魅力：相信自己、不放弃、坚持……

铸强健体魄，弘阳光正气！

评语：小作者所参加的足球课，是课堂的延伸。在这样的课堂上，小作者锻炼了体魄，磨炼了意志，学到了在课堂上学不到的内容。课堂上学习道理，课堂下进行实践。课程的意义就在于不仅要学生掌握知识，更重要的是让学生在课程中得到全方位的锻炼。

我挑战，我快乐！
北京市房山区良乡第四中学　初一（2）班　刘青源

我从小体弱多病，任何体育活动都不愿参加，哪怕是小时候幼儿园的亲子活动。

从小学开始，每次课间全年级一起跑步，我总是掉队。而且我吃饭也吃很多，加上不爱运动，我变得越来越胖，越胖就越不爱运动；因为不爱运动，经常用吃来打发时间，所以就越胖……无数次这样的恶性循环。结果我去医院查出来有过敏性哮喘之后，医生只让适量运动，我就更加不运动了。

刚上初中的时候，学校组织了一场秋季越野赛。从小体质不好的我一开始就想逃走，可是班主任说，"都要参加，重在参与嘛！"于是我想，那么我也试试吧。

时间过得很快，转眼就到了比赛的日子，刚跑出一公里我就受不了了，可是我想还是坚持一下吧。然后我发现自己的哮喘似乎犯了，喉咙里很难受，有一股血腥味儿，可是我想，这次越野赛那么多人关注，不能那么快就掉队，还是再坚持一下吧。

不巧的是我的鞋带居然开了，我告诉自己"不能停下来"，我怕自己停下来就半途而废了。这时我听到有人叫我，居然是妈妈！她什么时候到学校当志愿者了？她蹲下来给我系了鞋带，并对我说："你体质不好，不要强求有好结果，努力了就好。"她看到我有点哮喘症状了，说："如果我带着药就好了，居然给忘记了。"我也顾不得那么多了，"妈妈再见！"不能再耽搁了，我接着跑起来。

我对自己说："我要挑战我自己，既然上了这个赛道，就不能停下来！"虽然身体还是不舒服，虽然喉咙还是很疼，但是我想着妈妈的话，我再努力一把！我咬着牙坚持跑。

天呀，终于到终点了！我累得差点儿吐血。全年级有四十多名女生，我得了第十八名！这是我有史以来最好的成绩了，我的内心在欢呼！

从那以后，跑操，我再也没有掉过队。

后来我经常想起这一天的经历。遇到困难的事先不要退缩和逃避，先要试一试。失败了没有关系，尽力就好，万一成功了呢！

评语：战胜自我的喜悦，是无以言表的。一次次地挑战自我，一次次地收获多多，人生总有那么多的第一次，让人难忘，也让人骄傲！让我突然想起一句话：忘记了课堂上所学的一切，剩下的才是教育。

〖我·作业〗

这样的作业，我真喜欢
北京市房山区良乡第四中学　初一（2）班　李芳墨

每天下课，总有堆积如山的作业等着我。我常常想："老师什么时候能留简单一些又富有意义的作业呢？"

我的愿望终于实现了。6月5日，周五，我们的语文老师布置了一项特别的作业：在端午假期期间，完成一本电子书，书名为《特殊的端午》。听到作业要求，我立马眼前一亮。我心里想："这个作业一定很有趣！"老师交代好了各种注意事项，一下课，我便动手操作起来。

一上手，便觉得制作电子书没有那么容易了。首先是封面，千万别小看，这可是很有讲究的。封面要以一张图片作为背景，不能有无关文字，还要标注作者等信息。聪明的我，很快就想出了办法。我先上网搜索"端午背景图"这几个字，选出自己心仪的图片，然后将图片转发到手机上，再编辑，将自己的信息用不同颜色的字打上去，最后完成并保存。这样，我既能遵循规则，又能制作出自己喜欢风格的封面，真是两全其美！

其实，在制作电子书的过程中，我遇到了许多问题。怎样在电脑上调整图片位置呢？就是其中的一个。制作中，我发现在电脑上操纵图片，没有拖动功能，不像在手机上那么便捷。我调来调去，总是参差不齐，我心乱如麻。于是我请教了爸爸，知道了按空格键可以调整图片左右。我顿时豁然开朗，既惊喜又惊讶。哈哈！我解锁了一个新技能！在添加页码时，我也同样遇见了一些小挫折。为了找到"页码"，我只能耐下心来，找了半天，终于在"插入"这一栏的内容中，找到了"页码"，我又通过自己的摸索，成功添加了页码。我为自己的耐心与独立完成作业点赞！

在端午节的三天假期内，我完成了我的第一版电子书，成功的喜悦油然而生。在完成作业的过程中，我收获了新技能，收获了自信，一路上披荆斩棘，最终尝到了成功的喜悦，正所谓"苦尽甘来"。感谢老师布置了这项创新又富有意义的作业。期待我的人生中，能有更多这样的作业出现。

这样的作业，我真喜欢！

评语：如何布置学生喜欢的、有趣的，有一定挑战性同时又能够提升学生核心素养的作业，这是一个值得深入研究的课题。显然，学生要完成"电子书"这个学习任务，需要利用多种类型的资源，在完成的过程中，会遇到很多新问题，也会在解决问题的过程中get多项新技能，N种能力在无形中得到了提升。

这样的作业，我真喜欢
北京市房山区良乡第四中学　初一（1）班　郭佳涵

这是一次直到现在，还让我感到非常有趣的作业。

那天刚学完一篇课文——《说和做》，老师就布置了一项作业，没错，那就是我很喜欢的一项作业，把这篇课文的主要意思写成一首诗歌。其实这个作业是老师在课前布置的，当时的我听了这个作业一点头绪都没有，但在上完课以后，我似乎对这个作业产生了兴趣。

那天放学回到家，我翻看着语文书，把一些我认为重要的事写了下来。当时的我自以为自己写得很好，但其实漏掉了很多事件，老师给我的评语也是这样，还有很多细节可以再突出，老师让我再写，这是我的第一稿，我戏称之为我成果的1.0版。

在第二天的语文课上，老师又给我们更仔细地讲了这篇课文，我也做了很多笔记。在那天放学回家，我又一次认真地翻着课文，我想进一步再完善一下我的1.0版。于是，我增加了很多事件和细节，看着自己的完善稿，顿时觉得成就感满满。在第三天时，我信心满满地将我的2.0版，交给了老师。

过了没几天，老师单独找到了我，肯定了我诸多优点的同时，也给了我很多再提升的建议，比如在哪个地方可以改善，哪个地方可以补充，老师希望我能有3.0版面世。

其实在那天的语文课上，老师也给我们大家展示了其他同学写的诗，我也跟其他同学学了很多。我深知，我的稿子还可以再丰富。带着老师的期望，当天晚上，我又在结构、过渡、押韵等方面，进行了修改，觉得自己写得越来越自然了。慢慢地，我真的喜欢上了写诗。

直到第四天，老师让我们互评这首诗。我给我的朋友看我写的诗，他们都说写得太棒了！他们在我的作品中学到了很多优点呢！我的3.0作品，被当作优秀典范在全班展示分享，也得到了老师和同学们的一致好评！那一刻，感觉之前所有的付出都是值得的！

或许我的3.0版作品不是最好的，但我真的很享受这个不断努力完善的过程，这个过程胜似一切。

评语：精心设计的作业，也是学生实现螺旋式上升进步与成长的重要途径之一。当然，教师及时地个性化地关注、指导与评价，对于学生核心素养的提升也是至关重要的。

这样的作业，我真喜欢
北京市房山区良乡第四中学　初一（3）班　朱雯珺

今年寒假，生物老师布置了一项作业，让我们在大自然中观察3种昆虫并记录下来。小学时也有老师布置过类似的作业，我只是在网上查询完资料，再原样照搬到作业本上，但这次我想通过实践独立完成。

我翻找出了许久未用的昆虫收集盒，上面装配着放大镜，能清晰地看到里面的情况。我戴上手套，拿着A4纸、一支笔和收集盒，出发了。

刚出门就看到了一群平日里常见的蚂蚁，它们是忘记去冬眠了吗？我挑了一个大点的，放到收集盒里，透过放大镜，我看到它们是黑色的，身体呈椭圆形，一节一节的，像个橄榄球。蚂蚁是由三个部分组成，分别是头部、腹部和尾部，在腹部下面有六条腿，头上是一对触角，就像两根又细又长的线。我把它画到了纸上，第一种昆虫完成了。

但在冬天除了蚂蚁还真很少能看见别的昆虫，而外面的天气也挺冷的，我便想打退堂鼓，正当我打算回家时，突然看见一只苍蝇在"翩翩起舞"，这让我又燃起了希望，心里盘算着怎么抓住它。它在前面飞着，我紧跟着它，等它停下休息时，我打算绕后偷袭它，可它警觉性太高了，没等我靠近，它就飞走了。突然，我在草丛看到了一只半死不活的苍蝇，似乎飞不起来了，我一把抓住它，放到收集盒里。它的两只圆鼓鼓大眼睛，有着和蜻蜓一样的复眼，背上长着一对透明的大翅膀，肚子鼓鼓的，身上和那六条又细又长的腿上长着许多毛，两只脚不住地搓来搓去。我把它画在了纸上，又在小区里转了一大圈，再没找到任何一种昆虫，毕竟那时是寒冷的冬天，也很正常，我只好在网上查出最后一种昆虫——蚂蚱的图片，画完了这项作业。

完成这样的作业，锻炼了我的实践能力，让我明白了做一件事要坚持不懈，才能成功。这样的作业，我喜欢。

评语：文章语言生动活泼，文章按事情发展的顺序记叙，语言比较流畅，层次较清楚，通篇文章显得妙趣横生，构思巧妙，故事虽平凡，却蕴含了道理，结尾写出了作者的体会。学生积极观察、感知生活，通过发展联想与想象，提高思维能力。

这样的作业，我真喜欢

北京市房山区良乡第四中学　初一（3）班　罗祥瑞

我们每天都要写各种各样的作业：在数学世界里列式解答，在语文海洋中写字思索，在英语国度中读文练词，在科学天空下冥思苦想……我最喜欢的莫过于英语老师布置的"奇特"作业。

"奇特"作业之一：阶梯式作业

大家看到这个词都很疑惑吧？作业不是全班都一样吗？怎么还有"阶梯式作业"呢？可能吗？如果你这样想，那就大错特错了。我们班的作业就是按照英语成绩来布置的。这学期期末考试后，老师根据考试成绩把作业分成85以上、60—84、60以下三个层次。85分以上的同学写A类作业，一般都是较难的题；60—84分的同学写B类作业，主要就是提高型的题；60分以下的同学写C类作业，一般都是一些基础的单词和句子。大家都认为这样很公平。因为成绩优异的同学不必再做基础题，成绩不理想的同学也不再因做不出拔高题而愁眉苦脸。而且学生也可以随时调整自己的选择，真是两全其美的作业呀！

"奇特"作业之二：动手型作业

这是我们班大多数人都喜欢的一类作业，像梳理知识点、画思维导图、知识卡等。这可是我最欢的作业了。很多同学对手抄报、知识卡片等情有独钟。每次老师布置这样的作业，我心里就高兴，好像全身每根汗毛都活泼地跳了起来。一回到家，我就会找出纸和笔，找好相关资料，先完成草稿。片刻工夫，一幅精美的作品便从我这位心灵手巧的"大师"手中写出。当它被老师放在墙上展示时，我心里就像夏日里吹来一阵凉风一样舒畅。这样的作业不仅让我们积累知识，还可以充分发挥我们的想象力。

你喜欢这样的"奇特"作业吗？反正我是很喜欢，我很期待下次的作业。

评语：这篇文章结构合理，语言较为幽默，字里行间表达了作者对奇特作业的喜爱之情。学生在完成这样的作业时，自信心会大大提升。学习过程中的联想、分析、比较、归纳、判断等认知表现也会得到提高。

【我·成长】

赠人玫瑰　手留余香

北京市房山区良乡第四中学　初二（2）班　屈博研

在初中生活中发生了很多事情。比如：某一节课收获了别样的知识，老师的某一句话使我受益匪浅，某一次活动使我培养了一种品质等。在学校的经历中，我最开心的就是用自己的特长帮助别人。

我的特长是书法。小学我就开始练，到现在，持续了七年，我的字已经写得很不错了。

在班级中，每当出板报或者班级集体展示需要我写字的时候，我都会挺身而出。初一时学校开运动会，要求各班开幕式时进行相关内容展示，我们班需要写二十几个一米见方的大字。这个任务非常艰巨，但是我高高兴兴地接受了，因为我能有机会为班集体作贡献了。为了不影响上课，我就利用中午大家午休的时间写。我很少写这么大的字，就先进行设计，再练习，最后写出了我最高的水平，我自己非常满意，也得到了同学和老师的认可。在运动会上，我们班的展示获得了一致好评，其中我的大字为整个展示增色不少。能用自己的特长为班集体赢得荣誉，我觉得特别自豪。

年级组长特别喜欢我写的字，每当年级需要写字的时候，年级组长都会到班里找我，亲切地叫着："博研，来。"我立刻心领神会，欣然前往。我的字经常出现在年级大会上、年级的展板上，同学们的奖状上……能为年级做一些事，我虽累，但快乐。

渐渐地，我写字好的名声越传越广，其他年级的老师也慕名而来。上学期，初三年级要参加区里的课本剧展演，该决赛了，为了增强表演效果，他们临时决定在表演的最后出示一幅字："愚公精神永流传，共建咱们大中华。"时间非常紧急，初三语文老师找到我时觉得很抱歉，我毫不犹豫，立即答应。我利用课余时间赶紧准备好各种用具，还熟悉了一下字体，当天中午就写好了这些字，立刻就给老师送了过去。在这次展演中，他们获得了一等奖，我觉得与有荣焉。

在日常生活中，我们要尽自己所能来帮助别人，实现自己最大的价值。同时，在帮助别人的时候，自己也会感到快乐。这不正好印证了"赠人玫瑰，手留余香"吗？

评语：学校开办各种课外小组，举行各种活动，让每个同学都能发现自己的特长，发展自己的特长。屈博研同学有书法特长，而且他能利用自己的特长帮助他人，为集体作贡献，实现了自己的价值。

超越桎梏　破茧成蝶
北京市房山区良乡第四中学　初三（1）班　曹子琦

青春是一本仓促又励志的书，我们是故事中的主角，突破重重阻碍，不断地超越自我，带着美好与希望大步前行。

——题记

春·蚕

那是一次演讲活动，我很荣幸地获得了参与区级比赛的机会。时间紧，任务重，我害怕自己不能很好完成，辜负了老师和同学的期望，紧张感油然而生。写稿子对我来说又是一大难题，想证明自己的天使不断催促我努力，而想逃避困难的恶魔又逼迫我放弃，它们扭打在一起。我努力使自己静下心来，想了想老师的提示，又问了问父母的意见，终于有了决定。后来的日子里，我尽一切可能抓住空余时间坚持练习，在不断熟悉稿子的过程中，也不断克服着胆怯，增强了自信心。最终，我发挥出了练习以来的最佳水平，得了优。

那一次，是坚持和努力带领我克服困难，给予我信心，让我超越了自己。

春·茧

数学考试结束了，我的心情低落下来，心里一直惦记着试卷后面未完成的题目。果不其然，这次的成绩很差。我在心里暗暗下定决心：一定要在下次考试中重新证明自己。后来的日子里，我经常在课间找数学老师问题，每天也会多做一些题目。果然功夫不负有心人，在下一场考试中，我的成绩有了质的飞跃。

那一次，是在我失利时对目标的坚守支持着我，给予我希望，让我超越了自己。

春·蝶

春分已至，作为中考生，我们进行了体育中考前的第一次模拟测试。上跑道前，我做好准备活动，调节好心态。跑的过程中，我按照体育老师纠正的姿势和动作来跑，微低着头，迈开腿，摆臂时夹着身子。烈日难耐，我时刻激励自己一定要坚持下去，终于，我冲过了终点线，发挥出了三年以来的最佳水平！

那一次，是经验与毅力激励着我，给予我力量，让我超越了自己。

时光荏苒，日月如梭，我落笔写下青春年华，故事里的我超越桎梏，破茧成蝶，带着美好与希望飞往诗和远方。

评语：人生须不断经历苦难，才能有更多的收获，也才能不断超越自我，破茧成蝶。作者从学习生活中的点滴困难里发现人生的真谛，并通过缜密的思维，以优美的语言向我们传达了她的感悟。

两张生活照

北京市房山区良乡第四中学　初三（1）班　王鸣岐

时光荏苒，三年的初中校园生涯像翻动书页一样从指尖流过。这本仓促的影集里，有无数回忆于字里行间流淌。今日，我翻开相册，找出两张明丽的照片，分享在这里。

照片1：蔚蓝的天空中，万里无云，像烧红的铁一般炽热的太阳炙烤着经久干裂的朱红跑道。跑道的起点，同学们蓄势待发。老师举起手臂，喊道："各就各位，预备——跑！"刹那间，八百米测试，大家都像离弦的箭似的飞离起点。我也不甘心落在后面，努力往前跑去。

第一圈，第二圈……最后半圈了，冲！突然这时一阵大风迎面吹来，放慢了我的步伐，加促了我的呼吸。老天这么不眷顾我，就这样吧——不对！转念一想，都跑完两圈了，不能前功尽弃啊！怎么样能让自己跑快点呢？我这么想着，脑海里突然浮现了放学后吃着午饭的画面。就以午饭为动力吧！我大力摆臂，大步迈腿，一下子超过好几个人，冲向终点。成功了！

这是一次平常的八百米跑，却带给了我很多收获——第一，不能半途而废，行百里者半九十；第二，要学会用方法面对坎坷，比如自我暗示什么的。这张跑道的照片，记录了我的思考。

照片2：晨光熹微，我在蒙眬中醒来。穿上的不是校服，而是日常便装；走向的不是上学路，而是屋里的书桌……这就是特殊的网课生活。打开视频会议，老师正在里面等待同学们来上课，一些早来的同学也在等待，关着摄像头和麦克风——仿佛有一种令人窒息的隔膜笼罩着我们。

不仅有隔膜的压迫，还有各种各样的干扰缠绕：通知栏里五花八门的推送、游戏里引人瞩目的活动、社交软件上突兀的红点和那红点上逐渐增长的数字……这些干扰试图引诱我，让我点下切换后台的按键。"不可以！"一声怒斥响在耳畔，振聋发聩，让我彻底清醒。我继续认真听课，积极学习了。

这是一节普通的网课，却让我有了突破——让我克服种种诱惑，让我有了自制力，让我更加自律。这张居家的照片，记录了我的成长。

我们的校园生活，没有前一届学生的顺顺利利，也没有后一届学生的丰富多彩，但是我们于平淡中无声成长，于挫折中自我超越，同样有不少思考和成长，更有无数次的蜕变。我收起照片，合上相册，愿这里的美好永远不会被遗忘，这些照片与回忆永远有着明丽的色彩。

评语：作者通过体育测试和网课两个特殊的画面，表达了坚持与自律的意义之所在。文章语言生动而优美，情节刻画细致而饱满，让人读来倍感亲切而真实。

致我终将逝去的初中

北京市房山区良乡第四中学　初三（2）班　张嘉杰

"时间一转眼就过去了三年，一切在我心里开得如花般皎洁，现在倒计时也不剩几天……我只想要拉住流年……"校园广播的一首《纪念》响彻耳畔，时光匆匆，我这才意识到三年的初中生涯即将画上句号。这三年，我收获了很多明丽绚烂的花儿，它们点缀着我的初中生涯，使其变得五彩斑斓。

第一朵花——友谊之花。

在我遇到挫折时，他们因不知如何以温暖的话语安慰我而手足无措，所做出的举动笨拙却又可爱；在我获得荣耀时，他们是第一个奔向我祝贺我的人，心情激动得无以言表，笑容是那样的灿烂。我们彼此携手，走过了一个又一个春夏秋冬，我很庆幸，初中让我遇到了他们，愿我们能像子期与伯牙那般友谊长存。

第二朵花——师生之花。

初一，由于疫情原因，在家上网课，我的不自律让初二开学的英语直接遭遇滑铁卢，到期末时也未能回暖。我本以为我的英语成绩就这样定了，起不来了，直到上了初三。我一开始一直处于70多分的状态，但英语老师似乎看中我有潜力似的，即使我每次考得不理想，她都会用暖心的话语鼓励我。这于我而言，如一股春风拂过心田。所幸，我并未辜负她的希望，英语成绩一步一步地向上爬，拿到成绩单的那一刻，我自己都难以置信，脸上绽放出了激动的花儿。恩师难遇，我很庆幸我遇到了，希望你们也能遇到自己的恩师。

第三朵花——奋斗之花。

初一和初二的我被惰性蒙蔽了头脑。初三那天，黄昏下，看到父母脸上被岁月留下的印记，乌黑的头发不知何时有了几根白发，印象中挺直的背却逐渐佝偻，鼻头不禁一酸。那一刻，心中一股神秘的力量将惰性瞬间燃烧了个干净。我不能辜负他们，我得让他们老有所依！成长有时就在一瞬间。此后，每到晚上外面的路灯熄灭，我仍沉浸在题海，书桌旁是一瓶提神醒脑的清凉油……在学校时，我与同学们一起并肩作战，以"山再高，往上攀，总能登顶"的决心与难题较量，以"长风破浪会有时，直挂云帆济沧海"的信念互相影响。我很庆幸，我身处于一个奋斗的班级，当我想停下来的时候，他们的奋斗精神驱动着我不断向前……

逝去的初中生涯，所赠予我的花儿，将在我心间永远散发着芬芳；所带给我珍贵又美好的回忆，将永远荡漾在我的脑海里……初中生涯虽已逝去，但留下了属于我们的记忆漂流瓶，何况我们的青春正在进行时！"追风赶月莫停留，平芜尽处是春山。"愿每个人都能永葆青春的姿态，"乘风好去，长空万里，直下看山河"，无论我们行走多远，归来，仍是少年！

评语：本文作者撷取校园生活的三朵花——同学友谊之花、感恩师生之花和难忘奋斗之花，歌颂令人留恋而美好的初中生活。生活中靠朋友，一个好汉三个帮。有一颗感恩的心，感恩老师，感恩父母。这是何等可贵的品质啊！相信作者今后的路会越走越宽广。

结　语

　　未来学习的方向，不再强调知识的不断累积，而重在思维方式的不断升级。当今社会，人们的生活方式已经发生了巨大变化，学生的学习方法理应随之变化以适应未来的社会，教师的教学方法自然需要相应变化以适应学生的学习，随之而来的，学校必然要发生相应变化以应对充满未知的未来。面对这个瞬息万变的时代，直接面对学生的学校校长和教师的创造力、积极性要充分释放，才会主动变革，引领好当今的学生为迎接未来社会做好相应的准备。这是个艰辛而漫长的过程，但我们坚信，一线的教育工作者们将努力担起这份光荣而艰巨的责任与使命，不断觉醒，迈着坚定的步伐，自觉推进现代学校制度建设，为提升基础教育阶段教育质量，做人民满意的教育作出自己的贡献。

　　回望过去的三年，良乡四中干部教师团队，同心同德，群策群力，踔厉奋发，笃行不怠，在课题研究的道路上，我们既仰望星空，又脚踏实地。

　　我们曾经有过迷惘，也有过彷徨，但坚持下来的结果便是，我们收获了成就彼此、见证成长的累累硕果，更收获了敢于挑战一切困难并设法破局的智慧和力量！

　　我们懂得了相互理解、相互信任、相互扶持、相互鼓励的重要性，我们也倍加珍惜属于我们曾经共享、共建、共进、共赢的宝贵资源与财富！

　　感恩那些年我们遇到的那些人、那些事、那些难忘的经历！

　　感谢所有为本书成稿付出心血的专家、领导、老师、学生和家长朋友们！

　　凡是过往，皆为序章；所有将来，皆为可盼！

　　研究，从来不是一蹴而就的事情，相反，短暂的终点亦是终点，更是面向未来的新起点。良乡四中这个优秀的团队，永远行走在研究、探索的路上，迈小步，但不停步！

　　路漫漫其修远兮，吾将上下而求索！

　　心之所向，行必所至，一直是每个良乡四中人的真实写照，以前是，现在是，未来亦是，从不改变！

2022 年 8 月 28 日

参考文献

1. 《教育部等八部门关于进一步激发中小学办学活力的若干意见》，教基〔2020〕7号，2020年9月22日

2. 义务教育课程方案：中华人民共和国教育部制定[M]. 北京：北京师范大学出版社，2022.

3. 施良方. 课程理论——课程的基础、原理与问题[M]. 北京：教育科学出版社，1996.

4. 林崇德. 教师参加教育科研是提高自身素质的重要途径[J]. 中国教育学会，中国高等教育学会编. 中国教育改革发展二十年[M]. 北京：北京师范大学出版社，1999：332.

5. Remillard, J.T..Curriculum materials in mathematics education reform：afterwork for examining teachers'curriculum development[J].Cuniculum Inquiry，1999，19（3）：315-342.

6. 崔永栎. 校本课程开发：理论与实践[M]. 北京：教育科学出版社，2000：2.

7. Remillard, J.T..Can curriculum materials support teachers learning? Two fourth-grade teachers use of a new mathematics text[J].The Elementary School Journal，2000（100）：331-350.

8. 吴刚平. 课程资源的分类及其意义（一）[J]. 语文建设，2002（09）：4-6.

9. 范兆雄. 课程资源概论[M]. 中国社会科学出版社，2002.

10. 黄显华，朱嘉颖. 课程领导：挑战、行动、反思与专业成长[M]. 香港：香港中文大学出版社，2003：4-5.

11. [美]格拉特索恩著. 单文经等译. 校长的课程领导[M]. 上海：华东师范大学出版社，2003.

12. 徐玉珍. 校本课程开发的理论与案例[M]. 北京：人民教育出版社，2003.71.

13. 张廷凯. 课程资源：观念重建与校本开发[J]. 教育科学研究，2003（5）：37-39.

14. 周广强. 新课程教师课程资源开发与整合能力培养与训练[M]. 北京：人民教育出版社，2004：14.

15. 张廷凯. 课程资源：观念重建与校本开发[J]. 教育科学研究，2003（5）：37-39.

16. 段兆兵. 论课程资源开发与教师专业成长[D]. 西北师范大学，2003.

17. 冯大鸣. 美、英、澳教育管理前沿图景[M]. 北京：教育科学出版社，2004（58）：16.

18. 张莉弘. 新课程实施中优化课程资源的研究[D]. 东北师范大学，2004.

19. 丁锐. 社区课程资源开发与利用的行动研究[D]. 东北师范大学，2004.

20. 黄显华，朱嘉颖等．课程领导与校本课程发展[M]．北京：教育科学出版社，2005．

21. 余文森，吴刚平，刘良华．关注资源、学科与课堂的统整[M]．上海：华东师范大学出版社，2005．

22. 张华．道德的课程改革与民主的课程领导[J]．全球教育展望，2006（4）：7-12．

23. 卢乃桂，陈峥．作为教师领导的教改策略——从组织层面探讨欧美的做法与启示[J]．教育发展研究，2006（9）：56．

24. 孙向阳．为师生发展服务：课程领导中校长的角色与作为[J]．教育导刊，2007（10）：24-26．

25. 高耀明．教师行动研究策略[M]．学林出版社，2008（6）．

26. 杨明全．制度创新语境下课程领导的转型与超越[J]．中国教育学刊，2010（02）：52-55．

27. 周广强．教师专业能力培养与训练[M]．北京：首都师范大学出版社，2010：8．

28. 邓红莲，刘宗南．论课程资源与教学内容的整合[J]．咸宁学院学报，2012，32(8)：108-110．

29. 杜晓敏．关于中小学校长课程领导力的调查报告——以山东省潍坊市为例[J]．当代教育科学，2014（04）：23-25．

30. 吕立杰，袁秋红．校本课程开发中的课程组织逻辑[J]．教育研究．2014（09）．

31. 郭德侠．校长如何提升课程领导力[M]．北京：北京师范大学出版社，2016：8-34．

32. 鲍东明．试析校长课程领导实践的方法论[J]．教育科学研究，2017（04）：93-96，

33. 范俊明．关于中小学校特色课程建设的几点思考[J]．基础教育课程，2018（13）：24-29．